ACIERTE Y ENTONCE~~~~~~~~~~~~ GUÍA DEL EMPRENDEDOR PARA CREAR Y ADMINISTRAR A TRAVÉS DE LA INNOVACIÓN

Paul Ahlstrom y Nathan Furr

Primera Edición en Español, 2012

ISBN-13: 978-0-9837236-2-2

CONTENIDOS

Prefacio i

Acerca de los autores iii

Capítulo 1: La paradoja del emprendedor 1

Capítulo 2: El misterio de la innovación que gana mercados 25

Capítulo 3: Acierte y entonces Aplíquelo (Fundamentos) 41

Fase 1: Acierte en el dolor del cliente 73

Fase 2: Acierte en la solución 103

Fase 3: Acierteen la estrategia para ir al mercado 146

Fase 4: Acierte en el modelo de negocio 173

Fase 5: Aplíquelo 185

Capítulo 9: Material de Contexto 213

Capítulo 10: Crisis y enfoque 229

Apéndice: Checklist de Acierte y entonces Aplíquelo 251

Apéndice: Acierte y entonces Aplíquelo Guía simple de entrevista 259

Notas finales 262

PREFACIO

El espíritu emprendedor está cambiando. Un paradigma fundamental está barriendo el campo de arriba abajo como lo refleja un creciente número de emprendedores exitosos, que empiezan a reconocer una desconexión entre lo que pensaron que les daría el éxito y lo que actualmente los hace exitosos. Emprendedores e inversionistas están igualmente en desacuerdo con respecto al tiempo y el dinero que se requiere para hacer un lanzamiento exitoso de una nueva empresa.

En nuestro laboratorio del mundo real hemos investigado a miles de compañías en los últimos 20 años, hemos invertido directamente más de 400 millones de dólares en 100 empresas de reciente creación, las cuales han levantado 900 millones de dólares de co-inversionistas y generado billones de dólares en salidas (ventas de los proyectos) y en valor. En la observación de empresas ganadoras y perdedoras hemos notado patrones de éxito y de fracaso. Por ejemplo, hemos observado como muchos emprendedores gastan inmensas sumas de dinero sin poder descubrir una oportunidad real, o como la debilidad de la alineación entre inversionistas y emprendedores genera resultados equivocados. Estos y otros problemas se generan por un cometido equivocado en el proceso tradicional para la creación de empresas. A través de investigación así como del método de prueba y error hemos descubierto que existe un camino mejor—un consistente y efectivo camino para guiar a los emprendedores al éxito, por lo que recopilamos nuestro aprendizaje en este libro y lo llamamos Acierta y Entonces Escálalo *"Nail It then Scale It"* (NISI).

No estamos solos en nuestras observaciones y este movimiento empieza a enraizarse en la comunidad emprendedora. Los educadores en emprendedurismo están empezando a incrementar su insatisfacción con los resultados de los programas tradicionales de educación que se enfocan en la redacción de un plan de negocios. Las razones de esta desconexión tienen que ver con la evolución subyacente de la gestión de la educación. El resultado del cambio de paradigma se debe a una profunda remodelación sobre como los emprendedores y los innovadores lanzan productos disruptivos e inician nuevos negocios, ya sea solos o con emprendedores corporativos.

La evidencia de este cambio se puede ver en diversas partes del mundo. La filosofía del desarrollo del cliente de Steve Blank ha sido seguida por otros como Eric Ries y su *"Inicio Ágil"*, así como John Mullis y Randy Komisar en su *"Introducción Al enfoque al Plan B"*. Del mismo modo, las metodologías detrás de exitosos fondos de capital semilla, como Kickstart o incubadoras tales como "Y Combinator" o "Tech Stars" apuntan a una creencia emergente de que hay un mejor proceso de éxito que el que mucha gente está siguiendo. *Nail It then Scale It* (Acierta y Entonces Escálalo) representa las mejores ideas que han surgido en más de dos décadas de observación de cientos de empresarios de clase mundial que han generado resultados positivos. Por otro lado para los empresarios y gerentes de producto que quieren más ideas sobre el desarrollo de productos y procesos de inicios, se recomienda el libro "Cuatro pasos para la Epifanía" (*Four Steps to the Epiphany)* de Steve Blank.

Juntos, hemos aplicado nuestra experiencia y la investigación en este naciente campo para crear lo que vemos como el punto de entrada para los emprendedores que quieren lanzar productos innovadores y crear negocios exitosos. Si usted está: diseñando un nuevo producto disruptivo, un emprendimiento corporativo, iniciando su propio negocio o levantando el que ya tiene, la aplicación de los principios de *Nail It then Scale* cambiaran drásticamente la manera de ver el lanzamiento de un emprendimiento y mejorará significativamente sus posibilidades de éxito.

Siempre estamos en busca de retroalimentación de los clientes y estudios de casos. Por favor envíenos sus comentarios a info@nailthenscale.com Le deseamos la mejor de la suerte y el seguir comprometidos con el proceso. Hemos visto que este método ahorra años de trabajo y transforma los negocios por lo que pensamos que hará lo mismo por usted.

– Paul Ahlstrom y Nathan Furr

ACERCA DE LOS AUTORES

Paul Ahlstrom, director general y fundador.

Paul Ahlstrom es un emprendedor e inversionista que ha enfocado la mayor parte de su carrera en el proceso temprano del lanzamiento de un emprendimiento. Paul ha fundado múltiples compañías de alta tecnología y ha invertido en fondos en México y en los Estados Unidos.

Actualmente Paul está enfocado en la apertura de fuentes de capital para los empresarios mexicanos y en apoyar el vibrante ecosistema empresarial de México y América Latina. Como líder en la industria de capital de riesgo en México, Paul y su socio, Rogelio de los Santos, han puesto en marcha Alta Ventures México ubicada en Monterrey, Nuevo León, México. (www.altaventures.com)

Antes de fundar Alta Ventures México, Paul fue cofundador de vSpring Capital (www.vspring.com) y el fondo de capital semilla Kickstart Seed Fund (www.kickstartseedfund.com) en la región de Rocky Mountain y Alta Growth Capital (www.agcmexico.com) en ciudad de México. Como empresario y a través de sus fondos de capital de riesgo, Paul ha invertido directamente más de $400 millones de dólares en más de un centenar de empresas de reciente creación. Algunas de estas empresas incluyen Ancestry.com (www.ancestry.com, NASDAQ: ACOM); GlobalSim (www.globalsim.com), vendida a Kongsberg Maritime (KOG - Oslo Stock Exchange); Senforce, adquirida por Novell (www.novell.com, NASDAQ: NOVL); y Altiris (NASDAQ:ATRS), que realizó su lanzamiento en la Bolsa y luego se vendió a Symantec (Nasdaq: SYMC); Rhomobile (www.rhomobile.com); Aeroprise (www.aeroprise.com), que fue comprada por BMC (NASDAQ: BMC). Paul también ha participado en los consejos directivos de muchas organizaciones que respaldan a nuevas empresas, incluyendo: Public Engines (www.crimereports.com); 7degrees (www.mypeoplemaps.com); FamilyLink (www.familylink.com) y American Academy (www.TheAmericanAcademy.com). Además de la fundación de fondos y de su experiencia en inversiones, Paul ha vivido directamente la experiencia empresarial y operativa ya que personalmente fundó varias empresas, incluyendo Knowlix (1997), una compañía de gestión de conocimiento para desarrollar financiamiento de capital de riesgo y que fue adquirida por Peregrine Systems en 1999, que a su vez la vendió a Hewlett Packard (www.hp.com) (NYSE: HPQ).Paul fue un miembro fundador de la junta de consejo del eBusiness Center de la Universidad Brigham Young forma parte de los fundadores del Centro para Emprendimiento y Tecnología de la Universidad de Brigham Young. Paul también es miembro del comité ejecutivo y consejo de la Oficina de Tecnología de Comercialización de la Universidad de Utah (http://www.tco.utah.edu), que ocupa el puesto número uno entre las universidad que más *spinouts* propician en los Estados Unidos. Anteriormente desempeñó el puesto de administrador fiduciario del Consejo Tecnológico de Utah y participó en otros consejos de la comunidad, además de que ha servido varios años como miembro de la Junta Visionarios de Investigación de Motorola Corporación (NYSE: MOT). Asimismo Paul obtuvo su licenciatura en Comunicaciones de la Universidad Brigham Young. También recibió un doctorado *Honoris Causa de* la Universidad Netanya en Netanya, Israel.

Nathan Furr, Profesor de emprendimiento

Nathan Furr obtuvo su doctorado en el Programa de Emprendimiento en tecnología por la Universidad de Stanford y es actualmente profesor de la iniciativa empresarial en la Universidad Brigham Young (recientemente rankeada como la número cinco a nivel nacional en Estados Unidos). Profesionalmente, Nathan ha actuado como fundador y consejero de empresas de reciente creación web 2.0, tecnología limpia, servicios profesionales, industria de las ventas y de servicios financieros. Nathan también es miembro del consejo de inversión de Kickstart, un innovador fondo de capital de riesgo para nuevas empresas, además de ser un colaborador experto en la revista Forbes.

Nathan también fue consultor de Monitor Group, una importante firma internacional de consultoría estratégica, en donde trabajó con altos directivos en una amplia gama de proyectos y búsqueda de iniciativas de mercado.

La investigación de Nathan se centra en el desarrollo del mercado y en la primera etapa del lanzamiento de una empresa, incluido el liderazgo en el Proyecto de Investigación, el lanzamiento esbelto y la "e-school" que replantea la forma de enseñar el espíritu empresarial. Su investigación actual examina cómo los nuevos emprendimientos y las empresas existentes pueden adaptarse exitosamente para entrar a nuevos mercados. Nathan ha sido coautor de diversos ensayos sobre el proceso por el cual las empresas desarrollan modelos de negocio innovadores, así como los factores que determinan el éxito de las empresas en industrias que cambian, y el impacto del aprendizaje organizacional en el entorno internacional. Además de sus estudios de doctorado, Nathan tiene una licenciatura, maestría, y un MBA.

Capítulo 1: La paradoja del emprendedor

Así se gestó el proceso. Estar haciendo todo bien estaba matando su negocio. Todo empezó hace varios años cuando robaron el edificio de departamentos en donde vivía Greg. Frustrado y sintiendo la necesidad de hacer algo al respecto se unió a un grupo de guardia vecinal y se ofreció hacer un mapa que mostrara los crímenes que se habían cometido en el área. Conforme Greg continuaba empezó a creer que ubicar los lugares en los que se habían cometido crímenes alinearía y fortalecería los esfuerzos de los ciudadanos y de la policía para reducir la criminalidad en cada vecindario.

Con verdadera motivación y pasión, Greg hizo lo que todo buen emprendedor debería hacer—escribió un plan de negocios—y desarrolló una página de internet para reportar estadísticas del crimen (respaldado con un modelo de ingresos basado en publicidad). Con el sitio web listo contactó a un amigo en el departamento de policía de Washington D.C. y juntos convencieron al jefe de la policía a comprometerse a un periodo de prueba. Emocionado por su éxito, Greg dio el siguiente paso y presentó el proyecto a inversionistas que quedaron impresionados por la visión de Greg y le dieron el capital necesario para hacer crecer el negocio. Con el capital en la mano, Greg continuó construyendo CrimeReports.com y contrató a desarrolladores y personal de ventas para expandirse antes de que la competencia lo alcanzara. Pero entonces algo confuso comenzó a pasar. A pesar de todos sus esfuerzos el negocio no despegó. Nuevos acuerdos con departamentos policiales parecían haberse quedado en el limbo porque no se cerraban; y aunque había momentos de esperanza y parecía existir progreso, CrimeReports.com permaneció atascado en un purgatorio que duró varios años sin producir nuevos clientes. Después de invertir los dos primeros tramos de financiamiento, Greg comenzó a cuestionarse profundamente y a preguntarse ¿Por qué si había hecho todo bien, todo había salido tan mal? Fue durante esta crisis que Greg comenzó a aplicar los principios detrás del proceso de *Acierta y Entonces Escálalo*—una desviación significativa de los métodos tradicionales que se enseña a la mayoría de los emprendedores. Greg detuvo el desarrollo, frenó las ventas y comenzó a escuchar al consumidor y al mercado. Lo que aprendió lo sorprendió y lo guió a un cambio de curso. En el plazo de un año logró registrar como clientes nuevos a 200 departamentos de policía para totalizar 2,000 nuevos contratos de clientes en el tercer año, mientras que a la vez construía uno de los primeros éxitos de modelos de negocios, Gov 2.0.¿Cuál fue la diferencia entre el fracaso y el éxito? Fue el *proceso*, pero no el intuitivo que le habían enseñado durante toda su vida. No porque las ideas de toda la vida que le habían dictado sobre cómo ser un empresario lo estaban conduciendo al fracaso. Usando los principios, conjunto de pasos y herramientas descritas en este libro, Greg fue capaz de corregir su curso y construyó la compañía líder de mapas del crimen en el mundo.

Hemos visto a emprendedores como Greg caer dentro de la misma trampa una y otra vez—empresarios que creen hacer todo bien y terminan tropezando. Aunque estadísticamente muchos de los negocios que comienzan fracasan, la triste realidad es que no fallan porque no se pueda desarrollar el producto o porque los creadores carezcan de talento. En realidad menos del 10% de los negocios fracasan porque la tecnología o el producto no funcionan, y nosotros hemos conocido miles de emprendedores inteligentes y talentosos que batallan a pesar de tener grandes ideas. [1]Esos negocios fracasan aun cuando los emprendedores que los comenzaron tenían pasión y empuje, escribieron un plan, consiguieron dinero para construir el negocio, desarrollaron un producto y ejecutaron su plan.

¿Porqué, entonces, fallaron? Por el simple hecho de que creyeron y tomaron acciones para reforzar su

> *La paradoja del emprendedor: los emprendedores sólo actúan cuando tienen una oportunidad real, pero esta creencia puede guiarlos al fracaso.*

creencia inicial—que era realmente un supuesto—mientras disminuyeron sus opciones para corregir esa creencia en el futuro. Cuando los emprendedores fallan por hacer exactamente lo que les enseñaron parece desconcertante. Como resultado mucha gente piensa que el secreto para ser un empresario exitoso es un misterio, y se refuerza la idea de que los grandes emprendedores simplemente nacen grandes... ¿verdad? Nosotros no estamos de acuerdo. Hay una mejor manera.

¿Por qué fracasan tantos emprendedores? ¿Existe alguna manera en la que los emprendedores e innovadores puedan exitosamente y repetidamente innovar? Las respuestas a estas preguntas son el centro de este libro, pero también representan nuestra pasión compartida y nuestra investigación. Hace 20 años, a finales de 1980, Paul Ahlstrom comenzó su búsqueda como un joven emprendedor recuperándose de un comienzo fallido. Durante los pasados 20 años leyó docenas de libros, contrató a muchos consultores, recaudó más de 500 millones de dólares, y participó en la fundación de más de 100 empresas. Paul observó que las compañías que siguieron ciertos principios tuvieron una tasa de éxito más alta y fueron también más eficientes con sus recursos económicos. Lo asombroso fue que esos principios eran opuestos en 180 grados a la sabiduría convencional.

En un universo paralelo, Nathan Furr comenzó a analizar estas preguntas como doctor en la Universidad de Stanford en el programa de emprendimiento en Tecnología. Durante su investigación sobre nuevas empresas exitosas y no exitosas, Nathan también observó que los emprendedores exitosos solían actuar en formas muy diferentes a las descritas en los textos tradicionales. Además, a través de su interacción con cientos de empresarios, inversionistas, y compañías en Silicon Valley, Nathan reconoció que el empresariado más exitoso siguió un patrón único muy diferente del proceso tradicional de planeación de negocios o del proceso de desarrollo de productos.

Aunque ambos llegamos independientemente a la misma conclusión nos sentimos obligados a trabajar juntos para describir nuestro descubrimiento. Con el paso de los años hemos examinado varios cientos de compañías emprendedoras exitosas y no exitosas. Juntos tomamos lo que descubrimos y lo aplicamos a varias docenas de nuevas empresas, ya sea desde la fundación o en etapa de maduración, para validar nuestros hallazgos. Entre más aplicamos lo que descubrimos más éxito obtuvimos con el proceso.

Innovadores, emprendedores, y gerentes de producto fracasan precisamente porque creen en su idea y entonces siguen la sabiduría convencional sobre cómo construir un nuevo producto. Al hacerlo, ellos abordan las tareas equivocadas, hacen buenas cosas en el orden incorrecto y al final caen presas de sus propias fortalezas. La solución es un proceso remarcablemente simple que empresarios exitosos y nuevos negocios, desde Edison hasta Intuit, Cisco y Google, han aplicado a su exitosa y repetida innovación. Es un proceso que hemos usado para ayudar a nuevos negocios, a otros que ya están en el mercado y a grandes empresas que están avanzando. Por ejemplo, casi desde las cenizas una nueva empresa aplicó esos principios para sortear la confusión y literalmente dominar su mercado generando más ventas que todos sus competidores juntos y saliendo al mercado por decenas de millones de dólares. Otro negocio uso este proceso desde su inicio para descubrir cómo extender la educación en línea a más de 6 billones de personas en el mundo sin acceso a planes universitarios. Como otro ejemplo, una empresa estaba luchando para atraer clientes a pesar de haber hecho todas las asociaciones correctas y de desarrollar un producto increíble. Usando este proceso los desarrolladores descubrieron que tenían la oportunidad de cambiar su negocio, despedir a sus socios y reenfocarse, todo lo cual les llevo a batir sus objetivos en ventas anuales para el final del primer trimestre de la recesión del 2009. Otro emprendedor aprendió como moverse de un producto que fluctúa a una tasa cercana al 100% de la transacción por un valor de más de 100 mil dólares cada una. Todos estos éxitos se debieron al siguiente proceso de *Acierta y Entonces Escálalo*.

En este núcleo, el proceso de *Acierta y Entonces Escálalo* cambia la creencia convencional sobre cómo construir una compañía en nuestras cabezas y ayuda a los emprendedores a hacer las cosas correctas en el orden correcto. El proceso discutido aquí está basado tanto en la experiencia extendida como en la investigación—docenas de ejemplos personales, estudios de casos e investigación cuantitativa. Representa el

4

proceso que emprendedores exitosos y compañías ya han descubierto. Puede ser desarrollado por gerentes de producto, emprendedores e innovadores de todo tipo que están tratando de llevar un nuevo producto al mercado. Si eres alguien con una idea o un emprendedor que inicia un negocio o corporación; si eres un gerente de producto o un empresario de alto crecimiento, el proceso puede transformar tu negocio. Pero antes de describir el método, tenemos que dar algunos ejemplos sobre como el espíritu emprendedor puede guiarle por el mal camino.

LOS TRES MITOS DEL ESPÍRITU EMPRENDEDOR

Antes nos preguntamos ¿porqué tantos talentosos y bien intencionados emprendedores fracasan? Una razón es que hay tres mitos centrales sobre los empresarios, o trampas que atrapan a los emprendedores: el mito del héroe, el mito del proceso, y el mito del dinero.

EL MITO DEL EMPRENDEDOR HÉROE: PORQUÉ CREER EN SU PRODUCTO LE PUEDE CONDUCIR AL FRACASO

Uno de los mitos más sorprendentes sobre el espíritu emprendedor se refiere a lo que se necesita para ser un emprendedor y enumera la misma lista de cualidades: pasión, determinación, visión, y así sucesivamente. Que de muchas maneras es correcto—el espíritu empresarial requiere de todas estas cualidades, y estas cualidades son parte de la fórmula que a todos nos han enseñado—. Por ejemplo, en la prensa los emprendedores son descritos como individuos comprometidos, apasionados con su visión, y determinados a derrumbar muros para alcanzarla. Asimismo, hemos escuchado a emprendedores que dicen que el secreto de su éxito fue la determinación de encarar todos los obstáculos o que la cualidad principal de los emprendedores debe ser su pasión.

El problema es que cuando realmente se observan los arranques de las empresas, encontramos que es más factible que los emprendedores apasionados, determinados y visionarios conduzcan su negocio al fracaso que al éxito. De hecho, a pesar de nuestra creencia colectiva en la pasión, determinación y visión, tenemos las manos vacías después de décadas de investigación tratando de aclarar las cualidades de la personalidad de los emprendedores. [2]¿Por qué sucede esto? Aunque la pasión, determinación y visión son importantes, también pueden ser extremadamente peligrosas. Para emprendedores que arriesgan su tiempo, reputación, y efectivo, la pasión puede rápidamente convertirse en

> *Muy frecuentemente los emprendedores fallan al enamorarse de su producto o tecnología, ignoran la retroalimentación de sus clientes y gastan años en construir un producto con una visión que nadie comparte*

dogmatismo; la determinación puede convertirse en un compromiso a seguir un curso de acción, y la visión puede guiar a un camino sin salida. Con frecuencia, emprendedores se enamoran de su producto o tecnología por lo que ignoran la retroalimentación negativa de sus clientes, y desperdician años construyendo un producto basado en una visión que nadie comparte.

Si piensas que la pasión y determinación pueden guiarte a una trampa, toma el ejemplo de Einstein, el científico más famoso de nuestra generación. Cuando Einstein publicó su teoría general de la relatividad en 1916 creyó que el universo era estático, así que incorporó una "constante cosmológica" para hacer trabajar su teoría, Einstein se mantuvo firme en sus ideas por varios años, rechazando el trabajo de Alexander Friedmann de 1922 y Georges Lemaitre en 1927, en los que sugerían que el universo se estaba expandiendo. Finalmente, en 1929 cuando Edwin Hubble demostró que el universo se estaba expandiendo, Einstein se dio cuenta que su teoría general de la relatividad implicaba realmente que el universo era dinámico. Admitiendo que la constante cosmológica era incorrecta bautizó su tenaz determinación como "el más grande disparate" de su vida. Al final, la convicción de Einstein de que tenía todas las respuestas le costó el descubrimiento de una visión innovadora—¡el universo se estaba expandiendo!

A pesar de la tendencia a ser atrapado por tu forma de dirigirte y por tu pasión, es posible seguir un proceso que te permita adaptarte y tener éxito. Como un ejemplo, considera el caso de un emprendedor, Mike Cassidy y su compañía Ultimate Arena. Antes de cofundar esta empresa, Mike había vendido exitosamente su segundo emprendimiento por 532 millones de dólares y estaba buscando una nueva idea para probar. Durante este periodo Mike conoció a Thresh, el campeón mundial de un popular juego de video de tiradores. Thresh le dio la idea de crear una "arena" en línea donde los jugadores pudieran juntarse, poner unos pocos dólares, y entonces competir por el efectivo reunido. Aunque Mike no era un jugador, la idea era intrigante y los dos recaudaron algún dinero inicial de capitalistas de riesgo para construir Ultimate Arena. Por casi un año, Mike y su equipo trabajaron diligentemente para construir el concepto; y al momento de su lanzamiento el futuro parecía prometedor. Thresh estaba generando atención con su videojuego y en los siguientes meses los usuarios crecieron rápidamente por lo que el sitio comenzó a acercarse al medio millón de usuarios por mes. Desde fuera todo esto parecía ser una fuerte evidencia de éxito. Sin embargo, cuando Mike realmente escarbó en los datos comenzó a notar una tendencia perturbadora. Aunque nuevos usuarios se estaban uniendo diariamente no se quedaban en el juego, muchos permanecían por unos pocos juegos pero después no regresaban. De hecho, Mike encontró que el 50% de los nuevos usuarios probaban el sitio y nunca regresaban.

Preocupado, Mike decidió investigar llamando personalmente a los jugadores que habían dejado el sitio para preguntarles porque no habían regresado y descubrió que aunque los jugadores de Ultimate Arena podían participar en otros juegos de azar, como póker; los juegos eran jugados típicamente entre amigos donde el individuo tenía una oportunidad decente de ganar. En contraste, en Ultimate Arena el jugador estaba expuesto a que alguien mejor se llevara su dinero—casi como tener un abusivo en el colegio que roba el dinero de tu almuerzo. Lo que los usuarios destacaban que le faltaba al portal eran dos ingredientes clave: un componente social y una oportunidad de pelear para recuperar el dinero.

Una tormenta se estaba gestando. El dinero de la inversión inicial no duraría para siempre y los usuarios deberían permanecer en el sitio para que fuera exitoso. Mike reunió al equipo y le mostró los fríos y duros datos —los usuarios estaban cayendo rápidamente y la compañía estaba de camino al fracaso. A pesar de esta amenaza, muchos de los más apasionados y comprometidos empleados de la empresa querían desesperadamente seguir tratando para hacerla funcionar. Estos miembros del equipo eran buena gente y buenos emprendedores: eran apasionados, determinados y además gente visionaria. Pero a causa de que ellos eran apasionados y determinados, la mayoría de los miembros del equipo no pudieron ver que necesitaban un cambio. Ellos argumentaban que si solo cambiaban el esquema de cuotas, o mejoraban el sistema de calificación, los usuarios podrían estar felices y quedarse. Mike tomó un punto de vista más clínico,—aplicando los principios que discutiremos en este texto—y determinó que Ultimate Arena no conocía las necesidades de sus clientes. Después de cerca de un mes de estar pensando en ideas y de estar hablando con clientes acerca de qué hacer, Mike abandonó el desarrollo de Ultimate Arena y comenzó a diseñar el marco de lo que sería Xfire—un servicio de mensajería instantánea que permitía a los jugadores encontrarse en línea y jugar su juego favorito. Xfire cumplió con las necesidades de los clientes por su componente social y rápidamente se convirtió en un éxito. Al final, Xfire fue vendido por cerca de 100 millones a Vivendi—pero no sin haber atravesado una crisis critica que requería de algo diferente a pasión, determinación, y visión. Además, precisamente esas cualidades hubieran condenado a esta empresa al olvido.

El hecho que la pasión, determinación, y visión algunas veces te guíen al éxito y otras al fracaso genera un cuestionamiento directo al corazón del mito del *emprendedor héroe* que es un problema común: cada vez que vemos a un emprendedor que es apasionado, determinado, y visionario, la respuesta natural es atribuir cualquier éxito a las cualidades personales del individuo. Pero hay un problema al explicar el éxito simplemente diciendo que alguien es un gran líder o un gran empresario. En psicología social el fenómeno es conocido como *Error Fundamental de Atribución*[3] que consisten en que la gente atribuye continuamente más

8

éxitos y más fracasos al individuo que los que realmente merece, cuando de hecho otros factores externos, más difíciles de observar, juegan un papel crítico en los resultados exitosos. En su libro *Outliers*, Malcolm Gladwell ilustra este efecto en las vidas de individuos altamente exitosos, como Bill Gates, y destaca como otros factores, tales como el contar previamente con recursos computacionales, forjó el gran éxito de Gates.

El hecho de que todos estemos sujetos al *Error Fundamental de Atribución*, particularmente en el espíritu emprendedor, significa que si observamos de cerca el mito del héroe emprendedor surgen dos importantes conclusiones: Primero, los atributos de grandes emprendedores que mencionamos no son, ni la clave del éxito, ni el camino al fracaso,—porque estas cualidades pueden jugar cualquier rol dependiendo de cómo afrontes al mundo y al problema que enfrentes. Sin embargo, una de las cosas que haremos en este libro es mostrar cómo enfocar esas cualidades para que se conviertan en herramientas para alcanzar el éxito. Específicamente te mostraremos como transformar la peligrosa "pasión" en una pasión positiva para entender las necesidades de los clientes; como transformar el "compromiso" en la falta de un curso de acción al compromiso de un aprendizaje intelectualmente honesto; y como aprovechar la visión cegadora para que te conduzca al éxito. Segundo y más importante, lo que el *Error Fundamental de Atribución* sugiere es que puede haber otra explicación detrás de emprendedores exitosos diferente a sus cualidades personales. De hecho, descubrimos que el factor que hace que los emprendedores tengan éxito no es sólo sus cualidades personales sino más importante el proceso que usan.

EL MITO DEL PROCESO: POR QUÉ CONSTRUIR UN PRODUCTO TE CONDUCE AL FRACASO

El segundo mito es quizás el más peligroso porque tiene que ver con el proceso actual del espíritu emprendedor. Siempre que preguntamos a la gente, "¿Qué debe hacer si tiene una gran idea?" la respuesta es siempre la misma: juntar algo de dinero, contratar un equipo, desarrollar el producto, probarlo y, cuando esté terminado, venderlo. Esta respuesta no es ninguna sorpresa. De hecho, representa nuestro pensamiento colectivo sobre cómo crear un producto y está basado en el modelo de desarrollo de productos que se hizo popular a principios del siglo 20, en este tradicional esquema un nuevo producto pasa por una serie de etapas desde la especificación inicial, desarrollo, prueba, producción, y ventas (Figura 1).

Figura 1: El modelo tradicional de desarrollo del producto

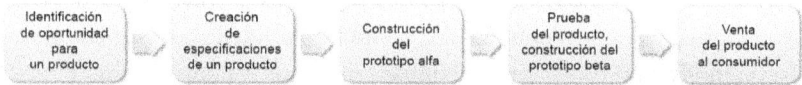

Lo que intuitivamente consideramos como el proceso emprendedor estándar es casi una copia exacta del proceso de desarrollo de producto, sólo que con diferentes palabras. Específicamente, de acuerdo al modelo empresarial tradicional, un emprendedor tiene una idea, reúne recursos para construir el producto, lo desarrolla, lo perfecciona, lo produce y lo vende. En pocas palabras el proceso empresarial estándar es el modelo del desarrollo de producto aplicado al ámbito de la innovación (Figura 2).

Figura 2: Modelo tradicional del proceso emprendedor

Porqué el modelo tradicional te guiará al fracaso

El problema con la aplicación de modelos de las grandes empresas es que, mientras el esquema de desarrollo del producto pueden producir buenos resultados para empresas establecidas en mercados que han dominado durante años, funciona pobremente para los emprendedores porque están haciendo algo muy diferente a los grandes corporativos. En concreto, muchas grandes empresas operan con problemas relativamente conocidos. Cuando abordas tus problemas te enfocas en planear y ejecutar; entonces, usando el modelo de desarrollo del producto—un modelo basado en planeación—puede mejorar tus opciones de éxito. El proceso puede funcionar para grandes compañías en mercados conocidos primordialmente porque ellos ya saben que construir y quiénes son sus clientes. Además, a las grandes organizaciones que están trabajando sobre problemas conocidos les ayuda que tienen recursos masivos y un conocimiento profundo que pueden aplicar a la planeación y ejecución. En contraste, emprendedores e innovadores enfrentan con frecuencia problemas desconocidos con soluciones desconocidas. Toda la planeación en el mundo no cambiara el hecho de que los empresarios comienzan con una hipótesis sobre un problema y su solución. Esto significa que en vez de ejecutar, los emprendedores deben buscar el problema correcto y la solución correcta. ¡Y la búsqueda requiere de un conjunto de actividades muy diferentes a la ejecución! De hecho, cuando necesitas buscar, la planificación puede ser el camino más rápido al fracaso—se desperdicia tiempo, dinero, y te comprometes a un curso de acción que no es más que una hipótesis.

Por lo tanto, no tiene sentido que un negocio nuevo use los mismos procesos de búsqueda que las grandes empresas utilizaron para establecerse. Incluso para las grandes empresas no siempre tiene sentido usar el modelo de desarrollo del producto. Cuando una gran empresa se enfrenta a una innovación disruptiva o necesita crecer en un nuevo territorio, entonces tiene un problema de búsqueda, no un problema de ejecución. En esencia tiene un problema emprendedor. En estas situaciones, las grandes empresas y los directores de producto deben aplicar el enfoque de *Acierta y Entonces Escálalo*.

El problema para los emprendedores es que en la ausencia de un proceso alternativo que guíe su búsqueda recurren a la planificación y ejecución. Como resultado creen que si sólo escriben un plan de negocios o desarrollan el producto tendrán éxito. El resultado es lo que nosotros llamamos el Mito del Campo de los Sueños. En la famosa película Campo de los Sueños, Kevin Costner, quien tiene el personaje principal, siega su campo de maíz para construir un campo de béisbol. Milagrosamente muchos vienen desde lejos para ver a un equipo de estrellas de béisbol jugar en tierras de agricultores. Aunque el argumento puede parecer una locura, la película pregona el poder de creer en un sueño, incluso cuando no parece lógico para todos los demás. Curiosamente, muchas personas ven al espíritu emprendedor de la misma manera —como un acto de fe: "Si lo construyes, ellos vendrán…"— Como resultado, muchos emprendedores que conocemos creen que el proceso para convertirse en un empresario exitoso es tener una idea, invertir su tiempo y dinero para desarrollar un producto, y luego venderlo. Este proceso parece intuitivamente correcto para la mayoría de la gente, ya que se basa en el modelo de desarrollo del producto—que se puede usar para planear el camino al éxito y donde el verdadero obstáculo es sólo la construcción. El problema es que a menos que seas Kevin Costner, esto siempre te conducirá al fracaso. He aquí por qué. A continuación se muestra el modelo tradicional que la mayoría de los empresarios siguen, que vamos a renombrar como el modelo del producto basado en la iniciativa empresarial porque los emprendedores construyen un producto basado en la fe de que los clientes comprarán lo que desarrollen (Figura 3).

Figura 3: Modelo tradicional del proceso emprendedor (basado en el producto)

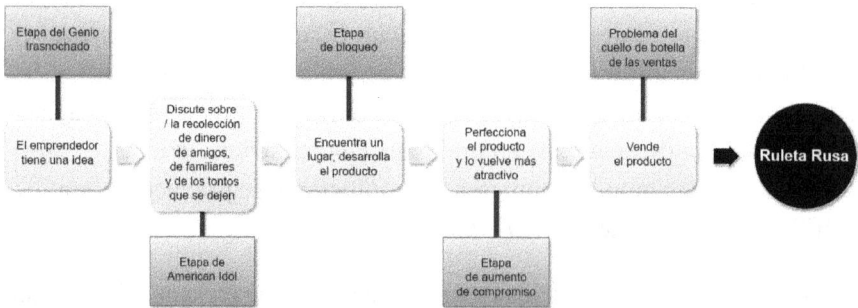

En la primera etapa del modelo empresarial tradicional, el emprendedor tiene una idea de lo que él o ella piensa será un gran producto o servicio. La etapa del "genio de medianoche" se asemeja a la experiencia de despertar en medio de la noche con una idea absolutamente genial, sólo para descubrir más tarde (por lo general en la mañana cuando golpea la realidad) que la idea no era tan asombrosa después de todo. Esta etapa puede ser emocionante, porque se trata de la imaginación creativa, pero también puede ser peligrosa. Recuerda, lo que el emprendedor cree, realmente sólo existe en su cabeza. El "flash del genio" es sólo una conjetura acerca de lo que quieren los clientes, sin importar lo brillante que se pueda sentir.

Después, el emprendedor busca con frecuencia la retroalimentación de familiares y amigos. Esto parece lógico, pero en realidad es el mayor error táctico—confundimos nuestro círculo social con nuestra base de clientes. Con demasiada frecuencia las malas ideas, que suenan bien, son alentadas por nuestros inteligentes pero no calificados amigos, y terribles ideas son impulsadas por nuestras madres. Como resultado de este error común el paisaje empresarial empieza a parecerse a la popular serie de televisión *American Idol*, donde algunos cantantes absolutamente terribles (armados con delirios de grandeza) llegan a la competencia y se enfrentan a muy buenos cantantes. Del mismo modo, con retroalimentación parcial en la mano, los emprendedores dan un salto de fe y sobre las bases de sus creencias comienzan a construir una empresa. Desafortunadamente, el simple hecho de desarrollar el producto tiene el efecto de aumentar la creencia de que los clientes en verdad quieren las características del producto que el empresario está desarrollando. Las características empiezan a proliferar atrapando en ellas al emprendedor, aun cuando los clientes puedan no necesitarlas. En la segunda etapa, a medida que el producto se acerca al terminado, los empresarios se comprometen todavía más tratando de perfeccionar el producto y añadirle más características para así aumentar el atractivo para un público más amplio.

Por último, el gran día llega cuando el producto está listo para venderse. Pero aquí viene el asesino: si los clientes realmente compran o no el producto tiene poco que ver con lo duro que trabajó el emprendedor, qué tan brillante es el técnico, o qué tan carismático es el vendedor. ¿Por qué? Porque el producto entero fue construido sobre una creencia acerca de lo que los clientes querían, y así el hecho de que los clientes compren el producto se convierte en una posibilidad aleatoria— un tipo de ruleta rusa empresarial. Esta es la razón por la que muchos emprendedores fracasan no porque ellos no puedan desarrollar un producto, sino porque no construyeron lo que los clientes deseaban.

Hemos visto que este patrón se ha repetido tantas veces que es trágico. Pero la verdadera tragedia es que en muchos aspectos no fue culpa de los emprendedores que estaban siguiendo la idea colectiva sobre cómo ser empresarios—creyendo en sí mismos y actuando con fe. De hecho, todo el tiempo estaban haciendo muchas cosas buenas. Pero aquí está la clave. El problema es que actuaron con fe en relación a lo que los clientes querían, y aunque estaban haciendo las cosas bien, lo estaban haciendo en el orden incorrecto. Por el contrario, los empresarios de éxito han seguido un proceso muy diferente. Si tuviéramos que dibujar el modelo tradicional de la forma más sencilla posible, podría parecerse a la Figura 4.

Figura 4: Modelo del espíritu emprendedor basado en el cliente

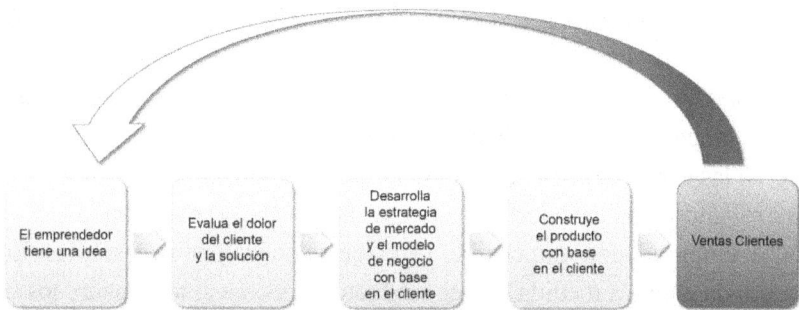

Al cambiar el orden y el contenido de los pasos en el proceso, los empresarios más exitosos fueron capaces de convertir sus supuestos (que casi siempre eran incorrectos) en hechos que podrían ser utilizados para construir un negocio exitoso. Más importante aún, en lugar de gastar cientos de horas y miles de dólares para obtener una idea equivocada, los emprendedores fueron capaces de desarrollar un producto que fue un ajuste casi perfecto de lo que los clientes querían. En el resto de este libro vamos a demostrar cómo se puede usar el mismo proceso para que acertar en el producto.

EL MITO DEL DINERO: PORQUÉ TENER MUCHO DINERO TE CONDUCE AL FRACASO

El último mito representa en realidad buenas noticias para los emprendedores que no tienen mucho dinero. El mito del dinero es la creencia de que un empresario tiene que tener una gran cantidad de dinero para iniciar un negocio exitoso. Aunque existe un viejo refrán que dice que "dinero hace dinero", para los emprendedores la fórmula no es tan simple. La mayoría de los empresarios creen que podrían tener éxito si tuvieran más dinero, nosotros estudiamos a emprendedores que comenzaron negocios con menos de 1,000 dólares y a aquellos que recibieron varios millones de dólares en inversión. Hemos encontrado que, aunque asumimos que entre más dinero mejor, de hecho demasiado dinero en el momento equivocado puede ser fatal. En un estudio formal los investigadores encontraron que el tener demasiado dinero puede llevar a distorsiones extremas, la razón es que mientras que el capital es necesario para iniciar un negocio nuevo, introduce un conjunto único de problemas que pueden dificultar la puesta en marcha del mismo.

Para ilustrar el peligro del mito del dinero, considere el temprano y acelerado éxito y luego el abismal fracaso del estudio de video juegos 3D Realms. Cuando el estudio comenzó, los dos emprendedores George Broussard y Scott Miller, construyeron un exitoso negocio con sólo unos pocos dólares. Con muy pocos recursos no sólo inventaron el modelo de distribución de software *Shareware*, que se convirtió en un movimiento importante en la distribución temprana del software, sino que en el corto plazo de un año y medio desarrollaron *Duke Nukem 3D*, un innovador videojuego que se adelantó a su tiempo y que se convirtió en uno de los más importantes de su época. Con decenas de millones de dólares en sus arcas, los fundadores anunciaron la secuela de su aclamado título, *Duke Nukem Forever*. Entonces, algo extraño sucedió. Aunque el equipo ya tenía dinero para contratar a desarrolladores, para construir un nuevo edificio y hacerlo todo bien de una vez, las cosas comenzaron a ir cuesta abajo. El desarrollo colapsó, los gastos se dispararon, y después de doce años el proyecto de *Duke Nukem Forever* se apagó sin producir siquiera el juego. Por desgracia, los empresarios de 3D Realms no son los únicos, son la representación de muchos emprendedores que han caído presas del mito del dinero.

Hay varias razones por las que más capital para una empresa puede en realidad aumentar las posibilidades de fracaso en vez de asegurar el éxito, una de ellas es que en los primeros días los emprendedores tienen que centrarse obsesivamente en averiguar lo que quieren los clientes. Cuando el dinero de la inversión se presenta en la puerta crea algunos cambios fundamentales. Por un lado, a pesar de que el emprendedor ha estado actuando con base en supuestos (adivina lo que quieren los clientes), cuando llega el dinero la inversión se asume como la validación de los supuestos y el respaldo necesario para ejecutar el plan. El problema es que, como se destacó en el modelo tradicional del proceso basado en el producto, el plan de negocios se basa casi siempre en la fe acerca de lo que

> *"Yo creo que mucho dinero en el comienzo de un negocio no sólo es innecesario, sino realmente tóxico."*
> —*Mike Maples Jr.*

quiere el mercado en lugar de los hechos. Esto no sería tan malo si los empresarios fueran forzados por el hambre a ir con los clientes (momento en el que se enterarían que su plan tenía que ser ajustado) pero el dinero provee una protección contra la fría y dura realidad. Los emprendedores pueden desperdiciar mucho tiempo ejecutando su plan antes de descubrir que estaban equivocados. Este fue el caso de 3D Realms, así como fue la falla de emprendimientos de alto perfil como Aviación Eclipse y Webvan, los cuales perdieron más de mil millones de dólares antes de fracasar.

En cada caso, el dinero permitió a los empresarios ejecutar su brillante plan de negocios, en vez de mantenerse enfocados en el mercado para que pudieran encontrar lo que verdaderamente los clientes querían y ajustar su plan de acuerdo a ello. Mike Maples Jr., un inversionista muy bien conocido lo explicó de la siguiente forma:

"Yo creo que mucho dinero en el comienzo del negocio no sólo no es necesario, sino que resulta realmente tóxico. Causa que se persigan estrategias perdedoras por mucho tiempo en detrimento de las estrategias ganadoras… Si observas los grandes comienzos… éstos habrán sido hiper frugales. Cisco, Google, Yahoo, Microsoft en sus primeros días. Quiero decir, que la lista sigue y sigue. Pienso que hay una correlación inversa entre la cantidad de dinero que un emprendedor requiere y el éxito potencial de un negocio que empieza".[6]

De manera similar, un conocido profesor, Guy Kawasaki, sugiere que: "si obtienes el dinero yo no lo gastaría (porque) te confunde".[7] Demasiado dinero afecta a los emprendedores porque les da libertad de acción a pesar de que puedan estar equivocados en vez de escuchar a los clientes para descubrir lo que realmente está bien. Concluimos que demasiado dinero en el momento equivocado alienta a los emprendedores a desarrollar el producto desde un punto de vista interno y volver a caer en el modelo tradicional basado en el producto, cuando en realidad necesitan desarrollar un enfoque externo sobre los clientes y utilizar el nuevo modelo basado en el cliente.

El segundo peligro del dinero es que es fácil de gastar, y el gasto aumenta la distracción y reduce la flexibilidad en un momento crítico de la vida de la empresa. Rápidamente las sillas en mal estado de la compañía necesitan ser remplazadas por sillones ejecutivos, las computadoras de escritorio de cinco años de edad son sustituidas por computadoras portátiles y los salarios de subsistencia son cambiados por los salarios de mercado pagados por las grandes empresas. Por desgracia, gastar todo este dinero no aumenta las posibilidades de éxito, al contrario las reduce. La razón es que todo el objetivo de la puesta en marcha es descubrir algo que los clientes quieren y la manera de entregarles lo que quieren de la forma más rápida y económica posible. Como emprendedores tratar de descubrir lo qué quieren los clientes significa inevitablemente descubrir ideas que no se vieron con antelación y adaptarse a ellas, por lo que la puesta en marcha del negocio tiene que ser ágil y flexible. Pero cuando el dinero entra por la puerta los gastos adicionales, la alta tasa de quema de recursos reduce la flexibilidad de los empleados para hacer cambios. Peor aún, como los salarios y los gastos adicionales merman la cuenta bancaria del emprendedor, la pista de aterrizaje para realizar cambios se acorta cada vez más, y simplemente el tiempo se acaba para intentarlo de nuevo cuando el emprendedor descubre que él o ella necesitan hacer un cambio. Hemos escuchado a muchos empresarios que se lamentan de que su velocidad de combustión es muy alta, que aunque descubrieron una manera de tener éxito ya era demasiado tarde para hacer el cambio por todo el equipaje que la compañía estaba cargando. Este fue el caso de un amigo cercano que era el director de una empresa de alto perfil en Silicon Valley, que fracasó. A puertas cerradas se lamentó de que en realidad tenía el equipo y las capacidades para captar un nuevo mercado, pero para el momento en que lo descubrió había perdido decenas de millones de dólares tratando de capturar el mercado descrito en el plan de negocios, pero que nunca se materializó.

Por último, tener mucho dinero desde el principio lleva a la tentación de *ampliarse antes de tiempo*, que es la causa número uno de las muertes de las empresas que comienzan. A menudo, cuando los empresarios consiguen más dinero, amplían el equipo, contratan a más ingenieros, vicepresidentes de ventas y a más miembros de la empresa. Un equipo grande no sólo aumenta la velocidad de combustión de los recursos, sino que también crea otros problemas para una empresa en fase inicial como la fricción en la comunicación y la política. Cuanto más dinero se invierte en una empresa desde el principio y se contrata más gente, más le toma a la compañía obtener su producto y llevarlo al mercado. De hecho, parece que hay una relación inversa entre una gran inversión prematura y el éxito, porque con las economías de escala de la organización, los empleados comienzan a especializarse y centrarse en su propio trabajo en vez de preocuparse por el éxito completo de la puesta en marcha. Si la empresa no ha dado con el valor de intercambio central, la especialización de este proceso es contraproducente. En los primeros días, cuando la puesta en marcha debe centrarse en averiguar lo que quieren los clientes y ajustarse para proporcionar una solución a sus necesidades, la comunicación interna y los obstáculos políticos pueden ser un problema importante. Por ejemplo, el equipo de ventas puede llevar un mensaje desde el campo hasta el gerente de producto, que podría pasar de largo frente al director de tecnología. Pero el equipo de mercadotecnia tiene un mensaje diferente, que puede o no pasar al gerente del producto, y si lo hace el director de tecnología puede pasarlo por alto. Como la comunicación y la política se complican los hechos cruciales sobre el cliente se pierden en la marcha, y por tanto el negocio se pierde en el mercado que está tratando de capturar.

Los peligros del dinero llevaron a un emprendedor a declarar que "la recaudación de dinero para iniciar su negocio fue la raíz de todos sus males". El empresario Jeremy Hanks se dio cuenta, sólo después de pasar meses recaudando y gastando capital, que nutrió a un negocio que definitivamente no pudo tener éxito. Afortunadamente en el momento en que se encontraba al borde de la hipoteca de la finca de su familia para mantener el proyecto con vida, se dio cuenta de que la hipótesis fundamental de la empresa se había roto y que a ciegas iba a tirar su herencia para rescatarla. Muchos empresarios no han sido tan afortunados como para llegar a la misma conclusión y han perdido ahorros, carreras y matrimonios, por intentar evitar el fracaso del negocio. En cambio Jeremy cortó las cuerdas, dejó que el negocio muriera y empezó a construir un muy exitoso negocio evitando todos los errores que implicaban el tener mucho dinero.

La verdad es que el tener menos dinero puede ayudarte a concentrarte en el mercado externo—tus clientes—y aumentar así la capacidad para desarrollar soluciones creativas para ellos. Basarse en los clientes para pagar las cuentas crea una natural concentración en sus necesidades, pero también puede aumentar la creatividad. Por ejemplo, Marissa Mayer, Vicepresidente de Google en Búsqueda y Experiencia del Usuario, pone de relieve como los proyectos restringidos han producido mejores, y más creativos resultados.[8] Del mismo modo, Tina Seeling, Directora Ejecutiva del Programa de Tecnología de Standford, ilustra esto en su enseñanza. En sus clases sobre creatividad Seelig muestra el poder de la restricción al dar a los estudiantes cinco dólares y un par de horas para hacer tanto dinero como sea posible. Inicialmente los estudiantes encontraron formas creativas de hacer un poco de dinero, a menudo más de 100 dólares. Sin embargo, cuando Tina dificultó el récord al darles a los estudiantes un puñado de clips, las perspectivas de muchos de ellos cambiaron y se dieron cuenta de que el verdadero obstáculo no era el dinero sino el tiempo. Estos creativos estudiantes encontraron la manera de convertir un puñado de clips en cerca de 1,000 dólares en unas pocas horas. [9]De la misma manera, cuando los empresarios se enfrentan a limitaciones permanecen más enfocados en sus clientes y descubren mejores y más útiles soluciones que las que se podrían comprar con capital en exceso.

DESTILANDO ÉXITO EMPRESARIAL

Los tres mitos de la iniciativa emprendedora sientan las bases de la paradoja del emprendedor: si usted tiene la personalidad adecuada, seguir el modelo que todos conocemos, o recaudar dinero muy pronto aumenta en realidad la probabilidad de fracasar. La paradoja del empresario puede ser una razón por la cual el secreto del éxito emprendedor parece un tanto misterioso, incluso para los propios empresarios. Bob Metcalfe, inventor de la Ethernet, afirmó que "los empresarios más exitosos que he conocido no tienen ni idea de las razones de su éxito. Mi (éxito) fue un misterio para mí entonces, y sólo un poco ahora."[10]

Pero el espíritu empresarial no debe ser un misterio o una paradoja. Después de estudiar cientos de empresas triunfadoras y no triunfadoras descubrimos que los empresarios exitosos siguieron un patrón muy diferente al pensamiento convencional. Para validar el proceso pusimos a prueba varios negocios,—algunos desde el principio y otros en un esfuerzo de rescate a la mitad del camino de la vida de la empresa. La metodología resultante no es una ciencia en sí misma, muchos emprendedores con talento describieron los aspectos de sus casos de donde hemos extraído un único modelo que describe el proceso completo de principio a fin, resultando algo que es claramente una desviación radical del modelo establecido de la iniciativa emprendedora. Este proceso puede ayudarte a convertir la pasión en hechos, la determinación en sabiduría y una idea en un negocio exitoso. Puede proporcionar un atajo hacia el éxito en vez de gastar años, o miles de dólares para descubrir que estabas equivocado. Lo más importante, este método puede ser utilizado para todos los tipos y etapas de una empresa que se enfrentan con problemas de emprendimiento ya sea en el desarrollo de una nueva idea, en el arranque de una empresa, en la tecnología de una universidad, o en una compañía que enfrenta un espiral descendente. Lo hemos utilizado para transformar negocios existentes, así como puede ayudar a proporcionar una ventaja a las nuevas empresas. Lo hemos usado en organizaciones ya establecidas que buscan lanzar nuevos productos y en nuevas empresas que están en pésimas condiciones. Dependiendo de las circunstancias, el proceso puede necesitar una ligera modificación (Ver el capítulo "El contexto es importante"), pero en cada caso puede ayudar a un empresario a dar un cambio en la dirección del negocio y tener éxito.

LA METODOLOGÍA DE ACIERTA Y ENTONCES ESCÁLALO

En los siguientes capítulos comenzaremos describiendo algunos principios fundamentales que se aplican al proceso de *Acierta y Entonces Escálalo*. Específicamente redefinimos la innovación y luego te pedimos que empieces a pensar como un científico en un laboratorio: observando tu proyecto empresarial a través de una lente que fijará como objetivo la búsqueda de los hechos. Pero el laboratorio no estará dentro de un edificio, sino en el mundo real y frente a los clientes. De hecho, tendrás que levantarte de tu escritorio y salir al campo con los clientes si quieres tener éxito. Debes aprender rápido a hacer cambios o a fracasar—el fracaso será perfectamente aceptable—es decir, si fracasas pronto en el proceso de probar tus ideas, puedes cambiar y lograr algo que pudiera tener éxito. Tienes que estar preparado para hacer cambios. Los negocios exitosos se adaptan, por lo que tú también lo harás.[11] Además, vamos a discutir la importancia del aprendizaje intelectualmente honesto; del uso de prototipos simples y económicos para experimentar rápidamente, y de un pequeño equipo de trabajo enfocado a seguirte en el proceso de *Acierta y Entonces Escálalo*.

Proceso de Acierta y Entonces Escálalo

Una vez que definimos el campo de trabajo describiremos las fases del proceso en sí mismo. En la superficie estas fases pueden parecer simples, pero los emprendedores pueden olvidarlas o saltarse alguna. Realmente comprometerte con estos cinco pasos, en vez de asumir que los has completado, te ahorrarán literalmente años y millones de dólares.

Figura 5: Las cinco fases del proceso Acierta y Entonces Escálalo.

Después de completar estos pasos, descritos más adelante y con más detalle, tendrás un producto o servicio que será la base para un gran negocio. Conforme continúes con la validación de tu producto, puede que tengas que volver a algunos de los pasos. Aunque describimos el proceso de *Acierta y Entonces Escálalo* en fases que son fáciles de entender, con frecuencia necesitarás regresar al paso previo por algo que pudiste haber olvidado. Para el final del proceso habrás validado tu mercado, habrás desarrollado un producto que los clientes desesperadamente desean, y ¡estarás listo para tener un negocio exitoso!

LEONES, TIGRES Y OSOS: RETOS A LO LARGO DEL CAMINO

Aunque hemos probado que el proceso funciona en muchas compañías no significa que lo puedas aplicar sin enfrentar retos. Mientras el proceso en sí es simple, para las empresas o emprendedores puede ser muy difícil tener la disciplina para llevarlo a cabo de forma completa. Encaramos numerosas demandas, presiones e incentivos que pueden distraernos, los emprendedores tienen una dosis extra de urgencia. La vieja broma es que los emprendedores dicen "listo, fuego, apunta." Aunque una dosis de urgencia es crítica, tomarse el tiempo para desarrollar el proceso puede ahorrarte mucho más tiempo del que inviertes, incluso años. Pero hacer esto requerirá del esfuerzo de todos, desde los líderes de la empresa, incluyendo fundadores, el equipo, y los inversionistas. El proceso toma tiempo, requiere compromiso y puede demandar ver el mundo de una nueva manera. También requiere seguirlo sin sabotearlo al intentar acortarlo. Nosotros discutimos como crear el compromiso para desarrollar el proceso de *Acierta y Entonces Escálalo*, aun cuando venga de una compañía en crisis. También se tendrá que adaptar el enfoque en función del contexto en el que se opera tal y como se describe al final del libro. Pero a pesar de las dificultades, si tienes paciencia y sigues los pasos tendrás éxito. Muchas de las nuevas empresas de mayor éxito en el mundo han utilizado estos principios para dominar sus mercados o para dar la vuelta a empresas con dificultades. Si tu equipo aplica estos principios, herramientas y procesos puede hacer lo mismo por tu negocio.

A DONDE IR DESPUÉS

En este punto puedes encontrarte inquieto, diciendo: "Vamos a hacerlo." Antes de ir demasiado lejos en el libro, la comprensión de los principios en el próximo capítulo te ayudará a establecer una base más sólida sobre la cual construir. Estos principios también pueden ser útiles para establecer un vocabulario común con tu equipo y ayudarte como empresario a restablecer la forma de pensar acerca de lo que significa ser un emprendedor que identifique y supere los tres mitos de la iniciativa emprendedora. Primero: vamos a ayudarte a establecer un entendimiento común para pensar sobre lo que la innovación significa. Segundo: necesitamos romper algunas barreras comunes e introducirte a los fundamentales que te guiarán a través del proceso de *Acierta y Entonces Escálalo* y entonces caminaremos por cada una de las fases del proceso. Finalmente, describiremos cómo el proceso difiere dependiendo del tipo de mercado en el que éstas, así como destacaremos el cómo crear el compromiso en tu equipo para finalizar exitosamente el proceso. Para el final, tendrás un mejor entendimiento de los principios y el proceso que cambiarán dramáticamente tu negocio.

Nota de la traducción: Acierta y Entonces Escálalo es un método de probado éxito por lo que es ampliamente conocido por su nombre en inglés *Nail It then Scale It* y sus siglas *NISI*. Por respeto al prestigio que se ha ganado el concepto, el equipo de traducción decidió mantener en el resto del libro el título del método en inglés así como sus siglas.

Capítulo 2: El misterio del mercado Ganando innovación

Si Thomas Alva Edison no hubiera fallado nunca se hubiera convertido en el innovador más conocido y prolífico de Estados Unidos. Como la mayoría de los empresarios, cuando Alva Edison comenzó su carrera, estaba seguro de que había observado un problema fundamental que podía resolver. En concreto, Alva notó que cuando el Congreso votaba sobre un tema cada Senador informaba en voz alta su voto. Para Edison la ineficiencia de este sistema era absolutamente impresionante y se dio cuenta de que podía inventar un sistema de conteo rápido de todos los votos y omitir el paso innecesario y despilfarrador de anunciar el voto. Como cualquier buen empresario siguió el modelo tradicional basado en el producto, Alva Edison se abocó a ello y construyó un sistema automático de votación y lo llevó al Senado. Imagínese a Alva Edison caminado de prisa a las oficinas del Congreso ansioso por demostrar cómo había resuelto un problema tan importante y emocionado por la recompensa después de su duro trabajo. Ahora imagínese su sorpresa total cuando los senadores escucharon y luego rechazaron sin rodeos su invención. Como la mayoría de los empresarios, Edison estaba seguro de haber observado una necesidad real del mercado y debió de haberse irritado por la incapacidad de sus "clientes" para entender cómo les había ahorrado horas y horas al cambiar su ineficiente y absurdo proceso de votación. Pero la verdad es que Alva no había validado su suposición de que los Senadores en realidad querían un sistema de votación automática. De hecho, como se vio después, existía una gran cantidad de política y de posiciones en la discusión de los votos y los Senadores no estaban dispuestos a renunciar a ese sistema.

Afortunadamente, en lugar de dejar que el fracaso lo destruyera Alva Edison se recuperó y en el proceso descubrió dos principios muy importantes que le permitieron convertirse en uno de los innovadores en serie más famoso de todos los tiempos. En primer lugar se enteró de la necesidad crucial de entender a sus clientes, específicamente el trabajo que están tratando de hacer y por qué lo están tratando de hacer. Después de esa experiencia Alva Edison replanteo todos sus esfuerzos futuros con una simple frase, "No quiero volver a construir algo que nadie quiere comprar." En segundo lugar, Edison aprendió el valor de la rápida interacción para dar a los clientes la solución necesaria. Por ejemplo, en la creación del foco eléctrico comercialmente viable, Alva Edison en realidad desarrolló más de diez mil prototipos antes de hacer las cosas bien. Si hubiera seguido el modelo tradicional basado en el desarrollo del producto, a partir de la redacción de especificaciones para luego tratar de comercializar el resultado, sus competidores lo habrían vencido por décadas. El enfoque de Edison en la comprensión de las necesidades del cliente y la interacción rápida son el centro de *Nail It then Scale it* (NISI) y nos da las pistas sobre lo que es considerado el gran misterio para la mayoría de los individuos y las empresas: ¿Cómo se puede innovar en repetidas ocasiones?

La mayoría de la gente estará de acuerdo en que la innovación es importante y que la comprensión de cómo innovar en repetidas ocasiones es crucial para la prosperidad mundial, regional, e individual. En un desayuno de trabajo con David McCullough, el historiador ganador del Premio Pulitzer, le pregunté lo que define la ventaja competitiva sostenible de los Estados Unidos. David McCullough respondió que Estados Unidos es la tierra de "oportunidad y la innovación."[12] Alan Greenspan, ex presidente de la Reserva Federal, sostuvo que las innovaciones tecnológicas han contribuido más que ningún otro factor al crecimiento en la historia económica de Estados Unidos, y que un mayor crecimiento depende de la innovación[13]. Y Steve Jobs es famoso por su frase de que "la innovación es lo que

> *"La innovación es lo que distingue a un líder de sus seguidores."*
> *–Steve Jobs*

distingue a un líder de un seguidor." En todo el mundo, gobiernos, empresas e individuos han llegado a reconocer el poder de la innovación para resolver problemas difíciles, proporcionar puestos de trabajo, y crear riqueza. No solamente la innovación es el motor fundamental en la creación de un nuevo valor, pero la comprensión y la autonomía del proceso de innovación es la clave para lograr una ventaja sostenible para cualquier negocio o economía.

A pesar de la importancia de la innovación, el proceso para innovar en repetidas ocasiones permanece un poco en el misterio. A pesar de que Edison tuvo sus éxitos y fracasos es famoso porque fue uno de los pocos individuos que logró innovar en repetidas ocasiones. A pesar de que estamos convencidos de que es posible innovar en repetidas ocasiones, la mayoría de la gente realmente lucha por innovar una vez y mucho menos en varias ocasiones. Uno de los propósitos de este libro es desmitificar la innovación y mostrar cómo lograrla en varias ocasiones. Para ello, comenzaremos por definir la innovación y el mapa del proceso por el cual los clientes pueden adoptarla. Con esta información como telón de fondo tendrá un mayor sentido la forma de abordar el proceso de NISI. Sin embargo, si usted le urge conocer el proceso, continúe adelante y regrese a este capítulo después.

DEFINIENDO LA INNOVACIÓN GANADORA

¿Qué es la innovación? esta parece una pregunta básica, pero es sorprendente el número de respuestas que existen. Por ejemplo, innovación ha sido definida basada en la *medición* del cambio: radical, disruptiva o se han clasificado como parte de un valiente nuevo mundo a las innovaciones que representan una mejora o cambio significativo sobre los productos existentes; en tanto el incremento o mantenimiento de las cualidades de "mejor, más rápido, más barato" representan una escala más pequeña del cambio. Por otra parte, la innovación puede definirse con base en la meta que persigue: como las innovaciones en el modelo de ingresos, de la tecnología, del servicio, del proceso, del producto o la innovación de la cadena de suministro.[14] De manera similar la innovación también se ha definido con base en el proceso mediante el que ocurre, como la redefinición del mercado, la compresión de la cadena de suministro, la personalización de las masa, los paquetes de productos, los mercados de la consolidación, y demás.[15] Aunque todas estas definiciones son útiles para categorizar, en realidad no describen lo que separa el éxito de la innovación que no logra el éxito.

El primer paso para definir a la innovación exitosa es separar los conceptos de "nuevo" e "invención" de idea e innovación. Típicamente cuando las personas piensan en innovación imaginan la creación de *nuevas* cosas, ya sean ideas, tecnologías, productos o servicios. Las universidades impulsan a sus académicos a innovar para desarrollar nuevas ideas e invenciones. Emprendedores y estudiantes programan sus cerebros para lograr nuevas ideas o productos. Pero la verdad es que inventar algo nuevo es tal vez la parte menos importante de la innovación. De hecho muchas de las grandes innovaciones no son nuevas invenciones del todo sino simplemente ideas prestadas o reempaquetadas de otras áreas. Aunque se hizo famoso como el padre de la producción en masa, el éxito en la manufactura de Henry Ford se basó en tres principios que ya eran usados en otras industrias:1) Las piezas intercambiables ya eran utilizadas por las máquinas de coser, la armada y la industria óptica, 2) el flujo continuo en la manufactura era utilizado por las harineras, las fábricas de enlatados y las industrias de cigarrillos, y 3) la línea de montaje era una técnica de plantas envasadoras de carne y fábricas de cerveza.[16]Esto significa que Henry Ford no aportó algo nuevo—una invención—lo que hizo fue aplicar las invenciones existentes para resolver un problema de mercado, lo que se convirtió en una innovación en la fabricación de autos. El profesor Gary Rhoads y los coautores del libro *BoomStart*, argumentan que la investigación y el desarrollo empresarial debe ser "Tomar algo y rediseñarlo" para enfatizar que los empresarios también se centran a menudo en soñar con algo nuevo para el mundo, cuando en cambio pueden tener más éxito en la búsqueda de una manera de aplicar algo viejo de una manera diferente.

Para tener una apropiada definición de innovación, la primera distinción importante es establecer la diferencia entre invención e innovación. Dar un vistazo a los siguientes productos y preguntarnos si son innovaciones nos ayudará a ilustrar este punto. (Figura 6).

Figura 6: ¿Innovaciones?

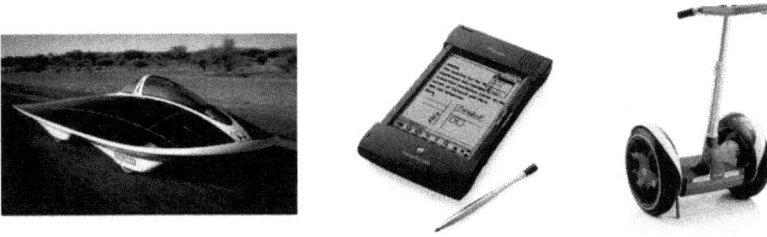

Todas estas ilustraciones (un carro solar, la computadora Apple Newton, y el vehículo Sewey) representan la invención de algo nuevo, pero no son necesariamente innovaciones, porque los inventos no se combinaron validando una necesidad del cliente. La invención es el descubrimiento de una nueva tecnología, producto o servicio. La innovación es la combinación de una invención (ya sea nueva o viejo) con una visión de una necesidad del mercado. En otras palabras, la innovación se encuentra en la intersección de la invención y conocimiento del mercado (Figura 7).

Figura 7: Definición de innovación

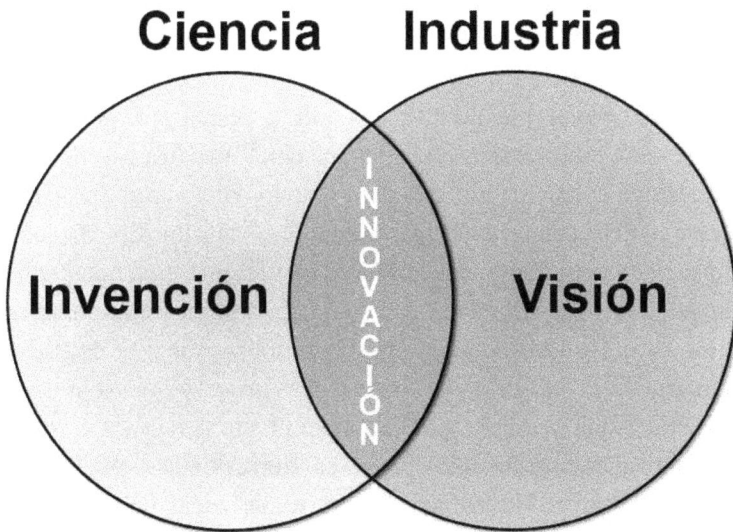

Sin conocimiento del mercado la invención es solamente una nueva tecnología, producto o servicio. Un nuevo descubrimiento colocado en un estante puede ser un invento interesante pero todavía no es una innovación. En contraste el conocimiento de mercado sin invención es imitación, es un "yo también lo hago" en los negocios.

29

Dé un segundo vistazo a las "invenciones" de la ilustración anterior, y verá cómo cuando estas invenciones se combina con una visión de mercado conducen a innovaciones reales. Es decir, cuando se dirigen y empacan para satisfacer la necesidad del mercado de la derecha, estos inventos se convierten en innovaciones (Figura 8).

Figure 8: Invenciones convertidas en Innovaciones

En contraste con los ejemplos de invenciones anteriores, los paneles solares, aplicados a viviendas de nueva construcción; un dispositivo convergente que combina una computadora y un teléfono, y el vehículo Segways, que permite a la policía desplazarse por espacios estrechos; son todas innovaciones ya que combinan una invención con una necesidad del mercado. Del mismo modo, la memoria flash es un invento que tiene sus ventajas, pero también es la solución a la necesidad de almacenamiento digital más rápido y confiable. Como resultado de ello su adopción fue tan rápida que creó una industria multimillonaria. Por otra parte, Howard Schultz llevó los productos de café de alta calidad de la cadena Peet's Coffee y el original de Starbucks (que sólo vende café de grano) y lo combinó con el conocimiento del mercado sobre lo que la gente anhelaba: un ambiente de cafetería donde se pudiera descansar o trabajar. El resultado fue una experiencia innovadora para el cliente con la combinación de un producto y la visión que creó "Coffee Company", con una valoración de mercado de 25 mil millones de dólares a finales de 2010. En resumen, una definición simple de la innovación empieza por entender cómo la innovación exitosa se da con la intersección de: 1) una invención con 2) una visión de mercado.

El reconocimiento de dos tipos de riesgo en la innovación

Al pensar en los dos componentes de la innovación (la invención y el conocimiento del mercado), reconocemos también los dos riesgos fundamentales que se enfrenta a la hora de innovar: el riesgo de la tecnología (¿lo podemos hacer?) y el riesgo de mercado (¿lo comprarán los clientes?). Por ejemplo, hacer un medicamento que cura enfermedades del corazón tiene un riesgo limitado en los mercados y un gran riesgo tecnológico. En contraste, el próximo gran sitio de internet probablemente no implica un gran riesgo tecnológico pero si un alto riesgo de mercado. La reducción y la superación de estos dos tipos de riesgos es fundamental para innovar con éxito. Sin embargo, la mayoría de los empresarios actúan de cara al riesgo tecnológico para empezar a construir su producto y la verdad es que más del 90 por ciento de las empresas fracasan porque no pueden encontrar a nadie que les compre y no porque no puedan construir lo que quieren vender. Como resultado en el proceso NISI nos enfocamos principalmente en el riesgo del mercado y mostramos los principios para superarlo, pero si se enfrenta a riesgos

> *Los dos riesgos fundamentales de cara a la innovación son: el riesgo de la tecnología (¿lo podemos hacer?) y el riesgo de mercado (¿lo comprarán los clientes?).*

tecnológicos debemos de cerciorarnos de que ponemos atención en estos y usamos las estrategias adecuadas para manejarlo. Aunque estas estrategias para enfrentar riesgos tecnológicos son objeto de un libro aparte, consideramos en este texto aspectos como el desarrollo paralelo, la identificación, la simulación, prototipos rápidos, el préstamo de soluciones de sectores adyacentes, priorización de los riesgos, la gestión de la línea de tiempo y el desarrollo de una visión acorde al ecosistema de la innovación. Usted notará que muchos de estos principios se superponen con el proceso de NISI y hay una buena razón porque cuando te enfrentas a lo desconocido en un área de riesgo, las tácticas para conquistar lo desconocido en otra zona de riesgo son similares. De hecho, a veces la gente crítica el proceso de NISI preguntándose si solo se aplica al desarrollo de software o si también sirve para Internet 2.0. La respuesta es, por supuesto que no, ya que este método se aplica a cualquier problema que enfrenta el riesgo del mercado, pero cuando trate de abordar su negocio no confunda el riesgo de mercado con el riesgo de la tecnología o viceversa.

¿DE DÓNDE PROVIENEN LAS INNOVACIONES GANADORAS?

Si la innovación es la combinación de la invención y conocimiento del mercado, ¿de dónde viene la invención y conocimiento del mercado? La invención puede darse a partir de un involucramiento profundo con la industria. Por ejemplo, Sam Walton pasó más de una década experimentando con tiendas baratas, como Franklin Five and Dime, antes de llegar a Wal-Mart.[17] Del mismo modo, Ingvar Kamprad, fundador de IKEA, pasó varios años vendiendo muebles antes del día en que, durante una sesión de fotos, él y sus compañeros se preguntaron por qué enviaban las mesas con patas y *voilá*, este fue el nacimiento del concepto mobiliario del prearmado que revolucionó la entrega de muebles.[18] De manera similar la invención puede surgir porque usted es externo y aporta una perspectiva nueva. Este fue el caso de Charles Schwab, que aplicó la analogía de supermercados en la industria de fondos mutuos para crear un supermercado de fondos—una innovación que cambió la industria y que hizo ganar miles de millones a Schwab. Del mismo modo, los fundadores de Google estaban trabajando en un buscador de textos de una librería cuando se dieron cuenta que podían aplicar esta herramienta al internet.

Finalmente, las innovaciones pueden generarse a propósito al juntar diferentes ideas y conocimientos, por ejemplo, la firma de diseño IDEO utiliza artefactos físicos para recombinar ideas viejas y crear otras nuevas. Miembros del equipo pueden usar accesorios como partes de bicicletas y juguetes japoneses, y tratan de aplicar estas ideas a los productos tales como grapadoras de piel y monitores de ordenador. [19]Pero los emprendedores no necesariamente tienen que inventar sus propias soluciones—de hecho, inventar tiene sus peligros. Aunque muchos empresarios pasan gran cantidad de tiempo tratando de encontrar una nueva idea, en el curso de la invención fallan al enamorarse de su idea. Hay muchos, pero muchos inventos por ahí que pueden ser elegidos y aplicados a un problema de mercado. Esto incluye las invenciones que pueden ser objeto de licencias de las empresas o de las universidades, las invenciones de otras industrias o zonas geográficas que se pueden aplicar en un nuevo mercado, viejas ideas que se pueden aplicar de formas nuevas y muchas otras fuentes. Como un ejemplo de la gran cantidad de invenciones disponibles está el hecho de que las patentes de universidades se han incrementado en un 1,600% en los últimos 30 años, pero menos del 30 por ciento de estas patentes se han convertido en licencias o se han comercializado.[20] Las invenciones no tienen que provenir solo de patentes—los empresarios pueden recurrir a varias fuentes de invención, la mayoría de las cuales provienen de industrias cercanas o adyacentes. Por esa razón el misterio más grande para los empresarios no es la invención, es el conocimiento del mercado que conduce a la innovación y a la adopción en el mercado.

Si el conocimiento del mercado es la parte más desafiante de la innovación, ¿cómo se consigue este conocimiento? Se consigue del cliente, pero no preguntándoselo directamente. Es algo contra intuitivo porque si simplemente se le pregunta al cliente lo que quiere, tiende a describir lo que ya conoce o señala mejoras para agregar en su *status quo*. Henry Ford dijo: "Si yo hubiera preguntado a los clientes lo que ellos querían, la respuesta hubiera sido caballos más rápidos", la razón es que a los seres humanos nos cuesta trabajo ver más allá del *status quo*. En un estudio, los investigadores dieron a los sujetos un problema que requería un alambre para resolverlo. Cuando a los sujetos les dieron un clip como sujetapapeles frecuentemente pudieron resolver el problema, pero si se les daba solamente un montón de papeles mucho menos sujetos lo resolvían.[21] Por otra parte, los clientes suelen pedir cosas contradictorias. Por ejemplo, cuando los clientes de la marca Huggies respondieron a los investigadores que no querían que sus niños pequeños usaran pañales también les dijeron que tampoco querían que se orinarán en la cama, la solución podría parecer insalvable. Pero a Huggies se le ocurrió los Pull-ups, que resuelve ambos problemas al mismo tiempo.[21]

La diferencia clave en esta etapa inicial de la innovación no es sólo pedir a los clientes lo que quieren, es necesario comprender en profundidad a los clientes—sus motivaciones, sus necesidades, y lo más importante, el trabajo que están tratando de hacer. El trabajo que los clientes están tratando de hacer no encaja en las categorías de productos existentes. Un ejemplo de lo anterior es el caso de Clayton Christensen que destaca cómo los clientes han usado el bicarbonato de sodio como desodorante, pasta de dientes y limpiador—usos que Arm & Hammer originalmente paso por alto, pero que finalmente se convirtieron en la base de sus nuevos productos. Observar a profundidad lo que el cliente está tratando de lograr—o el propósito para el que compra un producto— puede dar resultados sorprendentes. Por ejemplo, Christensen describe cómo su equipo de consultores reexaminó porqué los clientes compran licuados de leche y descubrió una nueva actividad durante el traslado matutino de las personas—mezcla de alimentación y diversión— totalmente desconocida y que llevó a la compañía a ofrecer una popote más estrecho (para alargar la experiencia), así como que en el batido debe ir fruta.[22] El conocimiento del mercado proviene de la interacción con los clientes con la realidad y del profundo conocimiento de los problemas que están tratando de resolver. Sin embargo, normalmente no es algo que los clientes muestren por sí solos y lo digan, proviene de la profunda observación del dolor de los clientes y de los resultados que están tratando de lograr. Aunque esto parece bastante simple, puede ser difícil para los emprendedores porque por lo general tienen una creencia acerca de las necesidades del mercado. El reto para el empresario es cómo encontrar a los clientes, cómo escuchar de verdad, cómo descubrir sus necesidades y entonces cómo reenfocar con honestidad las ideas propias a la luz de esas necesidades. En contraste, muchos emprendedores fallan porque observan una necesidad general y luego se convencen de que de alguna manera su producto resuelve esa necesidad.

LOS EMPRENDEDORES INNOVAN, LOS CLIENTES LO VALIDAN

La clave es recordar que los clientes no innovan, el emprendedor es el que innova y los clientes son los que validad esa innovación. Sin embargo, nosotros argumentamos anteriormente que las percepciones del mercado provienen de la comprensión de las necesidades del cliente —y repetidamente enfatizaremos en la importancia de la interacción con el cliente—también argumentamos que el cliente no puede innovar para usted.

En última instancia el trabajo del emprendedor es hacer el trabajo duro de la innovación. Thomas Alva Edison dijo: "Me entero de lo que el mundo necesita, entonces sigo adelante y trato de inventarlo". Si usted depende de sus clientes para innovar lo más probable es que ellos le propongan soluciones

> *El trabajo de un emprendedor es pensar ennuevos caminos para sanar el dolor del cliente. La innovación de un emprendedor es validada por el cliente.*

que sólo gradualmente mejoren lo que ya está en el mercado o que simplemente sean una amalgama de características de lo que sus competidores ya tienen. En ambos casos, muy probablemente, la solución resultante no será lo suficientemente convincente como para que los clientes superen el costo del cambio que conlleva la adopción de un nuevo producto. Por lo tanto, es trabajo del emprendedor observar el dolor de los clientes y conectarlo con un invento que resuelva un problema de mercado.

A menudo la invención que alivia el dolor de un cliente es simple, por ejemplo, los inventores de la Spin Pop ® (una paleta con un mecanismo de giro que usaba pilas) aplicaron el mismo dispositivo de sus paletas para crear cepillos de dientes eléctricos que fueran atractivos para los niños.[23]

Es el trabajo de los emprendedores pensar en nuevas maneras de resolver el dolor de los clientes. Pero no se desanime si usted siente que no es el mejor para pensar en grande o soñar con soluciones. La buena noticia es doble. En primer lugar, sólo el hecho de atacar a través del proceso Nail It Then Scale It (NISI) le llevará a percepciones repentinas que no se podían haber previsto de antemano. La mayoría de los empresarios no sueñan con soluciones en abstracto—lo hacen cuando están trabajando en una industria, hablando con los clientes, y experimentando problemas de primera mano. De hecho, todo un grupo de economistas, conocida como la Escuela Austriaca de Economía, cree que en realidad no se puede comprender lo que un mercado necesita hasta que se da el salto y se empieza a participar en él.[24, 25] En otras palabras, es más probable que usted pueda innovar si se sumerge en el mercado—lea acerca de él, trabaje en él, hable con los clientes, hable con los proveedores…ensúciese las manos.

La segunda buena noticia es que usted puede incrementar su habilidad de innovar a través de sus acciones. Mientras que algunas personas piensan que la capacidad de innovar es simplemente genética, la investigación no respalda esta creencia. De hecho, incluso algo tan fundamental como la inteligencia, que mucha gente cree que está predeterminada en el nacimiento, en realidad se puede cambiar dramáticamente con base en las acciones de cada persona. Carol Dweck de la Universidad de Stanford fue uno de los primeros en demostrar que la "inteligencia" puede incrementarse o disminuirse de acuerdo con el trabajo de una persona y su actitud[26]. Lo mismo se aplica para la innovación y la creatividad. Por ejemplo, Jeff Dyer, Hal Gregersen y Clayton Christensen investigaron sobre la innovación y encontraron que la capacidad de innovación es determinada primariamente por las decisiones que tomamos, no por nuestro nacimiento. Estos investigadores identificaron cinco actividades que los individuos emplean para ser más innovadores: cuestionarse, observar, experimentar, relacionarse y asociar ideas.[27] En resumen, si usted actualmente no se siente un innovador, no quiere decir que no lo pueda ser al sumergirse en el mercado y adoptar los hábitos que pueden convertirlo en tal.

A pesar de que la innovación es trabajo del emprendedor, nunca olvide la importancia de hacer que el cliente la valide. Si usted desarrolla una innovación que alivia el dolor de un cliente, los clientes tienen el rol vital de decirle concretamente si esa solución realmente cumple con su función. El error más grande de un emprendedor es que una vez que descubre una invención falle al enamorarse de ella o siga el método tradicional centrado en el producto para construir uno y luego venderlo. En cualquier caso, lo más probable es que la innovación no validada no esté bien y falle en última instancia en el mercado. Usted puede evitar esto probando la invención con los clientes. Si el emprendedor sale y muestra su invención a sus posibles compradores, estos podrán validar si el empresario está en lo correcto o está equivocado y precisamente uno de los temas centrales de Nail It then Scale es el proceso para validar la invención con los clientes.

¿Cómo se adoptan innovaciones Triunfadoras?

El espíritu de nuestro breve análisis de la innovación es fundamental para entender, desde una perspectiva a nivel de industria, como se adopta la innovación. Desde un punto de vista de 30,000 pies, la explicación más conocida viene de los primeros trabajos de Everett Rogers y su estudio sobre los productores de maíz de Iowa. Rogers estudió la propagación de una nueva invención—una semilla híbrida de maíz—entre agricultores y encontró que la difusión siguió un patrón que se describía mediante una curva de campana, segmentada en diferentes grupos que compartieron características similares en el proceso de adopción de tecnología.

Figura 9: La Difusión de la Innovación

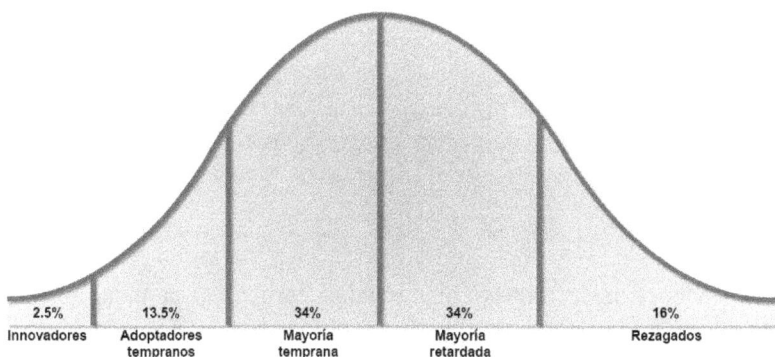

2.5%	13.5%	34%	34%	16%
Innovadores	Adoptadores tempranos	Mayoría temprana	Mayoría retardada	Rezagados

Roger encontró que los innovadores y pioneros implementaron la tecnología de las nuevas semillas muy rápido y con muy poca evidencia de su valor, mientras que otros grupos, como los de mayoría temprana (pero no tan rápidos) y la mayoría retardada prefirieron, por comodidad, una adopción tardía por lo que esperaron hasta que las semillas fueron probadas por otros para sentirse a salvo en la adopción de las nuevas semillas. Los grupos tardíos esperaron porque tenían un muy diferente conjunto de requisitos para adoptar una nueva tecnología que los adoptadores tempranos—la mayoría de usuarios quieren sentirse a salvo en la adopción de una innovación hasta probar que puede ser benéfica y la fuente de la innovación está legitimizada[28].

Geoffrey Moore, basándose en las investigaciones de Rogers, aplicó este modelo a nuevas empresas de tecnología en sus libros Cruzando El Abismo y Al Interior del Tornado. Moore argumentó que, aunque la adopción de tecnología sigue el patrón descrito por Rogers, existe una brecha entre las necesidades de cada grupo. Más importante aún, la brecha entre los de Adopción Temprana y la Mayoría de Adopción Temprana en realidad es un abismo.

Figura 10: Esquema de Moore sobre la difusión de la Adaptación a la innovación

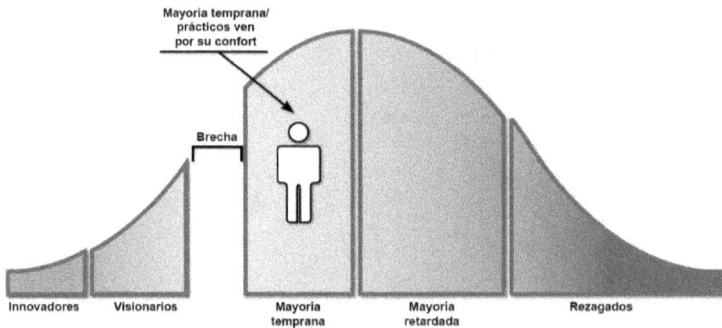

Moore destacó que si bien muchas compañías de tecnología pueden conseguir una atracción inicial con los innovadores y los clientes de adopción temprana; su verdadera pelea está en pasar al siguiente segmento de clientes: La Mayoría de Adopción Temprana y la razón es que estos tienen necesidades y requerimientos de compra muy diferentes a los clientes de Adopción Temprana, que están dispuestos a asumir un riesgo temprano para obtener un mayor beneficio. En cambio, la Mayoría Temprana, que se definen como pragmáticos, quieren tomar una decisión de compra segura y tienden a seguir a la manada.Los clientes de Mayoría en la adopción Temprana ven a su izquierda y a su derecha en la búsqueda de opinión y de una ganancia cómoda en lo que ven hacer a otros. La incapacidad para establecer la credibilidad del mercado crea un abismo entre una puesta en marcha y la adopción masiva del mercado de sus productos. Para cruzar el abismo Moore sugiere centrarse en una sola industria vertical, aprovechando todos sus recursos para ganar a los clientes mayoritarios de adopción temprana que son referencia en este segmento (al convencerlos de que la innovación es una opción segura y legitimizada) y entonces dominar este segmento antes de moverse a la siguiente industria vertical.

EL GRAN HOYO NEGRO DE LA INNOVACIÓN

A pesar de que hemos proporcionado una visión general de la innovación y sobre el patrón que sigue la adopción de las innovaciones, es importante no pasar por alto el objetivo de este libro: el gran agujero negro de la innovación. La verdad es que la mayoría de nuevas empresas mueren antes de que lleguen a la cima, y poco se ha escrito sobre el abismo que existe entre la idea de un proyecto y su realización. Las escuelas de negocios se enfocan mucho en la redacción de planes de negocios o cuestiones de estrategia de alto nivel. Los libros de negocios tienden a centrarse en tácticas básicas, tales como conseguir una licencia de negocio; o sólo en una parte del proceso, como el inicio de la captación de clientes.Existe muy poco material que abarque todo el proceso desde el principio hasta el final en el desarrollo de una innovación y su posterior ingreso al mercado.Cuando preguntamos a Geoffrey Moore cómo hacer que un nuevo negocio cruce el abismo, él respondió de manera franca: "No lo se". Su honestidad fue un catalizador para estudiar cómo los empresarios con éxito pueden cruzar el agujero negro en el que la mayoría de las empresas entran y no salen nunca y la manera de cruzar el abismo. Las ideas de este libro le ayudarán a hacer que una idea cruce ese abismo y pueda construir un negocio exitoso.

Capítulo 3: Fundamentos del proceso Acierta y entonces Escálalo

Nail it then scale it: Una aproximación a la iniciativa emprendedora basada en evidencia

Aunque mundos virtuales como Second Life, Sims Online, y World of Warcraft son actualmente negocios multibillonarios, pocas personas han escuchado del primer mundo virtual, There.com. Al inicio de su historia, There.com parecía estar haciendo todo bien de acuerdo con el pensamiento convencional en Silicon Valley. La compañía contaba con un equipo dotado de fundadores con iniciativa empresarial que entregaron las riendas del liderazgo a un director ejecutivo con experiencia. El directivo elaboró una estrategia, con la aprobación de la junta, recaudó capital para financiarlo y "lo hizo a lo grande". Al final, los ejecutivos de There.com recaudaron más de 40 millones de inversionistas para desarrollar el producto y entonces lanzaron una campaña masiva de relaciones públicas y mercadeo con la que llevarían a los usuarios a unirse en masa.

Con el dinero en mano comenzaron a perfeccionar el producto, desarrollando cuidadosamente una lista de características "requeridas" basadas en lo que el equipo creía acerca de los deseos del cliente. Al final, el desarrollo del primer mundo virtual resultó más retador de lo esperado. El equipo de gestión hizo lo que parecía razonable—retrasaron el lanzamiento hasta que el producto estuviera perfecto. Finalmente, después de varios años en desarrollo, There.com se lanzó con una llamativa campaña de relaciones públicas en *The Wall Street Journal* y en el *New York Times*. ¿Cuál fue el resultado de su perfecta ejecución? En el primer mes unos pocos miles de usuarios se inscribieron al servicio, pero los ingresos resultantes de 20 mil dólares estaban muy lejos de las expectativas. Los siguientes meses mostraron poco crecimiento, y para el resto del año la tendencia continuó. Al final, el lanzamiento de There.com causó una decepción masiva. Ellos habían gastado millones construyendo un producto que los clientes no querían. Para el tiempo que descubrieron esto, era muy difícil cambiar. En ese momento, Eric Ries, uno de los desarrolladores líderes, se preguntó porqué habían fracasado cuando habían hecho todo bien de acuerdo con la sabiduría convencional.[29]

Frustrados con su experiencia, Eric Ries siguió adelante y fundó IMVU con Will Harvey, el fundador de There.com y determinaron que si ellos habían hecho todo bien la última vez y fracasaron, necesitaban probar un nuevo enfoque. Ries y Harvey decidieron que probarían un ángulo dramáticamente diferente de desarrollo. En vez de seguir el modelo tradicional basado en el producto tratarían de probar sus supuestos sobre lo que los clientes querían liberando rápidamente el esqueleto del producto (lo que después Ries llamó *un producto mínimamente viable*, un término acuñado por Frank Robinson y popularizado por Ries). En pocos meses, Ries y Harvey lanzaron IMVU (alberga las interacciones virtuales entre la gente combinando mensajería instantánea con avatares), pero era tan malo que con frecuencia descomponía las computadoras de los usuarios. La mayoría de los miembros de la junta directiva estaban escépticos y permanecían cautos respecto al nuevo enfoque—los desarrolladores no serían capaces de atraer usuarios con un producto terrible que incluso pudiera ofenderlos. De alguna forma tenían razón: casi ninguno ponía atención, con la excepción de un conjunto de pioneros quienes tomaron el producto y comenzaron a proveer retroalimentación. Con esta información en mano el equipo rápidamente registró incontables ciclos de iteraciones del producto. En una fracción del tiempo que tomó el lanzamiento y fracaso de There.com, IMVU estaba generando ingresos superiores a 40 millones de dólares.

Después de la experiencia, Ries se preguntó a sí mismo porqué There.com había fracasado cuando ellos hicieron todo bien, sobre todo si IMVU había sido un éxito cuando ellos hicieron todo mal. La diferencia no radicaba en la calidad de la idea original, sino en el proceso que se siguió en el arranque. La metodología NISI descansa en la transformación de la suposición y planeación del modelo tradicional a unproceso basado en el producto con un enfoque sustentado en la experiencia, donde rápidamente pruebas tus supuestos en el mercado para que puedas entender lo que necesitas para construir el producto y la manera exacta de comunicarte con los clientes para que compren tu producto. En este capítulo discutiremos los principios fundamentales que aplicarás a través del proceso. Los siguientes capítulos se enfocarán en cada etapa del proceso.

FUNDAMENTOS DEL NISI: ADÉNTRATE EN EL CAMPO DE ACCIÓN

Para establecer las etapas del proceso NISI, es útil pensar acerca de tu emprendimiento como un experimento y en tus esfuerzos como si fueran los de un científico sin emociones tratando de probar si tus hipótesis son correctas o no. Cuando pensamos en un laboratorio, lo primero que viene a nuestras mentes es un lugar viejo y esterilizado donde los científicos expertos llevan a cabo experimentos. Un rápido *tour* en oficinas corporativas te permitirá observar ciertas similitudes—la mayoría de los edificios de oficinas están limpios, están climatizados y son óptimos para el trabajo. Y no sorpresivamente, la mayoría del trabajo se desarrolla dentro del edificioen oficinas y cubículos, o en fábricas. Como resultado, cuando la mayoría de los emprendedores quieren iniciar un negocio, ellos tienen que tener una oficina, aún si es en su sótano.

> *"La primera cosa que debe hacer es salir de su oficina."*
> *–Steve Blank*

Pero el laboratorio NISI no es una oficina privada y silenciosa donde los emprendedores puedan trabajar sin ser interrumpidos. Es completamente lo opuesto. Tú necesitas reunirte con tus clientes—necesitas adentrarte en el campo. Piensa en ti mismo como si fueras un granjero que no podrá cosechar nada hasta que no pase un tiempo en el campo. De hecho, cuando se trata de la iniciativa emprendedora Steve Blank, un emprendedor serial y escritor, argumenta, "La primera cosa que debes hacer es salir corriendo de tu oficina."[30] Salir del edificio, salir de la compañía, salir del círculo de amigos…es crucial porque nuestra naturaleza humana gradualmente nos convence de que entendemos el mundo exterior cuando en realidad no lo hacemos. Esto es porque nuestro proceso cognitivo está estructurado para aseverar que entendemos la realidad, pero la verdad es que casi nunca lo hacemos. Nuestro entendimiento del mundo es una representación que nuestro entendimiento simplifica para que lo podamos procesar y con frecuencia sucede que, de alguna forma, lo que no importa mucho para la vida diaria es crucial para la iniciativa emprendedora.[31] Es sólo cuando nos detenemos, cuando salimos de nuestra zona de confort y comenzamos a hablar con los clientes, proveedores y competidores que comenzamos a entender como es el mundo en realidad. Con cada emprendedor con el que hemos trabajado los resultados de ir al campo son siempre sorprendentes.

Realmente no puedes probar tus supuestos o conocer la realidad hasta que vas al campo de acción. Los propios fundadores necesitan salir del edificio y hablar con los clientes, porque resulta que la gente que tiene la mayor inversión en el negocio—son aquellos que sienten que entienden mejor al cliente y al producto, aquellos que han bebido el proverbial Kool-Aid—, son los que más necesitan salir pero son los que menos dispuestos están a hacerlo. Nosotros llamamos a este fenómeno *la ley inversa del Kool-Aid*: los miembros del equipo que más necesitan salir y enfrentarse a la realidad son aquellos que usualmente creen que entienden la realidad. Ellos suelen ser los fundadores y los directivos. Todos, más especialmente los fundadores y directores, necesitan probar sus hipótesis en el mundo real y al hacerlo su perspectiva habrá cambiado. Parece sumamente fácil, pero al 'hacer el viaje' y hablar con clientes reales, encontrarás que la verdad puede ser sorprendentemente diferente a lo que imaginaste dentro de las paredes de tu oficina.

Este fue precisamente el caso de There.com. La compañía creyó que los mundos virtuales revolucionarían la interacción en línea. A causa de que muchos de los ingenieros en There.com eran también futuros usuarios, muchos de los puntos de vista acerca de lo que los clientes querían venían de los fundadores e ingenieros del proyecto. Como ingenieros y gerentes de producto comenzaron a desarrollar el plan y se sentían muy confiados sobre el valor de lo que estaban construyendo. Debido a que la gerencia de There.com segmentó el mercado potencial basado en demografía y hábitos en el uso de internet, el equipo cada vez estaba más convencido de que 'entendían' como actuaban los clientes y que es lo que deseaban. Por encima de todo esto, There.com estaba operando en modo sigiloso tratando de no dar información sobre sus planes. El resultado fue una confortable pero inusual cultura de desarrollo en la cual la compañía elaboró un producto para un cliente que sentía que conocían. La verdad es que a pesar de sus buenas intenciones y su inteligencia colectiva, los fundadores e ingenieros no entendían muy claramente al cliente. El resultado fue un producto que fracasó en vez de ser puesto en órbita.

Contrastando esto con IMVU: los fundadores gastaron a propósito tanto tiempo como pudieron en el campo, hablando tanto al inicio como a lo largo del desarrollo con los clientes. Ir al campo de acción le dio muchos datos importantes al equipo de IMVU. Por ejemplo, aunque el equipo pensaba que entendía a su cliente objetivo, encontraron que en los hechos surgieron dos diferentes segmentos de clientes: un grupo maduro de profesionales en línea y un grupo más joven de usuarios adolescentes de mensajería instantánea. Un arranque típico podría nunca reconocer esto o tratar de servir a ambos segmentos. Alternativamente, muchos emprendedores sin información profunda se enfocarían en los clientes que pueden pagar: los profesionales maduros. De hecho, aún IMVU estuvo tentado a ir en esta dirección, pero como el equipo estaba enfocado en interactuar con los clientes y observar su comportamiento, se dieron cuenta que los usuarios adolescentes tenían una pasión inusual por el producto. Los usuarios adolescentes estaban tan enamorados de IMVU que aunque no podían hacer pagos con tarjetas de crédito para comprar bienes virtuales para sus avatares, enviaban notas escritas a mano con cheques o efectivo adjunto. Este tipo de devoción en los clientes señaló a IMVU donde estaba la verdadera oportunidad de crecimiento.

La práctica fundamental de ir al campo y hablar con los clientes no es nueva. Esta práctica es el corazón de muchos innovadores y exitosos negocios. Tomemos a Sam Walton de Wal-Mart como un ejemplo. Walton fue famoso por adentrarse en el campo y observar tanto a clientes como competidores. Parte de la inspiración de Wal-Mart viene de salir al campo y notar que un negocio local estaba rompiendo con el enfoque tradicional de tiendas de abarrotes con la adopcióndel lema de "mantente en lo alto, vendiendo barato"—una idea que se convirtió en el centro del modelo de alto volumen de ventas y bajos costos de Wal-Mart. Como otro ejemplo, cuando Walton comenzó a desarrollar el concepto de Wal-Mart, la mayoría de las tiendas eran de servicio completo, lo que significa que una persona de ventas atendía a los clientes. Walton escuchó sobre tiendas de "autoservicio" en estados cercanos, así que se subió a un autobús, recorrió el estado vecino y con su libreta de notas en mano apuntó cada detalle sobre las nuevas tiendas. Él observó cómo los clientes reaccionaban al entrar, incluso entrevistó a los clientes después de que salían de la tienda. Esta experiencia llevó a Walton a desarrollar el concepto de autoservicio en las tiendas de Wal-Mart, lo cual fue un componente crítico de su estrategia de bajos costos. En todas sus interacciones Sam Walton adoptó la idea de "adentrarse en el campo", y como resultado transformó su negocio. Al final, su enfoque de laboratorio abierto fue ampliamente exitoso y Wal-Mart es actualmente una de las corporaciones más grandes del mundo.

Lo que el ejemplo de Walton y el de otros emprendedores exitosos demuestra es que aunque resulte inimaginable que nuestro entendimiento de los clientes y del mundo es imperfecto, es un hecho que siempre lo es. La única solución es entrar al campo y al encarar a los clientes, competidores, y compañeros, podrás reírte, ignorarlos, pero siempre deberás de escucharlos.[32] De hecho, la única forma de correr el proceso NISI es entrando al campo y sacudir tu visión del mundo.

La doble trampa en la interacción con el cliente

Antes enfatizamos que los emprendedores innovan y los clientes validan. Entrar al campo es la clave para hacer esto pero los emprendedores necesitan tener cuidado para evitar la "trampa de la barrera de protección". Si piensas en un encuentro con clientes, en un extremo—o la barrera al final del camino que estas tratando de seguir—estarás caminando hacia él para lograr una venta difícil. Si caminas dentro de la barrera y tratas de venderle al cliente no serás capaz de escuchar sus necesidades—gastarás todo tu tiempo vendiendo tu visión y fallarás. Pero el otro extremo de la barrera es ir a su encuentro completamente no estructurado y al pedir a los clientes que te retroalimenten estarías pidiéndoles que innoven por ti. Como discutimos en el capítulo de innovación, si les pides a tus clientes que innoven por ti, también fallarás. Así que la clave es evitar cualquier extremo, trata de validar tus supuestos e innovaciones con los clientes antes de vender. Más tarde ofreceremos tácticas más específicas de cómo hacer esto.

FUNDAMENTOS NISI: FRACASAR RÁPIDO Y APRENDER A CAMBIAR

El segundo fundamento del método NISI es igualmente difícil para muchos emprendedores: cambiar o fracasar rápido. En nuestro corazón, nos gusta ser optimistas. Eso es por lo que sugerimos que los emprendedores fracasan pronto y aprenden a cambiar. Hay literalmente billones de ideas por ahí. La verdadera pregunta no es si tú tienes una idea, sino si esa idea es una oportunidad. ¿Vale tu tiempo, esfuerzo y dinero seguirla? ¿Hay una verdadera oportunidad de mercado que valga el sacrificio que el espíritu emprendedor requiere? ¿Por qué desperdiciar 5 millones de dólares y cinco años o incluso 10 mil dólares y un año en esa idea si va a fracasar de todas maneras? Toma lo que has aprendido y cambia la dirección o avanza a la siguiente idea hasta que encuentres la oportunidad que realmente merezca el mérito—la idea que valga tu tiempo y energía.

Por supuesto que la iniciativa emprendedora requiere pasión y perseverancia, pero con frecuencia estas cualidades llevan a los emprendedores a desperdiciar años y millones de dólares en una idea que no funciona. Recordando fallar pronto te enfocarás rápidamente en probar tus supuestos, verás las fallas, y entonces, como estarás menos apegado, podrás decidir si necesitas abandonar el enfoque a favor de uno mejor. Después de que has "fallado", intenta un nuevo ángulo, cambia de dirección, o persigue una nueva idea.

Cuándo preguntamos que separa un nuevo proyecto exitoso del no exitoso, el profesor Clayton Christensen, de la Escuela de Negocios de Harvard, argumenta simplemente que "los arranques exitosos son aquellos que tienen dinero de sobra para seguir su segunda idea".[33] En contraste, la gran mayoría de los nuevos negocios se quedan sin dinero y encuentran muy difícil cambiar precisamente porque construyeron su producto primero y entonces descubrieron que no podían cambiar a tiempo para sobrevivir. Casi todos los comienzos que conocemos han tenido que cambiar de dirección, o cambiar completamente muchas veces. Incluso proyectos que requieren tecnología altamente compleja como celdas solares o biocombustible, en los que se hicieron fuertes inversiones, deben aprender a cambiar de dirección cuando las cosas no funcionan como se esperaba o cuando la competencia se interpone en el camino. Tu negocio no es diferente, y muchas de las empresas exitosas han tenido que hacer cambios masivos.

Como un ejemplo, aunque PayPal fue fundada para desarrollar software de criptografía para dispositivos portátiles, hubo pocos clientes interesados y tuvieron que moverse a aplicaciones empresariales para dichos dispositivos, después cambiaron a aplicaciones de consumo, luego a una aplicación de billetera digital—y no tenían éxito. Eventualmente, PayPal pasó a aplicaciones de pagos con dispositivos móviles, los cuales al menos atrajeron el interés de algunos inversionistas, quienes eventualmente invirtieron 5 millones de dólares en un famoso evento en el que los inversionistas transfirieron su dinero de una Palm Pilot a la handheld del equipo de inversionistas de PayPal.Pero aunque la adopción inicial parecía esperanzadora, eventualmente la aplicación de transferencia de efectivo superó los 13,000 usuarios, durante este tiempo el equipo de PayPal creó un sitio web para apoyar el sistema de pagos entre cuentas de email. Sorpresivamente, el sitio web parecía estar ganando atención, y el equipo casi resintió la insistencia constante de usuarios de "eBay" de hacer algo más con el producto. Cuando los usuarios del website de PayPal superaron el récord de 1.3 millones, PayPal finalmente se dio cuenta que su mercado real estaba en el sistema de pagos a través de email, así que dejó las aplicaciones de pagos en dispositivos móviles o handheld.[34] De forma similar, Microsoft comenzó vendiendo compiladores por cinco años hasta que descubrieron, la grandiosa oportunidad del sistema operativo. Por su parte, Apple inició con la intención de comercializar planes de venta de computadoras, no computadoras en sí mismas. Y Symantec, una de las cinco principales compañías de software y creador de antivirus para software, fue fundada con el objetivo de desarrollar aplicaciones de inteligencia artificial. La lección es que aun cuando algunas de las más exitosas empresas tenían grandes ideas, que en última instancia no eran más que hipótesis no probadas sobre el mercado, tuvieron que cambiarlas.

Emprendedores exitosos redefinen lo que el fracaso significa. Hacer un rápido experimento, descubrir que estabas equivocado y cambiar de rumbo, no es fracasar. Ese es el camino hacia el éxito. Tú puedes haber desperdiciado años y tu fortuna personal. En lugar de eso, te ahorras todo el tiempo y dinero y te pones a un paso de encontrar la verdadera oportunidad. ¡Felicitaciones! Thomas Edison es famoso hoy en día por su respuesta al fracaso: "Yo no he fallado 10,000 veces. No he fallado ni una vez. He logrado probar que esas 10,000 ideas no funcionaban. Eliminado las que no funcionan, encontraré aquella que si funciona."[35]

> *Hacer un rápido experimento, descubrir que estabas equivocado y cambiar de dirección no es un fracaso. Es el camino hacia el éxito.*

Consideremos el caso de un negocio que apenas empezaba, uno de comercio electrónico con un alto potencial al que llamaremos LongTail.com, y que estaba tratando de revolucionar el mundo de los pequeños negocios en línea. Exitosamente construyeron una hermosa plataforma de mercados en línea, recaudaron el dinero necesario de un prestigioso grupo de inversionistas, y comenzaron a desarrollar el negocio. Sin embargo, al probar sus hipótesis en el campo descubrieron que el supuesto fundamental del negocio no servía. Entonces, el equipo probó otras alternativas en una sucesión rápida sólo para descubrir que estaban completamente equivocados. Luego vino la parte difícil—o así lo pensaron. Más que conscientes, fueron con su inversionista, le explicaron con detalle como habían probado su hipótesis fundamental y las otras alternativas y le dijeron que el modelo fundamental del negocio no funcionaba. El inversionista se quedó boquiabierto y permaneció en silencio por un momento. Entonces respondió, "Esto es increíble. Yo les habría dado otros dos o tres millones. Me acaban de ahorrar todo ese dinero." El inversionista estaba tan impresionado que en vez de preguntarles por el capital remanente, sugirió que LongTail.com cerrara en una forma ética, dando a sus empleados una indemnización por sus servicios. Es más, el inversionista los miro a los ojos y les dijo, "Cuando tengan otra idea, vengan conmigo primero." ¿Fue LongTile.com un fracaso? Nosotros pensamos que no. Ellos tuvieron éxito en probar que su idea no era una verdadera oportunidad así que en lugar de invertir su tiempo y dinero en ella, desistieron.

Aun cuando un negocio tenga éxito, éste se encuentra con frecuencia en las cenizas del fracaso. Dense cuenta que PayPal "falló" en cada paso y se ajustó hasta que descubrió su verdadera oportunidad. Fracasar pronto es aprender a cambiar de manera rápida y ser lo suficientemente desapasionado para aceptarlo y seguir.

FUNDAMENTO NISI: BRUTAL APRENDIZAJE INTELECTUAL-MENTE HONESTO

En 1946, después de casi veinte años en operación Polaroid estaba al borde del fracaso: los ingresos habían caído en picada año tras año conforme los contratos militares se evaporaron y la línea de vidrios polarizados y filtros de Polaroid habían probado que no eran suficientes para mantener a la compañía. La presión comenzó a crecer, y el fundador de Polaroid, Edward Land, comenzó a buscar una manera de salvar a la compañía. Afortunadamente Land era alguien que se caracterizaba por su deseo de aprender, y unos años atrás, en una mañana de Navidad, había estado preguntándose porqué no podía ver las fotos de su familia de manera instantánea. Curioso acerca de las posibilidades, Land empezó un proyecto de investigación al mismo tiempo que les preguntaba a los clientes sobre el atractivo potencial de un determinado producto. Cuando Polaroid comenzó a deslizarse hacia el desastre, Land sabía por experiencia que él ya tenía la bala de plata para salvar la compañía. Land valientemente anunció el lanzamiento de un nuevo producto—la cámara instantánea—la cual condujo a un crecimiento exponencial de los ingresos, rompió el monopolio de Kodak en la industria de la fotografía y creó una marca icónica que simbolizaría la fotografía instantánea por décadas.

Pasaron poco más de cincuenta años cuando la fotografía digital empezó a transformar la industria de la fotografía. Un pequeño equipo dentro de Polaroid, había previsto tal transformación, y comenzó a desarrollar productos de imágenes digitales. Como uno de los primeros en desarrollar la imagen digital, el equipo desarrolló el prototipo de cámara digital más avanzado de su época. Pero entonces la gerencia de Polaroid decidió dejar a un lado la cámara digital y enfocarse en su modelo tradicional de negocio, que era la venta de películas para cámaras. Cuando en unos pocos años la fotografía digital desplazó a la fotografía de película, Polaroid había caído y no había nadie que los detuviera. En el transcurso de un año, Polaroid fracasó y sus activos fueron vendidos en bancarrota.

¿Por qué los gerentes de Polaroid tomaron tan fatídica decisión de mantenerse en su *status quo* cuando cincuenta años antes Edward Land no lo hizo? ¿Eran los directores de Polaroid simplemente tontos? No necesariamente. De hecho, los ejecutivos de Polaroid eran gerentes muy capaces con una profunda experiencia en el negocio. ¿Por qué entonces fueron incapaces de ver el tsunami que se avecinaba y que acabaría con la compañía? La respuesta es que los ejecutivos no fueron capaces de reconocer la necesidad de cambio—no fueron capaces de encarar en forma imparcial la realidad—. Pero, ¿por qué fueron incapaces de aprender lo que Edward Land aprendió? La razón por la que muchos ejecutivos y emprendedores fracasan es que caen dentro de trampas comunes de aprendizaje, mientras que Land estaba dispuesto a comprometerse con un aprendizaje intelectualmente honesto que le permitió ver la necesidad de cambio.

Dicho aprendizaje constituye un principio fundamental que se aplicará a través de todo el proceso NISI. Para desarrollar este estilo de aprendizaje, el paso inicial es comprender las trampas del aprendizaje que nos ciegan. En la vida diaria dichas trampas pueden ser relativamente benignas, pero en un contexto de negocios, como es el caso de Polaroid, pueden ser mortales. Para salvarte del mismo destino vamos a revisar las cuatro trampas de aprendizaje más peligrosas: la confirmación, la motivación, el exceso de confianza, y las trampas de familiaridad. Una vez que conozcas como operan estas trampas te compartiremos algunas lecciones sobre como sobreponerte a ellas para desarrollar el estilo de aprendizaje necesario para aplicar el proceso NISI exitosamente.

La trampa de la confirmación: La Kriptonita del aprendizaje

¿La verdad siempre gana? No necesariamente en un juicio legal. Dos jurados fueron reunidos y se les presentó la evidencia. En el primer juicio la evidencia fue entregada a los miembros del jurado, y después deliberaron, sólo el 18% de los miembros del jurado votaron para condenar. Sin embargo, en un segundo juicio separado, los miembros del jurado recibieron la misma evidencia, pero con la declaración adicional de un testigo que había identificado al acusado como el perpetrador del crimen. No sorpresivamente el 72% de los miembros del jurado votaron a favor de condenar al acusado. Entonces, después de haber votado por condenar, nueva evidencia fue entregada de emergencia: resulta que el testigo era legalmente ciego. A pesar del obvio hecho de que el testigo no pudo ver el crimen, la mayoría de los miembros del jurado mantuvieron su decisión, y el 68% votó que el acusado era culpable.[36]
Afortunadamente, el juicio era en sí un simulacro, pero el experimento provee una demostración aterradora de la trampa de la confirmación,— que es la tendencia de ver lo que nosotros ya creemos y descartamos la evidencia de lo contrario. El sesgo de confirmación sin embargo tiene un poderoso efecto sobre nuestra capacidad de aprendizaje.

La trampa de confirmación surge del hecho que como humanos ponemos atención a información que confirma nuestras creencias e ignoramos información que contradice lo que creemos. Esta es la razón por la que los miembros del jurado del simulacro de juicio no cambiaron su opinión después de que supieron que el testigo era ciego. Enfocarse en información que confirma tu perspectiva, mientras ignoras la evidencia contraria hace difícil el desarrollar un punto de vista adecuado del mundo. El talón de Aquiles de muchos emprendedores, la falla fatal de numerosos negocios y la kriptonita del aprendizaje, es el sesgo de la confirmación. Dicho sesgo explica porque los ejecutivos de Polaroid creyeron que la venta de película para cámaras no sería suplantada por las cámaras digitales, o porqué los gerentes de la empresa más exitosa a nivel mundial de mini computadores, DEC, creyeran que las computadoras personales eran irrelevantes. [37, 38] En ambas empresas, los gerentes escuchaban información que confirmaban su estrategia, mientras que ignoraban información que sugería que podrían dirigirse hacia el desastre.

La trampa de la confirmación es una trampa particularmente peligrosa para los emprendedores porque ellos tienen creencias muy arraigadas que los conducen a tomar acción. Al mismo tiempo estas fuertes creencias los ciegan ante evidencia contradictoria. Sumado a esto la mayoría de los emprendedores también creen que están escuchando puntos de vista opuestos—que están "abiertos a los comentarios"— cuando en realidad están atrapados en el sesgo de la confirmación. No es su culpa; es parte de ser un emprendedor lo que hace que sea inmensamente difícil escapar a la trampa de la confirmación si no se entiende como vencerla. Muchas empresas nuevas nunca cambian su modelo de negocios y se pierden en el camino porque los emprendedores son incapaces o no están dispuestos a ver información que no confirma su perspectiva. Como ilustración, el director ejecutivo de un negocio altamente exitoso que produce "laboratorios en un chip" lamentó que en un mercado muy cambiante, su mayor reto fueron los miembros de su equipo quienes no mantuvieron el ritmo del cambio. En parte por el sesgo de la confirmación, sus gerentes simplemente no podían ver la necesidad de cambio. Como resultado, el director ejecutivo tuvo que reemplazar a algunos miembros del equipo dos o tres veces hasta encontrar a quienes se adaptaran al mercado en rápida evolución. Si el director ejecutivo no hubiera sido capaz de aprender de la evidencia y reconocer la necesidad de cambio el negocio hubiera fracasado hace mucho tiempo.

El sesgo de la confirmación puede ser letal para los nuevos negocios y bloqueo del aprendizaje intelectualmente honesto. Este sesgo de confirmación dificulta el que los emprendedores realmente entiendan su mercado y a sus clientes porque ellos escuchan lo que quieren oír, asumen que la retroalimentación contraria es irrelevante, o nunca miran dentro de la oscuridad lo que pueden no estar viendo. Sin embargo, hay una solución, y los emprendedores pueden reformular la experiencia del aprendizaje en una manera que produzca bases sólidas sobre las cuales pueda ser construido un negocio fuerte. Parte de la solución es primero reconocer el sesgo de confirmación y otros más.

La trampa de la motivación: el problema de la realidad alterna

En un famoso juego de futbol entre Princeton y Dartmouth en 1951, científicos confirmaron la existencia de realidades alternativas. El juego fue por sí mismo inusualmente rudo y ambos mariscales de campo lo dejaron muy pronto. El mariscal de Princeton, quien había sido recurrentemente la portada de la revista Time, salió con la nariz rota mientras que el de Dartmouth fue sacado del juego con una pierna fracturada. Indignados ambos equipos se golpearon sin tapujos y los fanáticos se mostraron furiosos por el juego sucio. Observando el alboroto los investigadores decidieron preguntar a los estudiantes de cada escuela para reportar el número de infracciones cometidas por el equipo opuesto. Un fenómeno interesante aconteció. Los estudiantes de Princeton parecían pensar que el equipo de Dartmouth había tenido la culpa, y los estudiantes de Dartmouth pensaban que el equipo de Princeton era el culpable. Los investigadores fueron más allá y mostraron un video del juego a los estudiantes que no habían asistido al partido de futbol con la esperanza de que fueran imparciales. Sorpresivamente, los investigadores encontraron el mismo efecto—aun cuando los estudiantes que no habían sido sesgados porque no estuvieron presentes en el partido pensaban que el otro equipo había tenido la culpa. Al final, con percepciones tan dramáticamente diferentes del mismo evento, los investigadores sarcásticamente concluyeron que quizás había habido dos juegos diferentes de futbol—dos realidades alternas[39].

54

El partido de futbol entre Darthmouth y Princeton destaca que tan poderosa puede ser la motivación para cambiar la forma en que se ve el mundo, así como la manera de aprender. En economía la trampa de la motivación es conocida como el problema de los costos hundidos y conduce a la toma de decisiones irracionales. Para ilustrar esto considere el siguiente problema: estás a 90% del camino de completar un nuevo avión cuando las noticias anuncian que un competidor te ha ganado el mercado con una versión más rápida, barata y mejor del mismo avión. ¿Qué haces? En lo abstracto, mucha gente escoge la opción racionalmente económica—abandonar el proyecto. Sin embargo, cuando la motivación se involucra cuando se les dice a los participantes que ellos han invertido 9 millones de dólares y que sólo se requiere de 1 millón más para terminar el proyecto, ¡de repente el porcentaje de gente que elige continuar aumenta de 17 a 85%![40] Similarmente, el investigador Barry Staw encontró en un experimento, que cuando los gerentes se enfrentan con la decisión de asignar fondos entre divisiones para un proyecto investigación y desarrollo, generalmente asignan cantidades inmensas de capital a divisiones que están perdiendo dinero cuando se sienten responsables por la decisión original de inversión. En otras palabras, las personas se encuentran con las "rodillas metidas en el gran charco de lodo" comprometiendo más recursos en un curso de acción incorrecto, en vez de sacarlos.[41]

El sesgo de motivación puede ser particularmente peligroso para los emprendedores e innovadores que usualmente tienen tanto en juego que caen fácilmente en la trampa. Cuando un emprendedor pone sus esperanzas, sueños, y reputación en un nuevo negocio, esto puede ser una poderosa fuerza motivadora. Sin embargo, la misma motivación puede hacer imposible para el emprendedor el aprender en una forma intelectualmente honesta. La trampa motivacional, y en particular el aumento de compromiso, ayuda a explicar cómo ampliaciones masivas e irracionales como Webvan, compañía que gastó cerca de mil millones de dólares en capital vendiendo productos por debajo del costo: o Pets.com, quien ahora parece una empresa sumamente irracional (en su momento, Pets.com vendió bolsas de comida para perros de 50 libras por menos que los gastos de envío). Aunque estos dos negocios fueron famosas excepciones, la mayoría de los líderes de nuevos negocios dejan que la trampa de la motivación los ciegue. Como resultado sus compañías fracasan.

La trampa del exceso de confianza: Por qué Chernobyl nunca explotaría

¿Qué tienen en común la experiencia de los neurólogos y sus asistentes administrativas? No mucho cuando se trata de confianza. En un estudio sobre confianza y precisión, Lewis Goldberg pidió a neurólogos experimentados y a sus asistentes administrativas diagnosticar el daño cerebral entre pacientes como daño orgánico o no orgánico usando un protocolo estándar en el campo. Lo que Goldberg encontró, no sorpresivamente, es que los neurólogos experimentados estaban mucho más confiados con sus diagnósticos que sus asistentes no entrenadas, quienes estaban más acostumbradas a agendar citas. Sin embargo, aunque los neurólogos estaban más confiados sobre los diagnósticos no eran más precisos. De hecho, Goldberg encontró que las asistentes administrativas habían tenido una alta tasa de diagnósticos precisos de daño cerebral orgánico como los neurólogos experimentados.[42] ¿Qué nos enseña el estudio de Goldberg? Que aunque podamos estar confiados, ¡podemos no estar en lo correcto! Y si piensas que esto puede ser un caso aislado, un estudio encontró que en más de 15 mil juicios, cuando los participantes creían que estaban en lo correcto el 98% del tiempo, ellos estaban equivocados cerca del 30% del tiempo, este tipo de exceso de confianza puede generar desastres, tales como el caso de Chernobyl (el Ministro Ucraniano de Energía declaró que las probabilidades de un colapso eran de 1 en 10 mil años justo dos meses antes de la crisis), el Challenger (la NASA estimó las probabilidades de un fracaso catastrófico como 1 en 100 mil), o Pearl Harbor (la milicia estadounidense creyó que Pearl Harbor era virtualmente inmune a un ataque).[39] Esto puede guiar a tu nuevo negocio al fracaso.

Lo que estos estudios ilustran es el reto de tomar decisiones difíciles y la tendencia de las personas con experiencia a tener exceso de confianza en sus habilidades. Diversos estudios han mostrado que nuestro exceso de confianza va tan lejos que algunas veces creemos que podemos influir en eventos aleatorios, como lanzar un dado o comprar el boleto premiado de lotería.[39] La investigación también muestra que situaciones complejas o ambiguas exacerban el sesgo de exceso de confianza. Desafortunadamente, no sólo los emprendedores enfrentan problemas complejos y ambiguos y también tienen una sobredosis de confianza. Todo esto puede guiar a los emprendedores a la trampa de no escuchar y creer que están en lo correcto cuando no lo están. En nuestra propia investigación encontramos que los emprendedores con exceso de confianza que se definen a sí mismos como "expertos" tienen menos probabilidades de aprender y cambiar.[43] Como ejemplo, Mike Cassidy, el emprendedor serial del que hablamos antes y que ha creado compañías que valen más de mil millones de dólares confesó que "lo que me asusta más es alguien que está convencido que está en lo correcto, porque nunca cambiara." Para los emprendedores la declaración de Mike es una pertinente advertencia. Por definición, los emprendedores pueden únicamente suponer que tienen el producto correcto, para el mercado correcto, y al precio adecuado. Ellos pueden actuar con base a lo que creen que tienen. Pero deben descubrir la combinación correcta para ser exitosos y la única manera de hacerlo es aprendiendo de una manera verdadera e intelectualmente honesta.

Finalmente e igualmente importante, no confundas exceso de confianza con determinación. Los emprendedores necesitan ser determinados. Siempre nos gusta decir, "Hay mil cosas que pueden destruir tu compañía, sólo necesitas abordarlas de una por una a la vez." Pero hay una diferencia entre determinación y exceso de confianza. ¿Qué es lo que realmente estamos diciendo? Estamos diciendo que el espíritu emprendedor es difícil, y que enfrentarás riesgos y obstáculos; que tendrás que vencerlos de uno a la vez y que los derrotarás; pero tienes que mantenerte humilde a lo largo del camino. El nuevo espíritu emprendedor habla sobre identificar esos riesgos y vencerlos uno por uno, encontrando creativamente la manera de sortear los obstáculos, y así traer un producto al mercado validado por el cliente. Esto es un poco diferente del exceso de confianza, que es acerca de estar seguro de estar en lo correcto hasta un punto en el que no escuchas y cometes errores que

te acaban. Emprendedores determinados realmente escuchan y
encuentran una manera de resolver el reto.

La trampa de la familiaridad: La muerte por tiburones

¿Es más probable morir por un tiburón o por la picadura de una
abeja? Mucha gente imagina las aguas de la costa de Australia o San
Diego y responde "ataque de un tiburón." Sin embargo, por extraño que
pueda parecer, la realidad es que es más probable morir por un piquete de
abeja o aun por una medusa, la cual mata a más gente que los tiburones y
cocodrilos juntos.[39] Pero ¿por qué respondemos con tanta confianza que
es más probable morir por el ataque de un tiburón? La respuesta es que
estamos más familiarizados con los ataques de tiburones. Es esta
familiaridad la que causa los problemas en nuestra percepción de las
probabilidades y que también causa problemas cuando estamos
aprendiendo.

Tanto individuos como organizaciones tienden a inclinarse ya sea
en lo familiar o en sus fortalezas—sus competencias. En estudios
organizacionales esto es conocido como *la trampa de la capacidad*, y
muchas organizaciones han sufrido terremotos o se han derrumbado
porque se enfocan demasiado en sus puntos fuertes. Considera el caso de
los manufactureros tipógrafos—las compañías que hacen el equipo para
producir libros como este. En la primera parte del siglo 20, los tipógrafos
usaban un sistema de inyección de metal caliente en un molde. El molde
se entintaba y se usaba para imprimir las páginas de un libro. Con la
evolución de la fotografía, un nuevo método de tipografía emergió—la
fotocomposición. Este proceso podía usar una imagen fotográfica de
fuentes, en vez de metal caliente, para crear el diseño de impresión.
Aunque las diferencias entre la tecnología de metal caliente y la
fotografía parecen claras para los ajenos a esta industria, las empresas
dominantes en la tipografía de metal caliente lucharon por años para
desarrollar un nuevo sistema basado en fotografía. De hecho,
inicialmente, designaron sus nuevas líneas de tipografía en la arquitectura
antigua de metal caliente e intentaron incorporar elementos del proceso
de metal caliente dentro de la fototipografía. Los resultados no fueron
buenos, y estos manufactureros resistieron hasta que eventualmente

cambiaron a la nueva arquitectura.[44] Similarmente, los altos ejecutivos de Polaroid dejaron que la sombra familiar cubriera un valioso nuevo activo sepultando la iniciativa de la fotografía digital y a la compañía.

Para los emprendedores, la familiaridad o la trampa de las competencias pueden ser un problema porque tienden a reutilizar ideas que entienden o con las que están familiarizados en contextos donde pueden no ser apropiadas. Mencionamos a There.com al inicio del capítulo. Aunque la compañía contaba con un director ejecutivo con experiencia en mercadeo, él también traía consigo sus familiaridades y fortalezas. En este caso, el director veía al mundo a través del lente de una gran estrategia de mercadotecnia. En el caso de una nueva tecnología en un nuevo mercado, esta estrategia era muy pobre,pero era la estrategia con la que sentía familiarizado. Siguiendo esta línea There.com cuidadosamente perfeccionó su producto y lo lanzó con una campaña de mercadeo masiva que atrajo muy pocos usuarios y unos cuantos miles de dólares en ingresos. Al final There.com fue vendida por unos centavos de dólar. La lección: uno de los mayores retos que los emprendedores deben enfrentar es descubrir lo que no saben o lo que no tienen. Los emprendedores tienen que poseer un poco de humildad para reconocer sus debilidades o puntos ciegos y encontrar a quienes puedan llenarlos.

La solución: Desarrollando una actitud de aprendizaje

El tipo de aprendizaje central del proceso NISI ha sido descrito en muchas formas por veteranos del liderazgo empresarial. John Doerr, quien invirtió en Google, Amazon, Intuit, y Sun Microsystems, menciona que es "rudamente, absolutamente, e intelectualmente honesto."[45] Del mismo modo, Arthur Rock, uno de los más exitosos pioneros de los fondos de capital, señala que "el tema a establecer es sí (los emprendedores) son honestos consigo mismos. Es esencial ser total y brutalmente honestos."[46] Similarmente, Dominic Orr, director ejecutivo de Aruba Networks (un negocio nuevo que tiene un valor de capitalización de mil millones de dólares), argumenta que la "brutal, honestidad intelectual" reside en el corazón del éxito de Aruba.[47] En la misma línea, George Quist, fundador de una bien conocida firma de búsqueda insiste en que la característica empresarial más importante es "por sobre todo la honestidad intelectual," la cual la define como la "disposición a encarar los hechos rigurosamente ya sea que prueben que se está en lo correcto o no."[48]

Los emprendedores deben desarrollar una actitud de aprendizaje—un aprendizaje brutalmente honesto. Con esto queremos decir que necesitas aprender como buscar y recibir retroalimentación, porque la retroalimentación abre la puerta al desarrollo de un producto o solución que los clientes realmente quieren en vez de sólo lo que el emprendedor imagina que el cliente necesita. Además, en el camino como fundador establecerás la cultura de tu organización y crearás una cultura de aprendizaje que te guiará a construir una gran organización. Pero ¿cómo desarrollar esta actitud de aprendizaje honesto? El primer paso, el cual ya hemos descrito, es reconocer las trampas del aprendizaje que discutimos previamente. El segundo paso es desarrollar una actitud de aprendizaje con cuatro componentes básicos: 1) convertirse en un experto novato, 2) replantear el propósito del aprendizaje, 3) retroalimentación en tiempo real, y 4) perspectivas basadas en datos.

Más allá de la experiencia: Convirtiéndose en un experto novato

La mayoría de nosotros cree que ser un experto es algo bueno. Pero la investigación y la experiencia sugieren que los expertos pueden ser peligrosos.[43,49] Cuando Mike Cassidy dice que lo que más le asusta es "alguien que está convencido de que está en lo correcto," él está hablando sobre los peligros de la experiencia. Los expertos pueden ser peligrosos porque usualmente están convencidos que tienen la razón, y como resultado tienen dificultades para aprender en una forma intelectualmente honesta. En contraste, Mike Cassidy argumenta que lo que lo hizo exitoso fue el hecho que "sabía que no conocía la respuesta correcta." La observación de Mike destaca lo que nosotros llamamos *Convirtiéndose en un experto novato*. Esto es, alguien que tiene conocimiento y confianza pero que siempre mantiene una semilla de duda de que puede estar equivocado. Tom Kelley, fundador de la revolucionaria firma de diseño IDEO, describe esto como "un sano balance entre confianza en lo que sabes y desconfianza en que sabes lo suficiente, lo que mantiene la sed de más conocimiento."[50] Cuando los emprendedores tienen una desconfianza saludable en lo que saben, desean aprender más. También están más dispuestos a observar la evidencia que puede probar que están equivocados, o a cambiar su perspectiva. Esta disposición a observar evidencia es una parte central del aprendizaje intelectualmente honesto. Entonces el primer elemento de una actitud de aprendizaje es ir más allá de ser un experto para convertirse en un "experto novato": un individuo que cultiva conocimiento profundo pero que mantiene una semilla saludable de duda.

Replantear el propósito

Otra técnica de desarrollo del aprendizaje intelectualmente honesto es replantear el propósito de tu empresa para aprender de él. Esto puede sonar loco, pero Amos Tversky y Daniel Kahneman ganaron el premio Nobel por demostrar como el replanteamiento puede cambiar nuestras acciones y decisiones. Replantear el propósito de tu negocio para aprender lo que el mercado quiere en lugar de probar que tu idea funciona, es el primer paso para evitar las trampas que te retienen. También evitarás la trampa de pensar que el proceso NISI es sólo un atajo para atraer inversión o un atajo al éxito. En vez de eso serás como el científico ideal, cada vez más objetivo y centrado en el aprendizaje de la verdad sobre tu idea.

Muchos emprendedores encuentran esto difícil, así que sugerimos replantear el máximo propósito detrás de tu negocio. Pregúntate, ¿cuál es el mayor problema que estoy tratando de resolver? Después pon tu corazón en encontrar la solución independientemente de quien sea la idea. Como ejemplo, ClassTop tuvo un éxito modesto construyendo un software educativo hasta que dejaron de enfocarse en el software y replantearon su máximo propósito alrededor de la educación. Con esto en mente fueron capaces de enfocarse en aprender acerca del problema, y descubrieron una oportunidad masiva que podían utilizar: la necesidad de educar a miles de millones de personas que no tienen acceso a la universidad. Aunque el replanteamiento sobre el aprendizaje suena como un "suave" concepto, es una herramienta poderosa. Replanteando, puedes dejar atrás la necesidad persistente de probarte a ti mismo que estás en lo correcto y podrás descubrir la verdad acerca de un problema más grande y más valioso.

Retroalimentación en tiempo real

¿Qué más puede ayudarte a desarrollar un aprendizaje más preciso? Primero considera el siguiente acertijo: ¿Qué tienen en común los jugadores profesionales de bridge, personas que pronostican el tiempo, y aquellos que manejan casas de apuestas?[39] Claramente no es el entrenamiento profesional, ya que los que pronostican el tiempo atienden a escuelas especializadas, mientras que los otros dos no requieren una especialización. ¿Qué hay acerca del proceso? Hay algunas similitudes, los jugadores profesionales, apostadores y pronosticadores del tiempo manejan cálculos de probabilidad, pero esto no es todo lo que nos dice la historia. ¿Qué hay acerca de la precisión? Resulta que los tres son remarcablemente precisos. ¿Cuál es la razón? Cantidades inmensas de retroalimentación en tiempo real.

Cantidades significativas de retroalimentación ayudan a corregir el exceso de confianza, a incrementar el reconocimiento de patrones y nos ayudan a ver la verdad. Esta es una de las razones por las que se ha construido una industria entera en torno a la retroalimentación de 360 grados: que es cuando los ejecutivos tienen la oportunidad de recibir retroalimentación sin filtro que les permite vivir una poderosa experiencia porque de repente tienen una ventana a la realidad de sus propias interacciones. Para los emprendedores este tipo de retroalimentación es vital para su actitud de aprendizaje y para convertirse en líderes intelectualmente honestos. También puede ser vital para el éxito. Uno de los principales factores diferenciadores entre los gerentes de There.com y IMVU fue el contraste entre las creencias de los gerentes de There.com y la concentración de IMVU en la recopilación continua y constante de retroalimentación. La falta de retroalimentación condujo a There.com a construir lo que ellos imaginaban que los clientes querían, mientras que IMVU fue capaz de transformar una idea inicial en la solución correcta para el mercado correcto, lo que la llevó al éxito.

Al mismo tiempo, el estar abierto a la retroalimentación puede ser inmensamente retador. Es tan difícil que Dominic Orr, quien es defensor de la honestidad intelectual, contrató terapistas a su equipo de gerencia para ayudarlos a desarrollarla confianza para dar y recibir retroalimentación. Es fácil recibir retroalimentación si los emprendedores ya han replanteado el problema acerca de su máximo ideal y sobre el aprendizaje. De cualquier forma un emprendedor debe encontrar la capacidad de recibir retroalimentación honesta, desarrollar la capacidad de escuchar dicha retroalimentación es crítica para su habilidad de aprender.

Aprendizaje basado en datos

El componente final de la actitud de aprendizaje que se requiere en el proceso NISI es el aprendizaje basado en datos. Muchos emprendedores e inversionistas operan con base en creencias y presentimientos. Pero como la investigación sobre el exceso de confianza demostró, los presentimientos y creencias pueden ser altamente imprecisos. Cuando los emprendedores se comprometen con el proceso deben enfocarse en el aprendizaje a partir de los datos, específicamente los datos correctos en vez de tomar atajos y dar saltos ciegos. Buenas decisiones requieren buenos datos, y los emprendedores impacientes han descubierto lo costoso que pueden ser los atajos. Hay cientos de fuentes de información (Gartner, Forrester, prensa, blogs, comentarios aleatorios de clientes, reuniones de ventas, inversionistas, números proporcionados por ingeniería, y así sucesivamente). El proceso NISI te ayuda a evitar todo el ruido y te permite enfocarte en los datos comprometiéndote con clientes potenciales en la forma correcta. Siguiendo el proceso NISI obtendrás la información que Gartner y los blogueros desearían tener y podrás crear el contexto que tenga sentido con todos los comentarios e ideas de los clientes. Debes aprender cómo construir tus conclusiones de esta importantísima información y dejar que los datos tomen las decisiones por ti. Al mismo tiempo no tienes que esperar hasta que los datos te abrumen. Como emprendedor tomarás frecuentemente decisiones con información limitada pero tienes que confiar en los datos críticos que descubras en el proceso NISI.

Para ilustrar el poder de los datos considera algo que poca gente conoce y es que cuando comenzó Intel apenas logró esquivar un golpe que estuvo a punto de destruirla. En 1980, cuando Intel se había establecido como una manufacturera exitosa de memorias DRAM, los altos directivos creyeron que la empresa era buena en el diseño y manufactura de estas memorias. Sin embargo, los manufactureros japoneses entraron y comenzaron a aplicar su experiencia a la producción de DRAM en gran escala, su punto fuerte era la precisión manufacturera. Los ejecutivos de Intel estaban convencidos de que Intel era una compañía de memorias a pesar de la desventaja que tenía frente a su contraparte japonesa. Afortunadamente, a nivel de fábrica de los semiconductores, Intel había establecido una regla basada en datos para la toma de decisiones: asignar el espacio en la fábrica basado en la rentabilidad del material. Como resultado, a petición del cliente, Intel desarrolló y comenzó a producir un chip muy rentable—un prototipo inicial del microprocesador. Estos nuevos tipos de chips demostraron ser muy rentables, y con el tiempo, más y más de la capacidad de producción fue asignada a la producción del semiconductor en vez de a la producción de memorias, a pesar de la insistencia de los altos ejecutivos de que Intel era una compañía de memorias. Sólo después de que la mayor parte de la capacidad de producción de Intel había sido asignada a los microprocesadores fue que los ejecutivos se dieron cuenta que Intel no era una compañía de memorias, sino de manufactura de procesadores. Una vez que la realidad los golpeó, los directivos rápidamente optaron por redefinir su dirección estratégica hacia una nueva dirección. Al final, fue la regla de decisión basada en datos en Intel la que permitió que la compañía cambiara y sobreviviera.[51]

> *El fundamento más importante en el proceso NISI, además de adentrarse en el campo, es desarrollar una actitud de aprendizaje que te permitirá descubrir una verdadera oportunidad de éxito.*

En resumen, quizás el fundamento más importante en el proceso NISI, aparte de adentrarse en el campo, es desarrollar una actitud de aprendizaje que te permita descubrir una verdadera oportunidad de éxito. Para lograr esto, se necesita reconocer las trampas del aprendizaje y aplicar las técnicas que hemos descrito: convertirse en un experto novato, replantear el propósito, buscar retroalimentación, y reunir la información. Si siempre eres intelectualmente honesto en tu aprendizaje tendrás éxito al aplicar el proceso NISI en tu negocio.

FUNDAMENTO NISI: RÁPIDO, ECONÓMICO, SENCILLO, EXPERIMENTA PARA PROBAR TU HIPÓTESIS:

Otro fundamento que se aplica a través del proceso NISI es llevar a cabo experimentos rápidos, económicos y sencillos en el campo para probar tu hipótesis en vez de construir productos. Este fundamento depende de reconocer que lo que pienses de tu producto, clientes, o mercado, es una hipótesis que necesita ser probada. En otras palabras, lo que creas no es más que una simple conjetura. Pocos emprendedores reconocen esto y aun así sienten la urgencia de entrar al mercado con algo para vender y comienzan a construir el producto. El peligro es que cuando construyes el producto basado en un supuesto de lo que los clientes quieren, aun siendo tu mejor supuesto, tiendes a equivocarte en formas que ni te imaginas. Por supuesto que hay unos pocos afortunados que logran hacerlo bien en el primer intento; sin embargo, estos casos son muy pocos. De ahí la alta tasa de mortalidad de nuevos negocios. Desafortunadamente los mitos empresariales son perpetuados por los pocos emprendedores que tienen suerte y aciertan. En contraste, si hablas con un grupo de emprendedores exitosos y reflexivos, te dirán como cambiaron dramáticamente su producto desde el principio hasta el final. Un fundamento del proceso NISI es evitar construir tu producto hasta que hayas validado tu hipótesis a través de una sucesión de conversaciones con tus clientes usando un prototipo virtual, alfa, y a partir de ahí los productos beta. Valida tu hipótesis con los datos que te provean los clientes. Después, con los datos en la mano, comienza a construir el producto, todo mientras continúas probando tu producto y tu hipótesis con el cliente. ¿Cómo hacer esto?

Identifica tus supuestos

El proceso NISI se basa en primero identificar tus supuestos, convertirlos en hipótesis, y después validar tus hipótesis a través de una experimentación rápida usando "prototipos virtuales" (PowerPoint, dibujos, etc.) durante las conversaciones con los clientes que te proporcionarán información detallada que podrás transmitir a los miembros de tu equipo. Pero necesitas comenzar por identificar todos tus supuestos—tus creencias. Con frecuencia los emprendedores pasan por alto el hecho de que están suponiendo y por lo tanto una herramienta útil que puede ayudarlos en el proceso es trazar un mapa de su modelo de negocios. Nosotros recomendamos el trabajo de Alex Osterwalder, quien escribió *Generación de Modelos de Negocio* y provee su modelo de negocios en línea. En este modelo, Osterwalder destaca nueve áreas que constituyen un negocio y si tu mapeas tus supuestos en la estructura de su modelo notarás las áreas en las que estas suponiendo. Las nueve áreas que Osterwalder discute son las siguientes:

1. Segmentación de clientes
2. Propuesta de valor
3. Relaciones con los clientes
4. Canales
5. Actividades clave
6. Recursos clave
7. Socios clave
8. Estructura de costos
9. Flujo de ingresos

En este libro notarás que no recomendamos derribar todos tus supuestos al mismo tiempo. En vez de eso caminamos contigo a través del proceso de enfocarte primero en los supuestos más importantes y después progresivamente validar los demás. Esto es por lo que comenzamos con acertar en el dolor, porque si no realizas la validación todo lo demás que hagas será una pérdida de tiempo. Sin embargo, recomendamos que te tomes el tiempo para explorar tus supuestos y regresar a ellos para recordarte que estas en el negocio de probar tus teorías, no de convencerte a ti mismo que estas en lo correcto. En términos de cuáles supuestos taclear y cuándo, al acertar

66

al dolor tacleamos el número 1 (segmentación de clientes); al acertar en la solución tacleamos el número 2 (propuesta de valor); acertar en la estrategia para ir al mercado significa derribar el supuesto número 3 (relacionarse con los clientes) y el 4 (canales) y al acertar en el modelo de negocio derribamos el resto.

Experimentos rápidos y económicos

El proceso de experimentar y encontrar los hechos requiere tiempo, pero no tiene que ser costoso. Es mejor mantener los experimentos tan económicos como sea posible—ayuda el recordar que en realidad son "experimentos"—y conservar tu capital para que tengas el tiempo de experimentar. Uno de los retos más difíciles de los nuevos negocios es que gastan demasiado dinero y tienen altas expectativas en que sólo tienen una oportunidad de tener éxito. En contraste, si los experimentos son rápidos y baratos, un emprendedor puede tener hasta cincuenta oportunidades de acertar. Más adelante te guiaremos a través de algunos pasos específicos del proceso que conducirán tus experimentos, pero nunca olvides la mentalidad de la experimentación: pruebas económicas, rápidas y confiables que te ayuden a encontrar la verdad y a evitar las trampas de aprendizaje que destacamos antes.

Enfocarse en la simplicidad

Además de llevar a cabo experimentos económicos y rápidos, recuerda mantener tus experimentos y tus productos simples. Simplifica tanto como puedas a través del proceso. Hay un poder increíble en la simplicidad, como seres humanos anhelamos lo sencillo. Libros recientes, como *La Paradoja de la Elección*, resumen décadas de investigación de psicológia social que muestra que aun cuando pudiera parecer que anhelamos más opciones, en realidad respondemos a la simplicidad. Por ejemplo, en un famoso experimento realizado en una tienda de comestiblesse dieron a probar dos mermeladas diferentes. En la primera exhibición se entregaron seis tipos de mermeladas a los clientes como muestras, y el resultado de las ventas fue robusto (30% de los clientes compraron una mermelada). En la segunda exhibición, se les ofreció a los clientes más opciones; veinticuatro tipos diferentes de mermelada Premium para que ellos eligieran. Sorpresivamente las ventas cayeron a un escaso 4%.[52] En otras palabras, a pesar del hecho de que el moderno capitalismo nos ha guiado a una explosión de opciones, los clientes responden a la simplicidad más que a la complejidad. La respuesta de los clientes a la simplicidad ha sido observada en los negocios y en la iniciativa emprendedora. Por ejemplo, examine la figura que se muestra abajo (Figura 11) y considere el éxito increíble del simplificado iPod contra su comparable MP3, que ofrece más opciones y botones pero que es más complejo tanto en diseño como en uso. Similarmente, la cadena de hamburguesas In-N-Out® ofrece una selección simple de hamburguesas, papas fritas y bebidas, que se ha convertido en un fenómeno con los años, en comparación con el tradicional y súper complicado menú en muchos restaurantes de hoy en día. Como otro ejemplo, la cadena de cafés Starbucks recientemente simplificó su menú en respuesta a la confusión del consumidor ante sus muchas propuestas.

Figura 11: Productos simples versus complejos

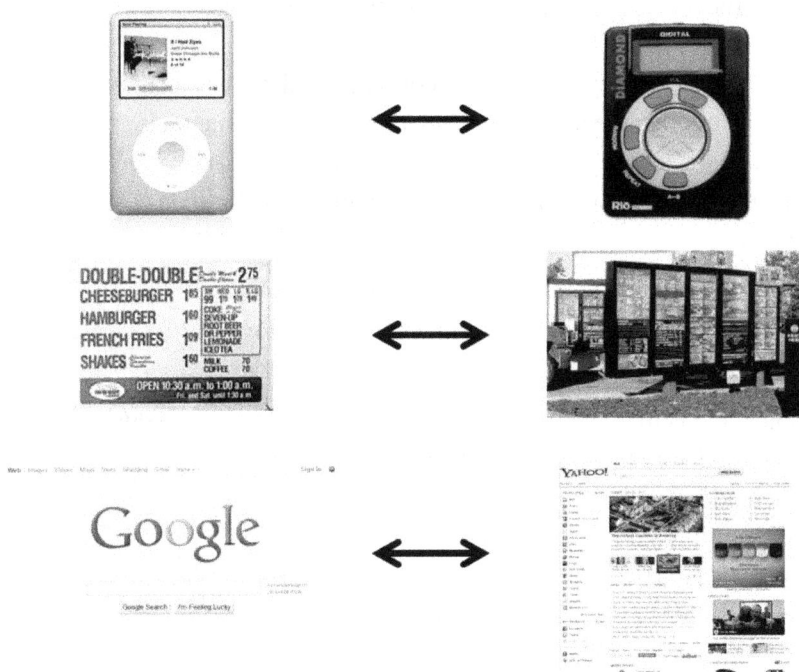

De alguna forma contraria a la intuición, la simplificación incrementa la adopción de los clientes y reduce costos. Los clientes son atraídos por la simplicidad y son confundidos por la complejidad. La simplificación del producto ofrecido no significa que se le esté quitando la opción de elegir al cliente; en vez de eso se está enviando el mensaje de que se conoce a los clientes tan bien que se entrega la solución exacta que ellos esperan. La simplificación también le ahorra a los negocios nuevos tiempo y dinero porque pueden desarrollar algo simple en vez de algo complejo. Con frecuencia una compañía de ingeniería piensa que tiene que entregar cada característica a cada cliente, mientras que una compañía enfocada al mercado puede darse el lujo de escoger a sus clientes y construir el producto correcto para sus clientes. Sin embargo, productos demasiados complejos no sólo fallan en satisfacer sino que confunden e incluso repelen. De hecho, Mari Baker, vicepresidente de Intuit argumentó que "es realmente fácil hacer muchas cosas, lo que realmente es difícil es concentrarse solo en algunas." En vez de tratar de

69

satisfacer las necesidades de cada cliente potencial los emprendedores deben enfocarse en desarrollar el conjunto de características mínimas para asegurar la compra del cliente. Por último, la simplicidad es acerca de elegir lo que no hay que hacer. Scott Kriens, director ejecutivo de Juniper Networks, advierte que en la construcción del negocio, "hubiera sido fácil quedar atrapado en una complejidad innecesaria y perder la elegancia de permanecer enfocado en un simple conjunto de cosas que marcaran la diferencia."

Uno de los más dramáticos ejemplos que hemos visto del poder de la simplicidad y de un mínimo conjunto de

> *"Hubiera sido fácil quedar atrapado en una complejidad innecesaria y perder la elegancia de permanecer enfocado en un simple conjunto de cosas que marcaran la diferencia."*

características viene de uno de los nuevos negocios que aplicaron el proceso NISI desde el primer día—Class Top. Como mencionamos antes, Class Top es una compañía de aprendizaje en línea, y uno de sus primeros experimentos fue el desarrollo de una interfaz para clientes de Blackboard, el dominante sistema universitario de cursos en línea. Para tratar de entender lo que los clientes querían, los fundadores de Class Top, Jayson y Jared, contrataron a un ingeniero en India para construir un prototipo virtual usando Flash que contenía las veinte características principales que los clientes mencionaron, y luego organizaron reuniones con los ejecutivos y tomadores de decisiones en varias famosas universidades de los Estados Unidos. Cuando ellos preguntaron la cantidad que los clientes pagarían por tal producto, la respuesta fue una cifra poco inspiradora de 200 dólares por mes—con lo cual no se podría construir un negocio. Pero los fundadores continuaron investigando, usando una herramienta conocida como el juego de los 100 dólares (que describiremos más adelante), en el cual pedían a los clientes asignar un dólar a las características que fueran más importantes para ellos. Sorpresivamente, los que respondieron aplicaron un promedio de 80 dólares a la gestión de contenidos y 20 dólares a otras dos características. Con este punto de vista los fundadores regresaron al esquema original y

70

redujeron el prototipo Flash de veinte características a cuatro características claves. Con el nuevo prototipo en mano, fueron a un nuevo conjunto de universidades para continuar la investigación. Las siguientes cuatro universidades tuvieron una reacción positiva hacia el nuevo concepto. Jayson y Jared regresaron al primer grupo de universidades para validar su reacción al concepto rediseñado. Sorpresivamente, cuando comenzaron a discutir el tema del precio, los paneles de las universidades sugirieron una cantidad de 1,000 dólares por mes para adquirir el producto simplificado. En esencia, simplificando el producto al conjunto mínimo de características relevantes, los fundadores de Class Top redujeron sus costos y tiempo de desarrollo a una quinta parte de su estimación original y multiplicaron la disposición de pago de los clientes en un 500%. Esto es el poder de mantener las cosas sencillas.

Los pequeños equipos superan a los grandes

Finalmente, en el espíritu de la sencillez, recuerda mantener el equipo pequeño. En cualquier organización los equipos pueden acelerar o complicar tu éxito, y lo mismo sucede con el proceso NISI. Una de las principales causas de muertes prematuras de los nuevos negocios es acrecentar prematuramente el equipo de trabajo—contratar gente buena en el momento equivocado: contratar al equipo de ventas correcto antes de que el proceso de ventas sea validado, contratar al equipo adecuado de desarrollo antes de que el producto sea establecido, y así sucesivamente. Conforme el equipo crece la flexibilidad se reduce, los costos se incrementan, y la comunicación se vuelve más compleja, lo que reduce la habilidad de experimentar. Los equipos pequeños son ideales para aplicar la metodología NISI. Tú necesitas como base—alguien que defina el producto, alguien que lo construya, y eventualmente alguien que lo venda—(ver Figura 12).

Figura 12: Organigrama del negocio

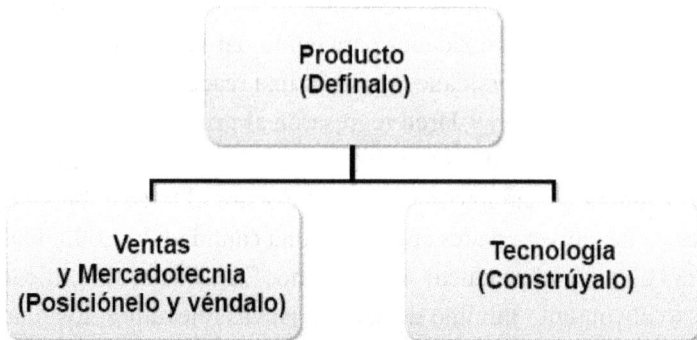

```
        Producto
        (Defínalo)
            |
    ┌───────┴───────┐
  Ventas          Tecnología
  y Mercadotecnia (Constrúyalo)
  (Posiciónelo y véndalo)
```

La ventaja de tener un equipo pequeño es que la comunicación es sencilla, las responsabilidades son claras, y los gastos son bajos. Dos o tres personas pueden investigar la solución, escuchar las conversaciones de los clientes desde diferentes perspectivas, y mantenerse honestos. Al mismo tiempo cada uno de los miembros del equipo debe comprometerse completamente en el proceso NISI (no cometer el error de dejar que un miembro del equipo de tecnología comience con la construcción del producto: esta persona debe hablar también con los clientes como cualquier otro). En casos donde tu negocio tenga inversionistas, una junta de directivos, un equipo de liderazgo, es absolutamente crítico que cada uno de ellos participe en el proceso. Si los inversionistas observan desde lejos, en vez de estar intelectualmente comprometidos o alineados con el proceso, se volverán impacientes y detendrán el proceso sustituyendo los hechos por sus propias hipótesis. Te prevenimos porque hemos visto como el proceso se descarrila cuando los inversionistas o algún miembro del equipo no están alineados con el proceso.

LLEVANDO A CABO EL EXPERIMENTO NISI

Con forme avanzas en el proceso, recuerda la metáfora del experimento científico. La meta del proceso es probar tus hipótesis para descubrir los hechos acerca de tu idea y de tus clientes. Nuevamente, los fundamentos del proceso son: 1) adentrarse en el campo, 2) fracasar pronto y cambiar, 3) enfocarse en el aprendizaje intelectualmente honesto, y 4) llevar a cabo experimentos rápidos, económicos y simples.

Con estos fundamentos como base estás listo para conocer las fases de la metodología NISI. Conforme progreses, recuerda que aunque hemos descrito el proceso en términos de "fases", el proceso NISI es inherentemente no lineal. Podrás necesitar regresar o comenzar de nuevo, dependiendo de lo que descubras. Además, te ayudará tener asesoría externa para que te mantengas honesto contigo mismo a través del proceso.

FASE 1: ACERTANDO AL DOLOR DEL CLIENTE

En los primeros días de la computación, un emprendedor joven y quizás ingenuo, Allen Michels, se presentó en las oficinas ejecutivas de computadoras Burroughs. Estaba tratando de promocionar computadoras basadas en una sola tarjeta—una idea radical en aquellos tiempos; y el asegurar pedidos estaba resultando extremadamente difícil para su incipiente negocio, Convergent Technologies. En reuniones anteriores con revendedores de computadoras había vendido un puñado de computadoras donde había esperado colocar miles. Frustrado y confundido, Michels decidió tomar un nuevo ángulo cuando una nueva reunión con clientes comenzó. Después de unos minutos de presentar la idea básica, Michels preguntó a los ejecutivos qué tanto se aproximaba su idea a lo que ellos necesitaban en el nuevo producto. Un ejecutivo preguntó si la computadora podía venir en su propio estuche en lugar de sólo el dispositivo. Michels rápidamente respondió que la computadora de hecho tenía su propio estuche. Otro ejecutivo le preguntó si tenía un sistema operativo. Michels respondió que lo tenía. A la pregunta "¿tiene un procesador de palabras?" Michels se apresuró a responder de forma afirmativa. La conversación continuó de este modo, con Michels prometiendo un producto que encajaba perfectamente con sus especificaciones hasta que salió de esa reunión con una orden de 10,000 computadoras. El problema, o la solución, como nosotros discutiremos, fue que Michels no había construido nada aún. Aunque tenía un prototipo técnico, no tenía una caja, o sistema operativo, o procesador de palabras, o algo más. Accidentalmente descubrió las necesidades reales de sus clientes y sembró las semillas para una compañía que fue exitosa y que eventualmente vendió cientos de millones unos cuantos años después. Fue una lección que pronto se olvidó. En la siguiente compañía de Michels, Ardent Supercomputers, el equipo dedicó una enorme cantidad de tiempo investigando como los clientes usaban las supercomputadoras; pero ellos no gastaron mucho tiempo explorando si sus clientes tenían un problema real y cómo sería la mejor forma de enfrentar esa necesidad. Como resultado, Ardent desarrolló una supercomputadora novedosa pero costosa que fue entregada muy tarde al mercado, y al final no cumplió con las necesidades de ningún cliente en particular. Aunque la computadora estuvo a punto de cumplir ciertos criterios, no cumplió con las necesidades específicas de ninguno de los clientes. La compañía cerró unos meses después.[1]

La diferencia entre estos dos negocios que iniciaban no fue el fundador o el estado del mercado—fueron los supuestos sobre la "necesidad" del mercado que los clientes pagarían por ver resueltos. En su primera compañía, el hambre del fundador lo llevó a exitosamente descubrir y validar lo que nosotros llamamos un *Dolor Monetizable*, mientras que en la segunda compañía, con suficiente efectivo, se distrajo construyendo una mejor trampa para ratones y perdió de vista la necesidad del cliente. Michels no está sólo en su error. Muchos emprendedores creen honestamente que su idea resolverá una necesidad real y comienzan construyendo la solución para tener algo que vender. Sin embargo, estos emprendedores inevitablemente descubrirán que la necesidad a la que ellos apuntaron no era plasmable o no podía ser monetizada. Ellos necesitaron detenerse para valorar si era una necesidad real monetizable antes de comenzar a construir sus productos, o peor aún a reunir capital. No es tan difícil, si sabes cómo.

Las bases del camino al éxito comienzan identificando una necesidad real y monetizable para resolverla. Como Vinod Khosla, antiguo socio de la firma de capital de riesgo Kleiner Perkins Caufield Byers y fundador de Khosla Ventures, argumenta, "Cualquier gran problema es una gran oportunidad. Si no hay problema, no hay oportunidad...nadie te pagará para resolver algo que no es un problema."[53] Entonces, durante la primera fase del proceso NISI, tus objetivos claramente son entender la necesidad monetizable del cliente, determinar si la necesidad representa una oportunidad, y descubrir si estás equivocado (y hacer un cambio) para continuar con la siguiente etapa. También comenzarás a formular y a probar la Hipótesis de la Gran Idea que te conducirá a un prototipo virtual y eventualmente a validar la solución de la necesidad del cliente. Para una revisión visual de los pasos de esta fase, observa la figura que se presenta a continuación.

Figura 13: Pasos para acertar al dolor

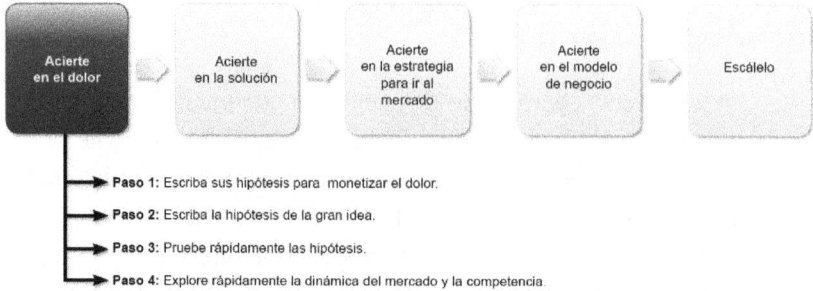

Paso 1: Escriba sus hipótesis para monetizar el dolor.

Paso 2: Escriba la hipótesis de la gran idea.

Paso 3: Pruebe rápidamente las hipótesis.

Paso 4: Explore rápidamente la dinámica del mercado y la competencia.

PASO 1: ESCRIBIENDO LA DECLARACIÓN DE NECESIDAD MONETIZABLE: BUSCANDO LA MORDIDA DE UN TIBURÓN

Los grandes negocios comienzan con un problema de algún cliente que el emprendedor resuelve. Nosotros le llamamos a este problema el *dolor del cliente*. Tú objetivo es entender el "trabajo" que los clientes están tratando de lograr y si la necesidad que presentan es lo suficientemente valiosa para que dediques tu tiempo a resolverla. Hay muchos tipos de necesidades, algunas son pequeñas y otras son más grandes. Reconociendo esta diferencia, los inversionistas usualmente clasifican los negocios potenciales en dos grupos: el de las vitaminas (las cuales aún el mejor de nosotros sólo toma en una ocasión), y los analgésicos (que la mayoría de la gente toma universalmente). Debajo de esta categorización tan simple esta la idea de que para que un problema sea valioso e inviertas tu tiempo en resolverlo, debe ser una necesidad significativa para el cliente.

> *Una necesidad monetizable para el cliente es tan significativa que los clientes regresarán las llamadas de un negocio desconocido que busque resolverla.*

Como emprendedor, quieres enfocarte en una gran necesidad, que conocemos como el dolor monetizable del cliente. De hecho, cuando Vinod Khosla dijo que "cualquier gran problema es una gran oportunidad," la palabra gran no es accidental.En otras palabras, si la necesidad del cliente que identificas es equivalente a la picadura de un mosquito, puede ser una molestia con la cual los clientes estén dispuestos a vivir. Sin embargo, si la necesidad del cliente se siente como la mordida de un tiburón los clientes estarán dispuestos a pagar para detener el dolor. Una necesidad monetizable es tan significativa que los clientes la reconocen, tienen dinero para pagar por una solución, y regresarán las llamadas que les hagan algún negocio desconocido para resolver su problema (hemos observado tan altas tasas de regreso de llamadas, que casi alcanzan el 100%). Por ejemplo, para generar una hipótesis de una necesidad monetizable, el analista Mark Richards de Sand Hill Partners usualmente les pide a los equipos de nuevos negocios que se dividan en pequeños grupos y entonces "viene con un problema que es tan interesante que tú regresarías una llamada si alguien dejara un mensaje en tu contestadora queriendo discutir este problema." De igual forma, deberás considerar preguntarte a ti mismo, "¿qué necesidad sería tan significativa para mis clientes que ellos accederían a tomar la llamada?" ¿A quién llamarías, y donde están ellos en la organización? ¿Qué problemas pensarías que están trabajando, y cuando se despiertan en medio de la noche, qué es lo que les preocupa y qué es lo que están tratando de hacer? La respuesta a estas preguntas es la Hipótesis de la Necesidad Monetizable.

En una escala del uno al cinco, una necesidad monetizable debe al menos ser un cuatro o cinco para calificar como tal. Con una necesidad altamente significativa puedes atraer suficientes clientes para construir un negocio grande y exitoso. Conforme desciende el nivel de necesidad encontrarás que los clientes muestran un compromiso inconstante. Por ejemplo, Lunarr, un negocio que desarrollo herramientas de inspiración visual como Post-it®, notas para páginas web, crearon aplicaciones interesantes e inusuales. Sin embargo, la necesidad del cliente que los desarrolladores estaban enfrentando estaba en un nivel muy bajo de la escala, y como resultado, la adopción nunca tomó impulso. En contraste, cuando Mike Maples Jr. estaba buscando su nueva compañía, Motive Communications, él decía que la necesidad del cliente era tan significativa que equivalía al requerimiento de un torniquete que de no tener el cliente moriría.

¿Por qué necesitas enfocarte en la necesidad monetizable del cliente? Porque al ser un negocio nuevo, desconocido, sin reputación, marca o registros, construir tu negocio sobre una necesidad monetizable incrementará potencialmente tus oportunidades de éxito. En contraste, los tres errores que hemos observado que los emprendedores cometen son 1) adivinar pero no probar la necesidad (lo cual es el objeto de este libro), 2) seleccionar una necesidad pequeña (baja en la escala de necesidades), o 3) seleccionar una necesidad muy angosta (un pequeño número de clientes dispuestos a pagar); y como resultado, ya sea que los clientes no estén dispuestos a pagar o que el negocio no sea lo suficientemente redituable para que los emprendedores inviertan su tiempo en construirlo. Los empresarios que comienzan con la

> *"Algunos hombres ven las cosas como son y dicen por qué – Yo sueño cosas que no existen y digo por qué no."*
> *-George Bernard Shaw*

necesidad monetizable nunca perderán su tiempo tratando de reposicionar su producto con un "debe ser de esta manera" seis meses después del lanzamiento, o escribiendo folletos para "educar" a los clientes. El disciplinarte ahora para sentarte y escribir la Hipótesis de la Necesidad Monetizable te ayudará a ver lo que crees y entonces, cuando lo pruebes sabrás si los resultados sugieren que hay un negocio que valga la pena construir.

PASO 2: ESCRIBE LA HIPÓTESIS DE LA GRAN IDEA

Cuando éramos niños siempre estábamos preguntándoles a nuestros padres "¿Que tal sí...?" y todos nuestros "¿Qué tal si nosotros pudiéramos hacer esto?" los volvíamos locos. Los emprendedores, al igual que los niños, se permiten soñar con la idea de cambiar al mundo. George Bernard Shaw dijo "Algunos hombres ven las cosas como son y dicen por qué—yo sueño cosas que no existen y digo por qué no". La mente del emprendedor genera la inquietud innovadora de querer mejorar el mundo en el que vivimos. Estas chispas de inspiración son lo que impulsa a los emprendedores, pero irónicamente muchos fracasan porque actúan espontáneamente con sus grandes ideas y comienzan construyendo una solución basada en un supuesto sobre lo que los clientes realmente quieren sin tener la disciplina o el conocimiento de cómo reunir los hechos. Las grandes ideas de los emprendedores caen en dos grandes categorías, una de las cuales denominamos "nuevo mundo valiente" o ideas trascendentales que transforman la sabiduría convencional en su cabeza y la segunda categoría son las ideas "mejores, rápidas y baratas" que proveen mejoras sustanciales sobre un tema existente. El reto para ti como emprendedor, es manejar tu gran idea en esta etapa del juego (y si aún no tienes una gran idea, respira profundamente; esta etapa del proceso será más fácil para ti).

Una de las cosas que diferencia al proceso NISI es el enfoque de probar las ideas antes de construir algo. En esta etapa vamos a pedirte desarrollar una Hipótesis sobre tu Gran Idea. Esta hipótesis representa tu idea sobre la solución de la necesidad que observaste y es donde creas el futuro al inventarla. La Hipótesis de la Gran Idea puede ser una hipótesis trascendental o una hipótesis mejor, rápida y barata. Después transformarás esta Hipótesis de la Gran Idea en una hipótesis de solución y eventualmente en una solución. Sin embargo, en esta etapa nos enfocaremos en la "gran idea" porque te permitirá crear un hombre de paja conceptual. ¿Por qué te pedimos desarrollar sólo una idea? Porque tus grandes ideas son como el uranio—pueden ser increíblemente poderosas pero increíblemente peligrosas si no se manejan con cuidado. Una vez que dejas que tu solución se apodere de tu corazón y de tu mente, es increíblemente difícil escuchar adecuadamente la retroali mentaci ón de los

> *"Tan pronto como construyas algo esta muerto."*
> *-Paul Kedrowsky, analista senior, Fundación Kauffman*

clientes. Como si tú tuvieras un martillo, cada problema comienza pareciendo un clavo. Aún peor, una vez que construimos algo y le damos una forma física, todos nuestros mecanismos de defensa se activan para proteger nuestra creación. A pesar de si tu creación es una obra de arte o Frankenstein, es difícil ser objetivo con tu creación. Eso es por lo que nosotros coincidimos con el analista senior de Kauffman, Paul Kedrowsky, quien dijo, "Tan pronto como construyes algo estás muerto."

Al comenzar primero con la necesidad del cliente y creación de una hipótesis abstracta de tu gran idea es mucho más fácil acertar con el proyecto y establecer correctamente el ADN del producto antes de construir algo. Eventualmente te encaminaremos a través del desarrollo de un prototipo virtual, y después a un prototipo real, y finalmente a la solución, de manera que termines con una solución que los clientes compren.

Pero en esta etapa, la meta es ayudarte a aprender de los clientes y mantenerte flexible mientras aciertas con la necesidad del cliente. Aunque este paso puede sonar extremadamente simple, hemos visto emprendedores desperdiciar años y millones de dólares acechando un mercado sin probar con una "mejor trampa para ratones." Escribir y probar tu Declaración de Necesidad Monetizable y tu Hipótesis de la Gran Idea te obliga a enfocarte y a clarificar lo que realmente crees y entonces obtendrás las bases sólidas que necesitas para construir tu producto. Tomate un momento y escribe tu Hipótesis de la Gran Idea.

Para los clientes que hay (Escribe "Declaración de Necesidad Monetizable") Yo propongo (escribe tu Hipótesis de la Gran Idea) la cual es diferente de las soluciones existentes porque (declaración de la diferenciación primaria).

Al desarrollar tu Declaración de la Necesidad Monetizable y la Hipótesis de la Gran Idea no tengas miedo de ser específico con los detalles de los clientes y del mercado que ellos representan (todavía te estamos pidiendo evitar ser específico sobre los detalles exactos de la solución, por ejemplo, no ahondes mucho dentro de las características de la solución). ¿Cuál es el título en la tarjeta de negocios de la persona que tiene esta necesidad? Define tu solución y los beneficios clave para el cliente. Se específico sobre la necesidad del cliente que estas tratando de resolver—soluciones generales de mercado, como necesidades generales, son imposibles de probar. Mientras haces esto, nota la sutil diferencia entre traer una solución que ya tienes o sobre la que estés convencido que es correcta y escribirla como una hipótesis sobre tu solución. En esta fase del proceso NISI, todo es virtual: estás trabajando con hipótesis. No necesitas construir el producto aún, porque puedes sesgarte, pero tú necesitas teorizar la solución. Para ayudar a clarificar el cómo formular una Hipótesis de la Gran Idea, considera una analogía de bienes raíces. En esta etapa estarás haciendo hipótesis y entonces preguntarás a los clientes en cuál lado de la ciudad deberías construir, en qué vecindario, cuál estructura, pero no les preguntarás que color de pintura deberías usar en las paredes o tratarás de convencerlos que los departamentos que ya has construido son la residencia correcta para ellos. Otra forma de pensar sobre esto es que estas tratando de encontrar la colina correcta para atacar antes de hacerlo y optimices tu posición en la colina.

Una buena herramienta que hemos encontrado para formular tu Hipótesis de la Gran Idea puede ser revisada en la página 161 del libro de Geoffrey Moore Cruzando el Abismo. Moore lo llama el mensaje de ascenso, pero nosotros lo vamos a convertir en nuestra Hipótesis de la Gran Idea. (Recomendamos ampliamente Cruzando el Abismo para todos los emprendedores). Vamos a llenar los espacios en blanco para comenzar:

1. Para (cliente objetivo [recuerda, ¿cuál es el título en la tarjeta de negocios y en que industria están?])

2. Quién (declaración de la necesidad monetizable)

3. El (nombre del producto) es un (categoría del producto)

4. Eso (declaración de los beneficios claves—esto es, la razón principal para comprar)

5. A diferencia (alternativa primaria de competencia)

6. Nuestra solución (describe la gran idea y la declaración de la diferenciación principal)

Usando el formato de Geoffrey Moore, demos un vistazo a la Hipótesis de la Gran Idea de Paul Ahlstrom creada en 1997 para su compañía de software Knowlix:

(1)Para los gerentes de TI de grandes corporaciones que (2) han dejado insatisfechos a sus clientes y que están fuera de conformidad con su Nivel de Servicio al Cliente porque no son capaces de capturar y compartir conocimiento para que puedan responder a las preguntas técnicas de los clientes y a los problemas de manera oportuna, (3) Knowlix es una Solución para el Manejo del Conocimiento de TI que (4) permite que la línea frontal de Soporte a Clientes capture los problemas dentro de su flujo de trabajo existente y provea respuestas acertadas en tiempo real para sus clientes corporativos. (5) A diferencia de Inference, Knowlix (6) integra grandes cantidades de información no estructurada dentro del flujo existente de Remedy, Bendata, Peregrine, y otros sistemas líderes de Tecnologías de la Información, con lo que el equipo de soporte será capaz de responder a las preguntas de los clientes a la primera llamada.

Ahora que tienes una Necesidad Monetizable y una Hipótesis de la Gran Idea podrás resolver el problema, estás listo para pensar como probarlo y descubrir los hechos. Sin embargo, siempre recuerda que tu hipótesis representa tu mejor supuesto, no los hechos. No creas que ya has acertado hasta que lo hayas validado en el mercado. Como un ejemplo de los peligros de no escribir y probar tu Declaración de Necesidad Monetizable y la Hipótesis de Solución, considera el caso de Teqlo, una compañía nueva de desarrollo de software que permite relacionar servicios web entre sí. Como emprendedores entusiastas, el equipo de Teqlo creyó que podían resolver problemas demasiado generales (recuerda, problemas excesivamente amplios son difíciles de validar o resolver.) Pero en el proceso de soñar en términos generales, Teqlo perdió de vista una necesidad específica. Como resultado, el equipo desarrolló un producto muy general con la esperanza de capturar un mercado masivo. El problema es que al tratar de satisfacer a todos, no resolvieron ninguna necesidad específica de los clientes. No sorpresivamente, al no resolver las necesidades particulares de los clientes ninguno adoptó el servicio.

Forzados a repensar su estrategia, la compañía y sus inversionistas empezaron por descartar la "pretensión de resolver el problema de todos."[54] Para redescubrir la necesidad específica de los clientes, Teqlo tomó prestada una técnica del exitoso servicio de fotografía en línea Snapfish. En Snapfish, el producto desarrollado por el equipo estaba enfocado en un cliente muy específico: una madre cuyo apodo era "Emily." Así que Teqlo definió la necesidad del cliente muy específicamente y entonces, para validar esa necesidad, salió y habló con "un pequeño ejército" de esos clientes para redescubrir la necesidad que el equipo había ignorado. Lo que pasó fue una completa sorpresa para la compañía—no sólo el equipo descubrió una necesidad antes no vista, sino que la solución a la necesidad era muy diferente de lo que habían previsto. En vez de un conjunto de aplicaciones o widgets, que habían desarrollado, sus clientes querían una aplicación configurable. Hoy Teqlo está recomenzando con un nuevo punto de vista. Aprendieron de la forma difícil que las ideas claves sobre los clientes comienzan pequeñas, no amplias. En las palabras de uno de sus inversionistas, "Aunque tú puedas soñar con el mar, debes comenzar entendiendo un charco si esperas convertirlo en un océano." Con forme desarrolles la Declaración de la Necesidad Monetizable y la Hipótesis de la Gran Idea es indispensable escribir un buen número de hipótesis diferentes, y después enfocarte en unas pocas. Sin embargo, cada hipótesis debe ser específica respecto a las necesidades de un grupo particular de clientes. Este ejercicio es importante para llevar a cabo el lanzamiento de cada producto. Comienza el proceso desde el principio, especialmente si tu primer producto ha sido exitoso. ¡No vayas a ser flojo!

PASO 3: PRUEBA LA DECLARACIÓN DE LA NECESIDAD MONETIZABLE Y LA HIPÓTESIS DE LA GRAN IDEA

Una vez que has escrito la Declaración de la Necesidad Monetizable y la Hipótesis de la Gran Idea, el siguiente paso es llevar a cabo pruebas rápidas de tus hipótesis. En todas las fases del proceso NISI, si vas a fallar, querrás hacerlo rápido y pronto. No desearás desperdiciar mucho tiempo y muchos recursos sólo para descubrir que estabas equivocado. La meta entonces es llegar al campo, probar tus hipótesis, cuantificar los resultados, y objetivamente determinar si estas en lo correcto o si necesitas ir en una nueva dirección. No caigas en la trampa de pasar por alto las señales de advertencia y de convencerte a ti mismo—cambiar el curso ahora es más fácil que fracasar después.

Para probar tu Necesidad Monetizable y las Hipótesis de Grandes Ideas, necesitas 1) encontrar una muestra de clientes, 2) llamarles o enviarles correos electrónicos, y 3) capturar y medir los resultados. Para comenzar, identifica cuales son los mercados en los que los clientes potenciales operan y genera una lista para llamarles o enviarles correos para validar que el problema que has identificado sea una necesidad significativa para ellos. Te sugerimos que consideres a cuáles clientes te gustaría tener y entonces reconocerás que hay diferentes niveles—comenzando en lo más bajo terminará siendo más fácil, pero también debes seleccionar algunos clientes de alto nivel en la muestra. Cuando tengas a tus clientes, las llamadas te ayudarán a obtener la atención de los negocios, mientras que los correos electrónicos funcionarán mejor cuando trates de iniciar contacto con los clientes. También es mejor seleccionar a completos extraños porque remueve cualquier sesgo que pudiera ser causado por tus relaciones previas con gente que ya conocías. Algunas veces los negocios tienen que comenzar con gente con la cual ya han tenido una relación.

Debajo hay una muestra de un guión que Classtop usó en sus contactos iniciales con clientes. Este guión generó una tasa de respuesta de 50% para emails y llamadas:

Mi nombre es Jared Allgood. Soy un estudiante, que ha desarrollando un software que hará más fácil a los maestros el manejar sus cursos mediante Blackboard. Al entrevistar a instructores y administradores de varias escuelas, he escuchado las mismas dos quejas repetidamente: 1) La primera queja de los administradores es que están pagando una suma substancial para usar Blackboard, sin embargo menos del 20% de los instructores realmente lo usan. 2) Segundo, de los instructores estamos escuchando que el popular Blackboard con el contenido de los cursos es doloroso porque en el proceso lineal Bb's, no pueden realizar múltiples funciones rápidamente. Nos gustaría tu opinión y retroalimentación sobre el producto que nos hemos propuesto construir. ¿Tienes algunos minutos para una reunión?

Midiendo el dolor Monetizable

Aunque las llamadas o los correos electrónicos puedan sonar difíciles, la prueba inicial más importantes de la Hipótesis de la Necesidad Monetizable es la tasa a la cual los clientes regresarán tus llamadas. En otras palabras, el valor del problema es el tiempo que están dispuestos a darte. Qué tan rápido regresan contigo y el porcentaje de tasa de respuesta son indicadores importantes de que tan significativo es el problema para tus clientes. Si el 70% de los clientes regresa tu llamada en 24 horas has identificado claramente una necesidad monetizable. Aunque estos números pueden parecer altos, tenemos muchos nuevos negocios que han logrado estas tasas de respuesta, así que como regla general nosotros usamos una medición de 50%: si el 50% de los clientes regresan tu llamada, habrás encontrado la necesidad monetizable y un mercado potencial para tu producto.

> *Si el dinero es la medida que te permite saber que tanto le gusta tu producto a los clientes, entonces el tiempo es la medida del valor del problema que estas tratando de resolver.*

Por supuesto que la regla del 50% no representa más que una guía; dependiendo del contexto o del segmento de clientes, el corte puede variar. Además, si obtienes una respuesta por debajo de una tasa del 50%, no te desanimes aún: la tasa baja de respuesta puede significar que aún no has encontrado el nicho de clientes correcto o las palabras correctas para describir la necesidad del cliente. Las buenas noticias es que aún si la tasa de respuesta cae por debajo del 50%, hablando con aquellos clientes que respondieron, podrás encontrar pistas sobre dónde encontrar la necesidad real monetizable. Sin embargo, necesitarás repetir la prueba otra vez con un nuevo grupo de clientes antes de que sigas.

Qué decir en las conversaciones con clientes

Una vez que tienes a los clientes en el teléfono, ¿qué tienes que decirles? Es importante entender que en esta etapa del proceso tú no estás vendiendo nada, ni mostrando nada. Sin embargo, el objetivo es validar una necesidad por la que los clientes estén dispuestos a pagar por una solución. Para hacer esto, hemos descubierto que funciona mejor el estructurar tu conversación alrededor de tres preguntas clave:

1. "¿Tienes este problema?" describe el problema a tus clientes en palabras como, "Nosotros vemos este problema. ¿Esto concuerda con tu experiencia?".

2. "Cuéntame acerca de..." Pídele a tus clientes compartir sus preocupaciones, sus experiencias, y sus soluciones actuales. Otra vez, enfócate en escuchar, no en vender.

3. "¿A alguien le gustaría resolver el problema?" Describe el esquema o marco de tu problema. Otra vez, no te adentres en detalles específicos pero dale algo a los clientes que les haga responder, y pídeles su retroalimentación para saber si resuelve el problema.

Usando estas tres preguntas, guía la conversación para probar la Declaración de la Necesidad Monetizable y la Hipótesis de la Gran Idea. Es igualmente importante el observar de cerca, ya que notarás como estas preguntas te ayudarán a evitar las trampas que hemos discutido en la sección de los fundamentos del proceso NISI: estas preguntas te ayudarán a evitar vender y enfocarte en escuchar. Al mismo tiempo con estas preguntas no estás buscando que los clientes innoven por ti. Estos cuestionamientos establecen confianza en las mentes de los clientes ya que sienten que entiendes su necesidad, además te ayudan a ver lo que puede que no hayas visto, y entonces inicias la conversación donde los clientes validan tu innovación. En otras palabras, usadas apropiadamente, estas preguntas te ayudarán a mantener el balance y evitar los extremos. Finalmente, cuando construyas tus entrevistas, ten cuidado de no cambiar tus hipótesis muy rápido—si tú reformulas tus hipótesis entre cada llamada, la retroalimentación del cliente se complicará o será imposible de procesar. Prueba tus hipótesis con una pequeña muestra de clientes (de tres a seis), reformula, y prueba otra vez. La concentración es extremadamente importante al llevar a cabo el proceso NISI. ¡No olvides concentrarte!

Un ejemplo de acertar al dolor en acción

Mientras estaban en la mesa para la demostración de ZipDX, los ejecutivos se quedaron con la boca abierta cuando escucharon la llamada en conferencia. Con el toque de un interruptor, el equipo de ZipDX transformó la calidad del sonido granulado de una conferencia ordinaria en una experiencia de audio sorprendente similar al sonido envolvente de los cines. La respuesta fue siempre la misma en cada conferencia: cabezas que asienten y grandes sonrisas, una vez que los ejecutivos escucharon el demo. Para usar la solución ZipDX, todo lo que los clientes necesitaban era un dispositivo con audio de banda ancha, fácilmente disponible con distribuidores de Polycom, y el software ZipDX se encargaría del resto. Sin embargo, a pesar de un producto trabajado y un demo increíble, el software ZipDX no se estaba vendiendo. Frustrado el equipo de ejecutivos y preguntándose cuál era el problema contrató a alguien de nuestro equipo para construir un pronóstico de ventas para el producto con los distribuidores de Polycom.

Por supuesto que en el instante en el que vimos este problema supimos que el problema no era construir un pronóstico—era la Necesidad Monetizable y la Hipótesis de la Gran Idea. Así que el equipo, liderado por Mark Richards, tomó la vaga declaración inicial de la necesidad para los revendedores iniciales de Polycom sobre "hacer crecer su negocio" y comenzó a estudiar a los revendedores. El equipo encontró que los revendedores regionales estaban subdivididos en dos segmentos basados en la naturaleza del negocio en su conjunto. Entonces el equipo desarrolló tres hipótesis sobre los problemas que sus clientes podrían tener: 1) acercamiento a los clientes de VOIP, 2) venta de teléfonos de gama alta, 3) captura de llamadas de conferencia que fueran un puente de ingresos. Después el equipo comenzó a llamar a diecinueve de sus clientes para preguntarles si habían tenido alguno de estos problemas. Desa-fortunadamente sólo cinco clientes regresaron la llamada, lo cual hizo que ZipDX batallará para lograr algún progreso.

Sin embargo, los cinco clientes que respondieron les dieron importantes pistas. Unas pocas observaciones importantes emergieron. Primero, aunque sólo cinco clientes respondieron, el 75% por ciento de los clientes quienes habían adquirido VOIP respondieron (cuatro de los cinco clientes), lo cual supera la regla del 50% para un segmento de clientes. Dado el tamaño pequeño de la muestra, sin importar lo que el equipo encontró necesitaban hacer las pruebas otra vez; sin embargo, para el segmento VOIP, estas entrevistas podían proveer información importante. Mucho más interesante, sin embargo, conforme el equipo discutió los problemas que los revendedores enfrentaban y la solución ZipDX, el equipo pronto encontró que las capacidades de lujo del ZipDX no les importaba a ninguno de ellos. De hecho, todas esas características de lujo de las llamadas de conferencia eran difíciles de valorar para los revendedores. Lo que ellos querían era algo mucho más simple— querían características confiables que funcionaran fuera del empaque. Lo que era simple. Inicialmente esto fue difícil de digerir para el equipo de ZipDX; sin embargo, con los conocimientos que tenían del segmento VOIP de clientes y su necesidad monetizable, el director general de la compañía fué y cerró el mayor trato en la historia de la compañía en una semana.

La prueba del dolor para la Hipótesis de la Necesidad Monetizable

Además de encontrar la necesidad monetizable, medir dicha necesidad es crucial ya que te permite entender si has acertado con el problema. La mejor prueba para la necesidad monetizable en una aplicación de negocio a negocio (Business to Business) es el tiempo que le toma a los clientes responder y la tasa a la cual responden tus llamadas o correos. Sin embargo, en productos orientados a clientes (Business to Consumer) la tasa de respuesta de algunos clientes puede darte sólo una débil evidencia de la necesidad monetizable. Para un modelo dirigido al consumidor final podrías necesitar usar una prueba alternativa para descubrir si realmente los clientes tienen una necesidad. Una prueba que recomendamos es la llamada prueba del humo que es usada en ingeniería, software, y en muchos otros campos (incluyendo la fabricación de instrumentos) para probar si las bases de un sistema funcionan, mientras se ignora los detalles. Por ejemplo, cuando construimos el prototipo de un vehículo, ¿enciende el motor y las llantas giran? Recordarás que hemos enfatizado la importancia de construir productos en esta etapa, así que te preguntarás como podrías aplicar la prueba del humo. Una versión de la prueba del humo para los negocios de internet consistiría en gastar unos cuantos dólares para publicar y anunciar tu producto no existente, y cuando los usuarios entren a tu página, se les ofrece la oportunidad de ser los primeros en la línea para probar el prototipo beta si dan su información de contacto y responden una pregunta o dos. La misma idea puede aplicar para algo físico pero con otro método para que los clientes te contacten. La tasa de respuesta de la prueba de humo y la tasa de éxito de los visitantes que dan su información son datos de interés, pero éstos no te dirán necesariamente si tienes una necesidad monetizable. ¿Cómo puedes entonces tener una aproximado de la necesidad monetizable? Prueba con la prueba del dolor.

Este test forma parte de la prueba del humo en la que preguntas sobre el problema hipotético y les pide a aquellos que respondan que valoren la cantidad de molestias que encararon con el problema. El reporte que se obtiene te dará una idea de la necesidad monetizable. Para ilustrar como funciona en la práctica considera el caso de eKidsMovies.com, la cual quería proveer películas para niños en el rango de 5 a 10 años a través de internet. ¿Cómo validas la necesidad monetizable de los padres de los niños para un servicio de películas que aún no ha sido construido? Para comenzar el equipo NISI realizó la prueba del humo poniendo un anuncio en Google para películas en línea para niños, que enviaba a los visitantes a la página de la prueba que se buscaba aplicar (Figura 14 abajo).

Figura 14: Prueba de Humo de eKids

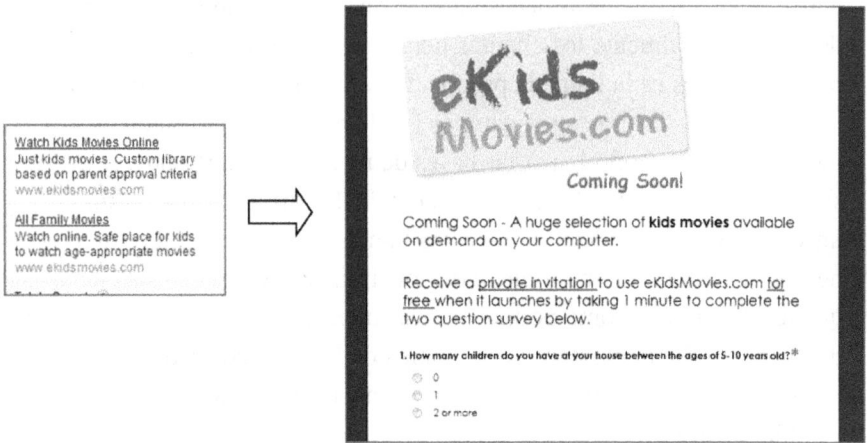

La respuesta al anuncio fue positiva: en seis horas y por 30 dólares, el equipo recibió 88 visitantes, de los cuales 36 encajaban con el perfil objetivo. De estos clientes potenciales, 19—más del 50% de la muestra— ofrecieron su correo electrónico. ¿Ya que la tasa de respuesta fue mayor a la mitad pasó la prueba del 50%, verdad? No, todavía— recibir un correo no es lo mismo que validar la necesidad monetizable en una conversación real. Después de recibir los correos electrónicos, el equipo NISI envió a los que respondieron una encuesta, pero sólo uno la contestó. Entonces la volvieron a enviar por segunda ocasión y sólo recibieron dos respuestas más. Definitivamente por debajo de la regla del 50%.

Así que el equipo cambió de táctica para ver si habían malentendido y le estaban ladrando al árbol equivocado. En vez de preguntar por mail, realizaron la prueba del humo y pidieron a sus potenciales clientes que les describieran las molestias que ellos enfrentaban en relación a las clasificaciones de películas en línea para niños y la falta de acceso por ello. El resultado probó ser significativo en varias formas (Figura 15 para los resultados).

Figura 15: Resultados para la Prueba de Dolor de eKids

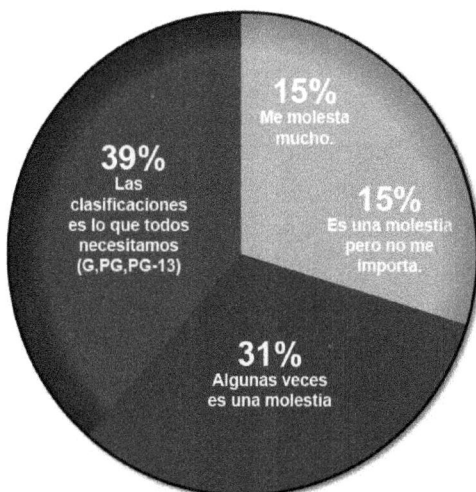

Primero, sólo el 15% de los clientes realmente encontraron que el problema era una verdadera molestia, lo cual no pasa la prueba para considerarse una necesidad monetizable. Para avanzar, un mejor umbral estaría cercano al 50%. Segundo, muchos clientes reportaron que algunas veces el no tener acceso a películas puede ser una molestia. Estos son los clientes que hacen los grupos de enfoque peligrosos y que han llevado al dicho de que "los compradores son mentirosos." Si el equipo de eKidsMovies.com hubiera llevado a cabo grupos de enfoque, estos clientes hubieran estado asintiendo con la cabeza cuando se les preguntara si el acceso a las películas para niños representaba una molestia para ellos y además dirían estar dispuestos a pagar por el servicio. Sin embargo, sólo después de que los emprendedores construyeran el sitio es cuando se darían cuenta que en realidad los clientes no estaban dispuestos a pagar, porque el problema no representa una necesidad monetizable. Finalmente, el único problema con la prueba del humo fue que los emprendedores no hablaron realmente con los clientes, lo que significa que aunque hubieran encontrado la necesidad, ellos no tenían las pistas sobre cómo cambiar su hipótesis para encontrar un negocio real. Claramente, las películas en línea representan un negocio viable (piensa en Netflix), pero falta ver si juega un papel importante para los padres de los niños.

REALIZANDO ESTUDIOS DE CLIENTES: TRANSFORMANDO HIPÓTESIS EN HECHOS

El hablar con los clientes te permite probar si tus hipótesis iniciales son prometedoras o dudosas. Sin importar lo que hagas, recuerda que uno de los fundamentos del proceso NISI es adentrarse en el campo. Mientras que la investigación secundaria tiene valor, muchos emprendedores recurren a esta investigación en sus formas simples, como encuestas. Pero las encuestas no son la herramienta más adecuada—¿Cómo sabrás que preguntas hacer si no has hablado con los clientes?—necesitas adentrarte en el campo y realmente hablar con los clientes, lo cual puede ser aterrador. Pero, ¿qué preferirías hacer, hablar con los clientes y descubrir que estabas equivocado, o hablar con los clientes dentro de un año habiendo gastado miles de dólares para descubrir lo mismo?

Tres clases de clientes

En la medida que realices tu investigación, ten en cuenta que hay diferentes tipos de clientes con los cuales debes hablar. Para muchas soluciones a un dolor hay por lo menos tres diferentes tipos de clientes: un cliente final (es la persona que usa el producto o que dirige a la gente que usa el producto), un cliente técnico (es la persona que instala o mantiene el producto), y un cliente económico (es quien toma la decisión de compra final para el producto). Por ejemplo, para un software empresarial el cliente final podría ser el vicepresidente de ventas, el cliente técnico sería el gerente de TI, y el cliente económico podría ser un miembro del equipo ejecutivo o el director financiero. Más adelante en el proceso NISI exploraremos las necesidades de cada uno de estos clientes, pero en este punto exploraremos los diferentes tipos de clientes para validar si la necesidad que has teorizado es relevante para cada cliente. Aunque realices una prueba rápida ésta será más acertada conforme te acerques a tus clientes reales.

Por ejemplo, dos emprendedores aplicaron el proceso NISI a restaurantes objetivos con una solución de comunicación con clientes que esperaban por una mesa. Mientras los usuarios finales (los meseros y el anfitrión) amaron la solución, al cliente técnico y económico (el dueño del restaurante) no le interesó y vio un problema completamente diferente (hacer que los clientes vinieran en épocas difíciles). Afortunadamente, los emprendedores descubrieron esto pronto y cambiaron su solución de manera que encajara con la verdadera necesidad del cliente.

Por último, mantente alerta de aquellos que no son clientes, por ejemplo, periodistas con influencia, analistas o inversionistas: ellos pueden tener conocimiento pero no necesariamente serán tus clientes. Es importante recordar que sólo somos una voz en la mesa que necesita ser moderada con la voz real de los clientes. No te dejes intimidar por ellos—darle demasiado peso a su retroalimentación puede conducirte en la dirección equivocada. Por ejemplo, a un emprendedor al que entrevistamos Marc Andressen, el famoso emprendedor serial, inversionista, y fundador de Netscape, le dijo que su negocio no funcionaría. ¿Qué haces cuando Marc Andressen te dice que tu negocio no funcionará? Si tus clientes te están dando indicaciones de que tienes una necesidad monetizable escúchalos a ellos e ignora a la superestrella. Eso fue justo lo que el emprendedor hizo y hoy está construyendo un negocio fabulosamente exitoso.

Tácticas de buena investigación

Al hablar con los clientes asegúrate de usar técnicas sólidas de investigación de manera que captes acertadamente la conversación. Deberías tratar de grabar o tomar extensasnotasde las conversaciones para que después tú y los miembros de tu equipo puedan regresar a las notas y reflejar lo que realmente escucharon. Usualmente lo que piensas que escuchaste en el momento y lo que el audio de la grabación revela son muy diferentes. Si tú no eres capaz de grabar la conversación, uno de los trucos usados por investigadores profesionales es sentarse inmediatamente después de una conversación y tomar extensas notas— las notas inmediatamente después de una conversación son tan buenas

ACIERTE Y ENTONCES ESCÁLELO

como una transcripción, mientras que unas horas después, los detalles se van desvaneciendo en la memoria.

REALIZANDO INVESTIGACIÓN SECUNDARIA: PIDIENDO PRESTADOS LOS HECHOS

Además de la investigación primaria con clientes debes también observar de cerca los materiales secundarios, incluyendo reportes, análisis, y otros materiales publicados para entender la necesidad del cliente. Esto te ayuda a entender el ambiente de competencia y la salud de la industria a la que estas intentando entrar. Los reportes de los medios, de analistas, u otras publicaciones pueden ofrecer claridad respecto a la problemática del cliente y dirigirte hacia áreas donde necesitas hacer más pruebas. Por ejemplo, la investigación secundaria juega un papel importante en la evolución temprana y la fundación de Recycle Bank, una compañía que exitosamente enfrentó el problema del reciclaje. El cofundador Patrick Fitzgerald se interesó más sobre el proceso de reciclaje mientras vivía en la ciudad de Nueva York a partir de un debate en el que se discutía si se debía mantener el programa de reciclaje a pesar de las bajas tasas de participación que reportaba.[55] Fitzgerald comenzó a hacer investigación secundaria, tanto en la economía como en el tema sobre las barreras que existen para reciclar. En su investigación descubrió tres hechos importantes. Primero: los fundamentos económicos del reciclaje son generalmente obligatorios para los municipios: las ciudades usualmente pagan alrededor de 75 dólares por tonelada de desecho, mientras que reciclar la misma cantidad de desperdicios genera en promedio 40 dólares por tonelada—una diferencia de 115 dólares por tonelada.[56] Segundo: muchos negocios han empezado a crear conciencia social y buscan oportunidades para ser socialmente responsables. Tercero: los consumidores son la mayor barrera para reciclar porque encuentran difícil reciclar cuando pueden simplemente tirar las cosas. De hecho, a pesar de los esfuerzos de muchos estados por poner en práctica programas de reciclaje de latas de aluminio, ¡los estadounidenses siguen tirando suficientes latas de refresco para producir 6,000 aviones por año! Fitzgerald empezó a preguntarse si él podía combinar el deseo de los negocios por ser socialmente responsables y los grandes márgenes de los municipios para pagarles a los consumidores por reciclar.

A pesar de estas señales positivas, si Fitzgerald hubiera detenido su investigación secundaria, él podría haber cometido un error que muchos emprendedores cometen—tomar la investigación secundaria como una validación de sus creencias. El problema es que aunque la investigación secundaria sustente tu hipótesis, en realidad representa hechos prestados y no puede sustituir al trabajo de campo para probar tus supuestos. Recuerda, uno de los fundamentos en el proceso NISI es adentrarse en el campo. Así que cualquier cosa que descubras en tu investigación secundaria no puede sustituir la investigación de primera mano, de cara a cara con los clientes.Afortunadamente, el siguiente paso de Fitzgerald fue salir y probar su hipótesis con negocios, municipios, y consumidores. La respuesta fue extraordinariamente positiva—señal de que él podía detectar la problemática de un cliente y su solución. Fitzgerald, y su cofundador Ron Gonen aplicaron los principios NISI en las pruebas de mercado, y el negocio tuvo un éxito dramático en cada área en que fue introducido. Por ejemplo, en un vecindario de Filadelfia, las tasas de reciclaje se dispararon de 7 a 90%, mientras que la tasa de relleno sanitario cayó dramáticamente.[57] En resumen, el uso de la investigación secundaria te da una visión sobre lo que será tu Declaración de la Necesidad Monetizable y la Hipótesis del Producto; de igual forma te ayudará a identificar otros grupos de clientes que pudiste haber pasado por alto, como fue el caso cuando RecycleBank identificó tres conjuntos de clientes: consumidores, negocios y municipios.

PASO 4: EXPLORACIÓN RÁPIDA DE LA DINÁMICA DEL MERCADO Y LA COMPETENCIA

Finalmente, conforme continúes probando tu Necesidad Monetizable y tu Hipótesis de Solución, no olvides La Prueba de los 30,000 Pies. Esta prueba simplemente te pide que regreses un poco en tu camino de hablar con los clientes y que te preguntes, ¿qué tan grande es el problema que estoy tratando de resolver, y si vale la pena? Si bien puedes encontrar una necesidad monetizable, también debes determinar cuántos clientes tienen este problema, quienes también están tratando de resolverlo, y si puedes reunir al personal correcto para resolverlo. Muchos, pero muchos emprendedores con los que hemos hablado para descubrir la problemática del cliente, construyen una solución para la necesidad y después se dan cuenta del hecho de que están enfrentando a un mercado relativamente pequeño, y que el rendimiento no es suficiente o que hay un gorila de 800 libras en el mercado que no quiere asociarse con ellos. Muchas veces, los clientes tienen necesidades significativas o deseos, pero como el mercado es pequeño, o como hay un competidor atrincherado en él, la oportunidad puede ser poco atractiva. En la industria farmacéutica los mercados pequeños son reconocidos por la oficina de patentes de Estados Unidos como aquellos que califican como "estatus de medicamentos huérfanos", es por eso que da a una compañía farmacéutica una patente de por vida, en vez de una patente regular de 20 años, como un incentivo para desarrollar un medicamento para ese mercado. Desafortunadamente, para el resto del mundo no hay clausulas "huérfanas" que garanticen un mercado, así que tus oportunidades de éxito serán mejores si tratas de atacar al mercado apropiado. La salud del mercado y el estado de la competencia son dos aspectos importantes que hay que entender antes de que termines de probar tus hipótesis claves.

Figura 16: Intersección de la estrategia del producto, dinámica del mercado, y ambiente competitivo

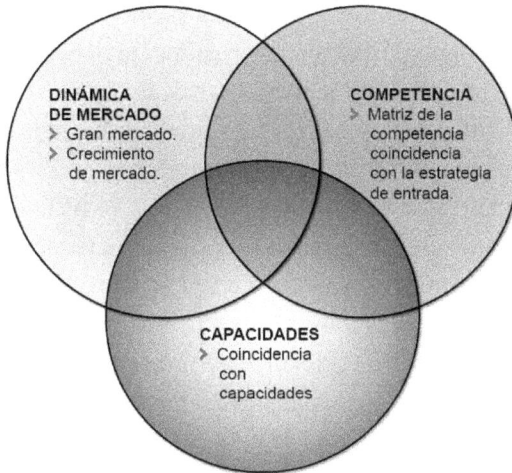

LA DINÁMICA DEL MERCADO A PRUEBA

El siguiente paso para profundizar en la dinámica del mercado es entender si el mercado que has escogido es suficientemente grande para preocuparse y si está creciendo o disminuyendo. Si tienes éxito en este mercado, el tamaño de tu éxito superará la prueba de "¿a quién le importa?" usando la investigación secundaria puedes determinar si tu mercado está creciendo, si está estancado, o si está cayendo.

Mercado suficientemente grande

Construir un negocio en un mercado pequeño puede ser retador porque puede haber muy poco espacio para crecer, mientras que en grandes mercados hay mayores beneficios para escalar el negocio. Si tú quisieras construir un negocio que es candidato para ser financiado por una empresa de capital de riesgo o a través de una oferta pública inicial, deberías probablemente sólo considerar mercados que superen los mil millones de dólares en ventas dirigidas y donde tu compañía tiene el potencial de lograr 100 millones de dólares en ventas. Si quieres ir por una ruta diferente, un mercado mucho más pequeño puede ser atractivo. Sin embargo, el espíritu de tu respuesta deberá sustentarse en sí el

97

mercado total es lo suficientemente grande para que inviertas tu tiempo y dinero en él. Y aunque entre más grande puede ser mejor, hay varios puntos importantes que tienes que considerar sobre la atracción inicial de grandes mercados. Primero, los grandes mercados usualmente tienen grandes competidores. Si ese es el caso, el mercado al que te diriges puede ser pequeño y puedes enfrentar primero la periferia del mercado o buscar una estrategia de cooperación para tener éxito en el mercado. Segundo, los grandes mercados están compuestos por nichos verticales más pequeños y por tanto debes considerar atacarlos primero para tener éxito. Tercero, los productos disruptivos usualmente atacan nuevos mercados desde la gama baja y entonces trabajan para ir escalando. En tales casos, la gama baja podría significar inicialmente mercados más pequeños, productos de nivel interior, o clientes que no han sido bien atendidos.[38]

Mercado en rápido crecimiento

Debes también examinar si el mercado está creciendo. Es mucho más fácil competir y tener éxito en mercados que están en crecimiento. Como Tom Siebel observó en los primeros días de la industria de la tecnología de la información, el mercado estaba creciendo tan rápidamente, que "todo lo que tenías que hacer era presentarte, no regarla y hacías dinero."[58] Aunque el comentario de Siebel tiene un aire de sarcasmo, los investigadores que han estudiado la industria del microprocesador han encontrado que las empresas en mercados crecientes han sido mucho más exitosas que empresas en mercados maduros o emergentes.[59]

Competencia

Finalmente, cuando se trata de competencia, la peor cosa que un emprendedor puede decir es (y resulta que es muy frecuente que lo diga) "Nosotros no tenemos ninguna competencia". La verdad es que tú tienes competidores. Cada buena idea está probablemente siendo considerada por alguien más. No ignores a tu competencia, pero no te preocupes demasiado por ella. Alguna competencia puede ser una buena señal. La primera compañía que entra al mercado normalmente enfrenta retos significativos porque tiene, tanto que educar a los clientes sobre el producto como aprender cada lección a prueba y error con un alto costo. Tales retos son conocidos como costos pioneros, y ellos son la razón por la que puede ser benéfico enfrentar un mercado donde aprendes de la experiencia de los competidores. De hecho, Costas Markides y Paul Gerosky, profesores en la Escuela de Negocios de Londres, observaron que en un gran número de innovaciones radicales—desde llantas, carros, plásticos, investigación de internet—los participantes que entran tarde al mercado usualmente superan a los pioneros del mercado.[60] Al final, tu aplicación del proceso NISI te diferenciará y te pondrá a la cabeza de tus competidores.

Por supuesto, la segunda peor cosa que un emprendedor puede decir es "Hay un gorila de 800 libras en nuestro espacio, y lo vamos a matar porque tenemos una mejor trampa para ratones". Ésta es una declaración ingenua y muestra una falta de sofisticación y apreciación por la batalla que estás a punto de enfrentar. Ya sea que tengas un gran competidor o muchos competidores pequeños, los emprendedores exitosos crean una matriz de competencia para entender mejor su panorama. Con un mapa como este en la mano, puedes crear un plan de batalla que te permitirá saber cómo atacar ese mercado. Se ha escrito mucho respecto a estrategias y ataque de competidores, desde El Arte de la Guerra, de Sun Tzu's a un campo completo de estrategias de competencia. Muchas lecciones de este campo te ayudarán. Por ejemplo, un gorila de 800 libras no puede ser ignorado. Debes tener cuidado con la manera en que lo atacas; ya sea que ataques la periferia del mercado si es que no puedes trabajar conjuntamente con la competencia. Al contrario de lo que podrías pensar, los mercados sin competidores no son necesariamente atractivos. En resumen, déjanos recordarte que cuando hablamos sobre competencia no te estamos pidiendo que escribas un plan de negocios—eso sería como meterte a una trampa. Lo que te estamos pidiendo es que estés atento a tu competencia para que no trates de solucionar una problemática que otros ya han dominado.

¿PUEDES RENTAR UNA HARLEY?: REGLAS, PATRONES Y CICLOS DEL MERCADO

¿Alguna vez has querida montar una Harley en la costa de California? A pesar de tus preferencias si intentas rentar una Harley de alguno de los muchos sitios de renta podrías llevarte una sorpresa desagradable—ellos no te rentarán una moto glamorosa con manubrios hechas a la medida. Al menos, no te la rentarán si eres un novato porque necesitas experiencia conduciendo motocicletas, particularmente motos pequeñas antes de que tengas las habilidades para manejar una gran Harley. Lo que la experiencia de tratar de rentar una Harley nos enseña es que aunque los mercados que estés observando puedan parecer atractivos, no puedes pasar por alto las reglas, patrones, y ciclos del mercado. En particular, pon atención a las reglas y regulaciones del Gobierno o de la industria. Usualmente, regulaciones simples pueden bloquear o deshabilitar una solución particular para el mercado.

Además, asegúrate de observar cuidadosamente la longitud de los ciclos de ventas (siempre duplica tu estimación del ciclo) y el punto de entrada a esos ciclos de ventas. Finalmente, observa el ciclo de la tecnología de la industria en su conjunto. Aunque tus clientes pueden tener una necesidad significativa, ¿está el ciclo de vida del mercado listo para adoptar tu tecnología? Los mercados progresan a través de etapas, y en un punto del ciclo el producto puede estancarse, mientras que en otros puntos el producto puede tener éxito. Considera el Newton de Apple, una de los primeras computadoras de mano. Aunque el Newton iba dirigido a cumplir con una necesidad que hoy en día es muy clara, el mercado no estaba listo en el momento en que se lanzó y el Newton falló miserablemente. De forma similar, considera el caso de Youtube: aunque hubo muchos sitios para compartir videos antes, Youtube trajo la solución correcta al mercado en el tiempo correcto.

¿OPTIMIZAR RESULTADOS PARA TENER ÉXITO O PARA CRECER EL EGO?

Por último, considera como tus capacidades encajan o no en la habilidad para resolver la problemática del cliente. La falta de habilidades para entregar una solución no es importante si eres capaz de encontrar gente que llene esos vacíos por ti. De hecho, conocer tus debilidades y contratar talento complementario es una habilidad empresarial de suma importancia. Por un lado, ten cuidado con situaciones donde tú tengas capacidades pero estés tentado a forzar que encajen en la situación. ¿Estás tratando de crear los mejores resultados para tu empresa sobre las bases de una solución débil para el mercado a la cual tienes acceso? Pregúntate si hay otras tecnologías que puedes agregar o asociaciones que te permitan crear un mejor camino hacia el éxito. Tómate un momento ahora para permitirte ser intelectualmente honesto y considerar si hay un mejor ángulo que puedes seguir. Por ejemplo, la famosa firma de capital de riesgo ARCH Venture Partners ha construido una franquicia de inversión exitosa trabajando con muchas universidades competentes para atar a todos los miembros del IP importantes antes de lanzar una nueva compañía. Entonces, no dejes, que tus habilidades actuales deformen tu opción de la mejor oportunidad. Muchos tecnólogos se meten en problemas porque ellos no pueden dejar ir su trampa para ratones para perseguir una mejor oportunidad, o ellos desperdician su tiempo detrás de oportunidades débiles que encajan con la trampa para ratones que han diseñado. El famoso pensador organizacional Jim March llamó a esto el modelo del bote de basura de la organización: en vez de buscar un problema real para resolver, algunas veces las organizaciones tienen soluciones y gastan su tiempo tratando de hacer encajar su solución a los problemas. Ésta es una razón por la que la fase 1 del proceso NISI se enfoca en la necesidad del cliente, y no en la solución.[61] Encuentra un dolor real y habrás encontrado una oportunidad real.

Un recordatorio sobre la innovación

Ya lo dijimos antes, pero es importante que lo mencionemos de nuevo: los emprendedores innovan, los clientes validan. Como emprendedor debes formular las hipótesis sobre la problemática del cliente; los clientes validarán si has entendido acertadamente su necesidad. Sin embargo, los clientes no te dirán que es lo que necesitan. El preguntar a los clientes lo que quieren, o cómo resolverían el problema, usualmente produce respuestas complicadas porque los clientes batallan para imaginar algo que no existe. Pero si tú observas cuidadosamente los trabajos que ellos están tratando de realizar y los obstáculos que enfrentan, y realmente entiendes el problema que tienen, estarás bien posicionado para crear una hipótesis innovadora para aliviar ese dolor.[22]

Otra forma de pensar sobre el "trabajo" que tu cliente está tratando de hacer es pensar en los resultados que les gustaría obtener a ellos.[62]Para hacer esto, intenta dejar atrás las categorías tradicionales del producto y piensa en lo que a tus clientes realmente les gustaría alcanzar o en cómo podrían idealmente resolver su problemática. Como un ejemplo, Michel Ahearn presidente ejecutivo de First Solar, la empresa manufacturera de película delgada fotovoltaica más grande en el mundo, dice que en sus comienzos la compañía no debería haber usado la palabra solar en reuniones de ventas y de desarrollo de productos. La gente no tiene un "problema solar", tiene un problema de energía. La meta de enfocarse en la necesidad, o en el trabajo que los clientes están tratando de realizar, es permitir que pienses extensivamente en posibles soluciones. Anthony Ulwick provee un excelente ejemplo de este proceso en su análisis de Cordis, una compañía de dispositivos médicos que tenía menos del 1% de la participación de mercado de globos de angioplastía que se usan para abrir arterias bloqueadas. Aunque Cordis había entrado con muchos nuevos productos, tales como globos que incrementaban el flujo sanguíneo mientras la cirugía se llevaba a cabo, los desarrolladores continuamente batallaban. Cuando el equipo de Cordis comenzó a hablar con los clientes descubrieron que su ángulo de desarrollo del producto estaba completamente fuera de objetivo. Para reinventar su proceso, se enfocaron en los resultados que los clientes querían alcanzar (el trabajo) y les preguntaron a los cirujanos cuáles eran los resultados que esperaban. Cuando los cirujanos trataron de proponer soluciones, ellos sólo ahondaron más para descubrir el trabajo real que los cirujanos estaban tratando de lograr. Cuando los cirujanos dijeron que querían que el dispositivo fuera fácil de manejar, Cordis preguntó el porqué y encontró que los médicos buscaban una forma de navegar a través de los vasos sanguíneos. Cuando los cardiólogos dijeron que ellos querían que los globos fueran suaves, los investigadores se sorprendieron cuando supieron que la razón era porque querían evitar que por accidente se rompieran los vasos. Cordis reinventó completamente su línea de productos. El resultado fue un sustancial incremento en la participación de mercado así como un alza en los ingresos.

Para ti, la clave en esta etapa es hacer el difícil trabajo de entender la necesidad de tus clientes en términos del trabajo que están tratando de lograr de manera que como innovador puedas acertar en la solución propuesta para la problemática. Una vez que desarrolles una solución, los clientes pueden validarla, pero ellos no la pueden crear. En la siguiente fase, desarrollarás y probarás una solución para la necesidad del cliente que ya has validado. No sorpresivamente, en la siguiente fase aplica la misma lógica—los clientes no innovan, los emprendedores sí. Y cuando tienes una solución, los clientes validarán si lo que propones resuelve su problemática. En la medida en que atravieses el proceso, te será útil revisar el breve "checklist" del proceso NISI al final del libro donde resumimos los pasos de cada fase del proceso.

Una Nota sobre el dolor Monetizable

Hemos enfatizado que si identificas una necesidad monetizable y la resuelves, tendrás éxito. Sin embargo, queremos destacar que la "necesidad" que los emprendedores encontraron en el mercado de negocio a negocio(B2B) es significativamente diferente del tipo de problemática que los emprendedores hallaron en los negocios de negocio a consumidor (B2C). En los negocios enfocados en el consumidor, la "necesidad del consumidor" usualmente se centra en resolver sus necesidades insatisfechas. Los consumidores trabajan para conocer sus necesidades de amor, amistad, y diversidad en sus vidas, y es por eso que responden a las redes sociales como Facebook o a actividades como ver películas. De acuerdo con Maslow, las necesidades individuales caen dentro de tres necesidades básicas: 1) las necesidades básicas de comida, vivienda, vestido y seguridad; 2) las necesidades psicológicas de amor, amistad, y la necesidad de sentirse importante; 3) las necesidades de autorealización, como la necesidad de crear y experimentar diversidad. Si puedes satisfacer una necesidad clave descubrirás un negocio que tiene un gran potencial. Pero tendrás que preguntarte ¿si tú solución es una vitamina o un analgésico? Si bien es cierto que algunos negocios son más "vitaminas," en estos casos la pregunta debe ser: ¿es la vitamina suficiente para hacer que los clientes compren, o hay una necesidad escondida? Por ejemplo, los cines y Facebook realmente resuelven necesidades importantes: los cines llenan una necesidad crucial de entretenimiento, y Facebook llena el deseo innato por una conexión social—servicios que la gente está dispuesta a pagar con su dinero o su tiempo. Sin embargo, si enfrentas un negocio de "vitaminas", necesitarás pensar cuidadosamente sobre cómo el principio de necesidad monetizable aplica a él. ¿Los clientes todavía estarían dispuestos a pagar por la vitamina? También piensa cuidadosamente sobre los negocios que basan su valor en una base de usuarios masiva, como eBay o Facebook. Para los negocios que se benefician de los efectos de las redes, puedes aplicar los principios discutidos en este libro, pero la pregunta es si la disponibilidad a pagar puede necesitar ser diferida con el objetivo de construir una base de usuarios masiva. En esos casos, quieres aproximarte a la Necesidad Monetizable con medidas como el compromiso y la retención. Por último, usualmente la mejor forma para probar una vitamina o un analgésico es seguir nuestro consejo y tan rápido y barato como sea posible hacer una prueba para saber si a los clientes realmente les importa o no.

FASE 2: ACIERTE A LA SOLUCIÓN

En la primera parte del siglo 21, Intuit era ya una compañía multibillonaria y contaba con un grupo de programas de gran éxito como Quicken, QuickBooks y TurboTax en su haber. Hubiera sido difícil argumentar que los productos de Intuit no le habían atinado efectivamente a la solución de la necesidad del cliente que habían observado desde hace mucho tiempo. Pero entonces los gerentes de Intuit llevaron a cabo una investigación que reveló un hecho inquietante: aunque QuickBooks era el número uno en participación de mercado y en reconocimiento del nombre para el software de contabilidad en pequeñas empresas, alrededor del 50% de los negocios estadounidenses no usaban software de contabilidad. En vez de usar un software estos emprendedores todavía mantenían sus libros con hojas de cálculo ¡e incluso llevaban su contabilidad con lápiz ypapel! Al darse cuenta que ellos no habían dominado la solución tan bien como habían pensado, reunieron a un equipo de investigación en el 2004 para abordar y entender el problema. El equipo, liderado por Terry Hicks, visitó cerca de 40 casas y oficinas sólo para ser rápidamente rechazados. Los pequeños negocios no sólo sentían que la contabilidad tradicional tenía poco que hacer frente a una buena gerencia, sino que muchos de los dueños de estos negocios tenían una actitud hostil hacia el software de contabilidad como se evidencia a continuación en las palabras de uno de ellos: "¡yo no necesito ningún software apestoso de contabilidad!"[63]

A pesar de la hostilidad expresada hacia el software, el equipo de Intuit detectó una necesidad del cliente que había sido pobremente resuelta, dentro del mismo mercado y aunque fuera su propio producto el que hubiera ocasionado esto. Como la reacción de los dueños de los pequeños negocios fue tan hostil, el equipo decidió construir una serie de prototipos rápidos y económicos en vez de seguir con el modelo tradicional para definir las especificaciones del producto y construir un nuevo producto. En el primer prototipo, Hicks y el equipo simplificaron el software existente QuickBooks para hacerlo más simple y luego lo probaron con otra ronda de clientes en sus casas y negocios. Otra vez, la reacción fue negativa pero la experiencia les ayudó a ver lo que hasta ahora no habían visto. En primer lugar, el equipo se dio cuenta que su definición de simple era muy diferente a la de sus clientes, —ya que aún y cuando simplificaron el prototipo éste todavía tenía 125 pantallas para configurar el programa. Además, el prototipo todavía usaba un lenguaje de contabilidad estándar, el cual era desagradable para los clientes y les causaba desconfianza. De acuerdo a Hicks, "no fue hasta que probamos y fallamos, con un prototipo que el equipo entero consideraba adecuado, que lo entendimos." En respuesta, la empresa hizo una serie de radicales revisiones al prototipo y después de múltiples cambios fue que el lenguaje de contabilidad fue removido y que las pantallas para iniciar el proceso se redujeron de 125 a 3. Después de un largo proceso de cambios, el producto final fue llamado, "QuickBooks: Edición de Inicio Simple" y fue lanzado en septiembre del 2004.

El proceso que el equipo utilizó para definir esta nueva solución produjo resultados dramáticos,¡En el primer año la edición simple vendió más que otros software de contabilidad en los Estados Unidos con la excepción de QuickBooks! Para finales del 2005, los ingresos de la multibillonaria compañía se incrementaron en 20%, y los precios de las acciones se dispararon 30%, gracias al éxito del nuevo programa. Aunque mucho tiempo atrás, Intuit se había propuesto escuchar a los clientes, lo que el equipo de la nueva edición redescubrió fue el poder de acertar con la solución para una necesidad especifica del cliente.

En esta fase del proceso NISI desarrollarás y probarás tus hipótesis acerca de la solución. Otra forma de referirnos a "la solución" es decir el "producto o servicio," pero en vez de construir el modelo tradicional de construcción de un producto, nosotros te mostraremos como puedes moverte de la Hipótesis de la Gran Idea en la fase previa, al prototipo virtual, y después a un prototipo real, creando la solución en interacciones, de manera que al final tengas una solución que empate perfectamente con las necesidades del cliente. El proceso comienza contigo cuando transformas tu Gran Idea en una hipótesis que reúna el conjunto de características mínimas basadas en la necesidad validada de los clientes. Después llevarás a cabo tres "pruebas" secuenciales de la solución a la que llegaste. Las pruebas son: una prueba del prototipo virtual, una prueba del prototipo, y finalmente la validación de la solución. Dependiendo de lo que encuentres, podría ser necesario repetir las pruebas pero al final habrás desarrollado un producto que se ajustará perfectamente a las necesidades del cliente. Los clientes y demás personas dirán, "¡Wau, ellos realmente acertaron!" para alcanzar esta meta, discutiremos tres pruebas sucesivas, o pasos que debes aplicar.

Figura 1: Pasos para acertar a la solución

En cada prueba te centrarás en el conjunto necesario de características mínimas para que el cliente lo compre.

PRE-PRUEBA: DESARROLLAR LA HIPÓTESIS DEL CONJUNTO MÍNIMO DE CARACTERÍSTICAS (CMC)

Después de completar la primera fase del proceso NISI, deberás tener algunos hechos acerca de la necesidad monetizable y de la hipótesis de tu idea acerca del producto. El siguiente paso es obtener más detalles sobre la solución creando una hipótesis del Conjunto Mínimo de Características (CMC) que resolverá la necesidad del cliente. Mucha gente hoy en día ha discutido la idea de un producto mínimamente viable, definido como la cantidad más pequeña de producto que permitirá a los emprendedores

> *El Conjunto Mínimo de Características representa la colección de rasgos más básicos y enfocados a conducir al cliente a comprar el producto*

aprender sobre sus clientes. Esta idea representa un avance poderoso en la forma en que pensamos sobre la manera de construir compañías y disminuir el periodo de tiempo para ir al mercado. Uno de los retos con el método del producto mínimamente viable es que los emprendedores pueden algunas veces perderse en el desarrollo de características para el cliente que en última instancia no conducen a la compra. En contraste, el Conjunto Mínimo de Características representa la colección de rasgos más básicos y enfocados que conducirán al cliente a comprar el producto.

Piensa en el CMC como el tiro al blanco, cada anillo concéntrico representa las características que al cliente le gustaría que el producto tenga, pero el centro representa los rasgos principales que el

Al mantenerse simples, ellos podrían haberse movido más rápido y tratado de hacer más cosasantes de que se les acabara el dinero...
"Un novato en ajedrez puede vencer a un experto si se mueve dos veces en cada ronda."

producto debe tener para que el cliente lo compre. Descubrir el CMC tiene un increíble poder—incrementa dramáticamente tu flexibilidad porque hay menos funciones que cambiar, esto atrae el deseo de simplicidad de los clientes y lo más importante es que te ayuda a descubrir lo que en verdad quieren. Además, encontrar las características claves que conducirán a la compra provee una inmensa claridad sobre lo que hay que construir y tiene un sorprendente poder para atraer a los clientes. Nosotros hemos visto a emprendedores desarmar su bien estructurado producto hasta el punto en el que llegan al núcleo del mismo, sólo para encontrar que el producto más rudimentario vende más que todas las funciones del producto completo. La razón de esto tiene que ver con lo que Malcolm Gladwell llamó corte-fino en su libro Blink. Gladwell argumenta que muchos expertos son capaces de hacer juicios acertados porque inconscientemente han desarrollado la habilidad de reducir a dos o tres características claves un conjunto inmenso de rasgos irrelevantes. En un contexto empresarial, cuando te enfocas en el CMC, puedes ayudar a los clientes a atravesar el mismo proceso eliminando todo el ruido creado por características extras y así ellos pueden reconocer el valor real en tu solución.

Además de ayudar a los clientes a reconocer el valor clave de tu propuesta, concentrarse en un Conjunto Mínimo de Características puede ser una poderosa herramienta de desarrollo. Si un negocio nuevo se concentra en desarrollar pocas características le resulta más fácil moverse mucho más rápido y con mucho menos dinero. Playcafe fue una red de difusión innovadora y participativa que fracasó en parte porque se olvidó del CMC. Cuando uno de los fundadores de esta empresa recuerda su experiencia lamenta que no hayan mantenido un producto simple, lo que les hubiera permitido moverse más rápido y haber podido intentar más cosas antes de que se les acabara el dinero. En sus palabras, "Un novato en ajedrez puede vencer a un experto si se mueve dos veces en cada ronda."[64] La velocidad al definir el CMC también te permitirá obtener más rápido la retroalimentación del producto que necesitas del mercado. La retroalimentación te da tanto la información como determina el tiempo para hacer cambios y como no has invertido profundamente en el producto, es relativamente fácil y menos doloroso hacer las modificaciones que realmente necesitas para responder a la retroalimentación que has recibido.

Entonces, ¿cómo saber si tienes el Conjunto Mínimo de Características? Esto puede ser un reto, porque tus clientes te preguntarán por docenas de funciones si no es que por cientos de ellas. Hay tres reglas generales que tienes que seguir. Primero, busca los temas claves en las conversaciones que has tenido hasta el momento. Concéntrate en las áreas que los clientes repetidamente discuten y trata de evitar la tentación de desarrollar algo 'cool' pero tangencial. Segundo, ¡pregunta a tus clientes! Puedes evaluar e incluso medir el grado al cual una característica es central para resolver la necesidad del cliente, pero también les puedes preguntar a ellos cuál es la función o característica que les importa más. (Nosotros te proporcionaremos algunas herramientas específicas para hacer esto más adelante en el capítulo). Tercero, simplifica, simplifica, simplifica. A pesar de tu deseo de agregar características, redúcelas hasta que te centres en aquellas que son absolutamente importantes. Hay cierta elegancia en la simplicidad. El autor francés Antoine de Saint-Exupéry dijo, "La perfección no se alcanza cuando ya no hay nada que agregar, sino cuando ya no hay nada que quitar."[65] Si una característica no es absolutamente importante, o si tienes que debatirla, déjala fuera. Las características que consideras necesarias, en orden de magnitud, son casi siempre más de las que realmente se requierenpara establecer el CMC. Aunque puedas pensar que el producto es terrible, es mejor crear un prototipo basado en esas características que en aquellas que te toman una gran cantidad de tiempo. Si se te complica mantener tu producto lo más simple posible usa el truco de convencerte a ti mismo y a tus clientes: simplemente asigna las características extras al siguiente lanzamiento, y así estarás mentalmente libre para concentrarte.

La falacia del conjunto mínimo de características

Muchos emprendedores se resisten a nuestro consejo porque va en contra de todo lo que saben sobre cómo construir un producto. Todos hemos escuchado las estadísticas sobre el peligro de la recomendación de boca en boca: cada cliente insatisfecho lo dirá a otros diez clientes. Podrías enfrentarte a este riesgo si no entiendes el ciclo de vida de la adopción de tecnología que describimos antes. Si observamos de cerca este ciclo, podrás darte cuenta que tu intuición es correcta—los clientes pueden molestarse por un producto imperfecto y regar su sentir con otras personas; pero esto sólo importa cuando un producto alcanza su punto máximo después de cruzar el abismo (Figura 18). Por esta razón Moore argumenta que al cruzar el abismo, los negocios nuevos necesitan una Solución Completa del Producto—la solución completa para la necesidad del cliente. La verdad es que la mayoría de éstos negocios nunca se acercan al abismo, y la razón es que piensan que pueden construir el producto en el primer día planeando y después ejecutando su camino hacia el éxito. Una vez que los emprendedores comienzan a construir su producto casi inevitablemente desarrollan el Síndrome de Agregar Características. Una y otra vez hemos observado que una vez que los emprendedores comienzan a construir un producto empiezan a tener problemas para venderlo y su reacción inicial es sumarle características con la esperanza de que esto abrirá una puerta mágica a mayores ventas. Los emprendedores reaccionan tan prediciblemente al agregar características que lo hemos bautizado a este comportamiento el Síndrome de Agregar Características.

Figura 18: Conjunto Mínimo de Características versus Producto Completo

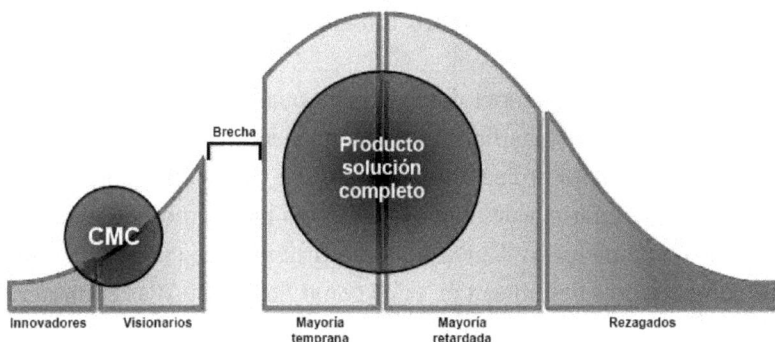

El camino al éxito comienza con un Conjunto Mínimo de Características que reduce el producto al valor absoluto de intercambio que conduce a la compra. Al simplificar el producto puedes descubrir el núcleo de intercambio y las características, y una vez que estas características son descubiertas, el producto puede ser perfeccionado a través de una serie de interacciones en conjunto con los clientes hasta que llegues a la solución. Pero si comienzas tratando de construir el producto primero, perderás tu tiempo, dinero, y recursos, además te costará trabajo y esfuerzo el averiguar lo que realmente haría a tu producto exitoso.

Desarrolla la hipótesis del Conjunto Mínimo de Características

Para desarrollar el Conjunto Mínimo de Características confía en tus observaciones sobre la necesidad del cliente y elabora una hipótesis de la solución. Una vez que detectes la necesidad del cliente tu trabajo es buscar la solución para el problema. Si cometes el error de confiar completamente en que tus clientes crearán la solución para ti, será muy probable que te enfrentes a respuestas sorprendentes que no aliviarán el dolor del cliente. Steve Jobs dijo, "No puedes sólo preguntar a los clientes lo que ellos quieren y tratar de dárselo. Para el tiempo que te lleve construirlo, ellos querrán algo nuevo." Como un ejemplo, hace varios años Kawasaki era el productor líder de motos acuáticas. Kawasaki observó que los clientes tenían una necesidad muy literal de montar sus jets skis de pie. Queriendo responder a dicha necesidad, los diseñadores de Kawasaki le preguntaron a los clientes como resolver este problema, y los clientes sugirieron un relleno grueso para proteger sus piernas. Como buen escucha Kawasaki hizo lo que los clientes pidieron y agregó más relleno.

Sin embargo, competidores más innovadores se dieron cuenta de algo que los clientes no habían sugerido: un asiento es más cómodo que estar de pie, sin importar cuánto relleno exista. Cuando los competidores de Kawasaki agregaron este nuevo asiento sus motos robaron mucha participación de mercado, Kawasaki perdió su mercado a medida que otros competidores entraban a él, tales como SeaDoo y Wave Runner de Yamaha.[62]

Como emprendedor eres responsable de definir una solución para el problema. Puedes tener lluvias de ideas, dibujarlas, o escribirlas como soluciones potenciales. Si comienzas con la construcción del producto, lo único que lograrás es bloquear las posibles soluciones que se te ocurran. La meta es tener algo que puedas discutir con tus clientes pero que no te comprometa a seguir un camino en particular. El resto de esta fase del proceso NISI se enfocará en validar y desarrollar tu hipótesis para que cuando comiences a construir el producto o servicio, puedas ofrecer a los clientes lo que realmente quieren. Si tu estas aplicando el proceso NISI y ya tienes un producto o tecnología, entonces prueba tu solución existente pero cuida el hecho de realmente escuchar a tus clientes.

Entonces, ¿cómo deberíamos interactuar con los clientes? Aunque los clientes típicamente no innovan, pueden darte información crucial, incluyendo la validación de tu hipótesis. Antes de que puedas apropiadamente escuchar a tus clientes, primero necesitarás remover tus sesgos personales, los cuales discutimos en la sección de fundamentos como "el desarrollo del aprendizaje intelectualmente honesto." Además, a lo largo de esta fase y de otras, deberías enfocarte en la observación profunda del trabajo que tus clientes están tratando de realizar. No preguntes a tus clientes lo "que" quieren, trata de entender el trabajo que están tratando de hacer, los problemas que tienen y el "porqué"—que hay detrás de ellos. Más específicamente, trata de entender la raíz del "porqué", no sólo su superficie. Para hacer esto puedes aplicar el enfoque de los Cinco Porqués de Toyota, en el que continúas utilizando este cuestionamiento hasta llegar a la causa raíz. Este enfoque es simple: cada vez que des con una respuesta, te preguntaras otro porqué, hasta que descubras la base del problema.

Como un ejemplo de este enfoque, considera el de Motive Communications, que trataba de incrementar la eficiencia de los módulos de atención de TI. Al principio los clientes les dijeron que el problema era el tiempo excesivo que tomaba el atender las llamadas de apoyo. Cuando el equipo preguntó "¿porqué?" ellos se dieron cuenta que los profesionales de apoyo se quejaban de que sus sistemas informáticos eran más complejos de lo que alguna vez fueron. Cuando el equipo volvió a preguntar porqué tomaba tanto tiempo manejar estos problemas, la respuesta fue que al cliente le tomaba más tiempo el diagnóstico del sistema de llamadas que lo que le llevaba la gestión del problema. Al continuar preguntando "¿porqué?" eventualmente el equipo descubrió que el verdadero problema era el tiempo que tomaba al equipo de soporte de TI y al usuario establecer las especificaciones del plan de soporte a usuarios, sus computadoras, y sus configuraciones de software. La gran idea de Motive fue que debían ahorrar tiempo en las operaciones de soporte al automatizar la comunicación entre la computadora de un usuario y la base de datos del equipo de soporte de TI. Mediante la creación de un software que permitiera a las computadoras comunicarse directamente. Motive podría eliminar completamente este proceso que consumía tiempo en las operaciones de soporte. Si Motive se hubiera enfocado en la superficie del problema—un incremento en el tiempo de llamadas y volumen—habrían perdido de vista la raíz del problema y habrían desarrollado un producto que sólo aliviara parcialmente con el dolor del cliente.

Para realmente entender la necesidad y la solución adecuada para el cliente deberás profundizar en su pensamiento. Los grupos de enfoque no funcionaran, en parte porque son fácilmente manipulables y sesgados por la naturaleza abstracta de la situación. Las encuestas son también tentadoras, pero provén la ilusión de entendimiento genuino de los clientes porque antes de salir a hablar con los clientes no sabes, de todas maneras, realmente que preguntas hacer en la encuesta. Algunos nuevos negocios, especialmente los que tienen que ver con sitios web, confunden las encuestas en línea y otras pruebas con haber reunido información suficiente. Por ejemplo, una compañía a la que llamaremos WebBusiness, argumentó que habían tratado de reunir los datos de los clientes usando encuestas en línea, pero que los clientes no habían respondido, así que no pudieron obtener los hechos. Una observación de cerca sugirió que no sólo los fundadores de WebBusiness habían fracasado en hablar con los clientes, sino que también habían creado una encuesta gigantesca que aún sus clientes más fanáticos no hubieran contestado. Es importante entender que este tipo de encuestas, pruebas cuantitativas y métricas, pueden ser de ayuda si se entiende qué preguntas se tienen que hacer.

En cambio, si hablas con los clientes y ahondas en la necesidad que tienen y el trabajo que están tratando de realizar, encontrarás información valiosa. Trader Joe's es una cadena de supermercados gourmet que comenzó como un pequeño local y que hoy se ha extendido a lo largo de la mayor parte de los Estados Unidos debido a su entendimiento de los clientes. De hecho, este negocio ha doblado el promedio de ventas en la industria, y su interacción con los clientes es maestra. En lugar de preocuparse por la cantidad de los clientes que les compran, Trader Joe's trata de entender profundamente a sus clientes— quiénes son, qué les gusta, cuáles son sus hábitos, incluso qué es lo que leen. Observadores externos han notado que su enfoque "va más allá de hallazgos superficiales de grupos de enfoque en el ámbito de la venta al menudeo, pues es una especie de

> *"Nos sentimos realmente cercanos a nuestros clientes. Cuando queremos saber lo que hay en sus mentes, no necesitamos ponerlos en un cuarto estéril con una bombilla oscilante."*
> *-Audrey Dumper, VP Trader Joe's*

ciencia social que observa el comportamiento del consumidor y la raíz de necesidades no cumplidas."[66] De hecho, la temática tropical de Trader Joe's fue desarrollada por su fundador, Joe Coulombe, quien observó que sus clientes amaban viajar y estaban dispuestos a tratar nuevas cosas en el extranjero. Hoy en día, Trader Joe's no sólo pregunta y escucha lo que los clientes quieren, sino que anticipan lo que los clientes quieren entendiendo sus necesidades más profundas. De acuerdo a Audrey Dumper, vicepresidente de marketing, "Nos sentimos realmente cercanos a nuestros clientes. Cuando queremos saber lo que hay en sus mentes, no necesitamos ponerlos en un cuarto estéril con una bombilla oscilante."[67] El enfoque de escuchar profundamente a los clientes es central para el éxito de la segunda fase. Dedica tu tiempo a escuchar a los clientes y trata de entender su trabajo desde su perspectiva.

TEST 1: LA PRUEBA DEL PROTOTIPO VIRTUAL

El objetivo de la primera prueba es descubrir si tu hipótesis del Conjunto Mínimo de Características se acerca a la meta de aliviar el dolor del cliente. El resultado de la prueba debe proporcionarte alguna validación profunda de la necesidad del cliente, alguna validación inicial de la solución, y un montón de ideas y sorpresas sobre la solución real a la necesidad del cliente. De hecho, muchos negocios nuevos que cuidadosamente atraviesan este proceso se sorprenden con lo que encuentran, así que prepárate para estas sorpresas. Los objetivos de la primera prueba son desarrollar un perfil de clientes relevantes, refinar tu hipótesis inicial sobre el Conjunto Mínimo de Características, definir un cliente, definir la solución que agrega valor para todos los accionistas relevantes, y determinar cuál es el mejor mercado para atacar primero. Y por supuesto, como ya hemos enfatizado, deberás siempre estar dispuesto a cambiar de dirección si lo necesitas.

DESARROLLO DEL PERFIL DEL CLIENTE

Basado en tu trabajo de acertar con la necesidad del cliente debes conocer los mercados y aplicaciones donde tus clientes tienen un problema que puedes resolver. El primer paso en la prueba es llevar a cabo un análisis más científico de los clientes a los que necesitas dirigirte. Crearás un perfil del cliente que te será útil para investigarlo en las siguientes etapas.

El perfil del cliente comienza con el reconocimiento de que hay diferentes tipos de clientes. En particular hay tres tipos relevantes de clientes que entender: el económico, el técnico y los usuarios finales. Los usuarios económicos son aquellos que mueven los hilos y que compran el producto. Los usuarios técnicos son aquellos responsables de implementar, integrar, o mantener el producto. Los usuarios finales son los individuos que usan el producto en su vida diaria. Algunas veces estos usuarios son la misma persona, pero si los usuarios son diferentes y fallas al dirigirte a cada uno de ellos, esto puede significar perder la venta y fracasar. Por ejemplo, aunque un usuario final pueda delirar sobre tu producto, si el usuario técnico rechaza implementarlo porque fue construido sobre el sistema operativo equivocado o no tiene la correcta arquitectura... entonces la venta se pierde. La forma de evitar este dilema es agregando valor a todos los usuarios relevantes, y para hacer esto necesitas primero analizar y entender a estos usuarios diferentes.

Otra forma de atacar el problema es considerar al *Panel de Compra* del cliente. En otras palabras, quienes son todos los clientes y accionistas que se verán envueltos o que tendrán influencia en comprar este producto o servicio, y ¿cuáles son sus opiniones? Ford descubrió esta lección de la forma difícil en 1958 después de su terrible fracaso al desarrollar el Ford Edsel. Ford gastó 400 millones de dólares desarrollando en secreto el Edsel, prometiendo a los consumidores americanos una línea de carros innovadora que cumpliera con sus necesidades. Pero cuando la cubierta fue finalmente retirada en un comercial de televisión, la gente estaba decepcionada—el estilo no les gustó, y el diseño fundamental no parecía que abriera un nuevo mercado.

Figura 12: El Ford Edsel

Ford no sólo olvidó el *Panel de Compra* del cliente relevante, ellos se escondieron de todo el panel. Renegando de su gran pérdida, Ford tomó un ángulo diferente al desarrollar la siguiente línea de autos. Esta vez, los diseñadores de Ford, liderados por Lee Iacocca, involucraron a los clientes en el proceso de diseño y los llevaron a las salas de exposición de prototipos para pedirles su opinión. Y no sólo trajeron a los clientes, llevaron el *Panel de Compra*completo, que en este caso se componía de esposo y esposa. Seis años después del lanzamiento fallido del Edsel, el 17 de abril de 1964, Ford lanzó el Mustang y vendió 22 mil unidades en el primer día. Después del primer año, Ford vendió 418 mil 812 unidades, siendo este el lanzamiento más exitoso en la historia de Ford.

Matriz del Perfil del Cliente

Para desarrollar el perfil de tus clientes, crea una matriz de los mercados objetivos y organizaciones dentro de estos mercados. Después has una búsqueda para ver si puedes encontrar algo de los compradores relevantes en cada organización dentro de cada mercado. La Tabla 1 es un ejemplo abreviado del tipo de matriz que debes desarrollar.

Aunque pudiera parecer difícil llenar la matriz, a través de una combinación de trabajo en línea y de herramientas sociales (como LinkedIn, ZoomInfo, y Facebook), así como el hacer algunas preguntas, algunas llamadas telefónicas, y aprovechar la red, deberás ser capaz de comenzar a llenarla por lo menos en parte. Una vez que identifiques a una persona influyente dentro de la organización, pídele a esa persona que te ayude a organizar un encuentro con otra persona clave dentro de esa organización. Si la necesidad es suficientemente grande, ellos estarán felices de juntar a su *Panel de Compra* para discutir contigo soluciones potenciales a la necesidad que tienen. De hecho, con tu ayuda, esta puede ser la primera vez que puedan ser capaces de juntar a un equipo funcional para discutir esos temas importantes.

Tabla 1: Matriz del perfil del cliente

Mercado A	Mercado B
Organización 1	Organización 1
Comprador económico = V.P. Mercadeo -John Cheap, jcheap@organization1.com 800.555.1212 Usuario técnico = Administrador de Sistemas -Matt Tech, mtech@organization1.com 800.555.1212 Usuario final = Gerente de Mercadeo -Mary Friend, mfriend@organization1.com 800.555.1212	Comprador económico = V.P. Mercadeo -Jeff Cheap, jcheap@organization1.com 800.555.1212 Usuario técnico = Administrador de Sistemas -Mac Tech, mtech@organization1.com 800.555.1212 Usuario final = Gerente de Mercadeo -Missy Friend, mfriend@organization1.com 800.555.1212
Organización 2	Organización 2
Comprador económico = V.P. Mercadeo -Jerry Cheap, jcheap@organization2.com 800.555.1212 Usuario técnico = Administrador de Sistemas -Mike Tech, mtech@organization2.com 800.555.1212 Usuario final = Gerente de Mercadeo Mandy Friend, friend@organization2.com 800.555.1212	Comprador económico = V.P. Mercadeo -Jason Cheap, jcheap@organization2.com 800.555.1212 Usuario técnico = Administrador de Sistemas -Marty Tech, mtech@organization2.com 800.555.1212 Usuario final = Gerente de Mercadeo -Macy Friend, mfriend@organization2.com 800.555.1212

Otra pregunta importante es considerar a ¿cuáles clientes te gustaría tener? Los clientes frecuentemente caen dentro de diferentes grupos o segmentos. ¿Qué tanto difieren los clientes en términos de sus necesidades, disponibilidad a pagar, y su disposición a trabajar con nuevos negocios? Por ejemplo, aún entre tipos similares de clientes, algunos estarán en la parte baja y otros en la parte alta. ¿Te gustaría trabajar con Microsoft, o con una pequeña compañía de software? Conforme construyas perfiles de clientes mantén en mente dos cosas. Si realmente has acertado con la necesidad monetizable, aún grandes clientes, como Microsoft, podrían estar dispuestos a trabajar contigo. Por el otro lado, debido a que esos grandes clientes pertenecen frecuentemente a la mayoría temprana (más que a los innovadores o los primeros adoptadores) ellos se mostraran reticentes a trabajar contigo. Sin embargo, eso no debe limitarte para entender a tus clientes a ese nivel, y si encuentras a un innovador, esa empresa podría trabajar contigo. Es muy probable que necesites enfocarte en los innovadores o el nivel más bajo del mercado pues estarán más abiertos a trabajar con una nueva empresa. Encontrarás que eres capaz de arriesgarte con los innovadores, y después con el paso del tiempo podrás trabajar con los jugadores del nivel más alto.

Elige un rápido prototipo tecnológico y desarrolla un prototipo virtual

Durante la primera prueba, tu objetivo es desarrollar un prototipo virtual para probar el Conjunto Mínimo de Características con tan poco efectivo como sea posible. Para hacer esto, comienza desarrollando un prototipo de la solución eventual de tu producto. Los prototipos son una forma económica de probar rápidamente a que grado una idea funcionará o si el producto cubrirá la necesidad del cliente. Los prototipos son una herramienta empleada por los innovadores más prolijos, desde IDEO a Google.

Por ejemplo, IDEO es una empresa innovadora de diseño de productos famosa por sus ideas inusuales, y por usar siempre prototipos económicos y rápidos que le permiten descubrir si un producto encaja con las necesidades de los usuarios. En un caso donde un equipo de IDEO estaba diseñando un dispositivo médico en papel un miembro del equipo hizo un prototipo de plastilina, lo puso en las manos de un físico, y el físico inmediatamente notó que la orientación de la empuñadura era incomoda y necesitaba ser movida. Similarmente, Google tiene una regla de que para cualquier nueva idea debe desarrollarse un prototipo de forma rápida y económica en un día, o a lo mucho una semana. Google ha encontrado que el uso de prototipos es una parte importante del proceso de desarrollo de una solución. En las palabras de Marissa Mayer, vicepresidente de Google, "Limitando cuánto trabajamos en algo o cuánta gente trabaja en ello, limitamos nuestra inversión. En el caso de la barra de herramientas beta, varias características clave (como botones personalizados) fueron probadas en menos de una semana. De hecho, durante la fase de lluvia de ideas, se nos ocurrieron alrededor de cinco 'características clave' más. La mayoría fueron descartadas después de una semana de elaborar prototipos. Dado que sólo una de cada cinco o diez ideas funciona, la estrategia de limitar el tiempo para probar que algo funciona nos permite probar más ideas, lo que incrementa nuestras posibilidades de éxito. La velocidad también nos permite fallar más rápido."[8]

Para la primera prueba, nosotros te recomendamos el desarrollo de un prototipo virtual, en vez de uno real, porque te permitirá probar tu hipótesis inmediatamente y por tanto podrás rápidamente cambiar de curso si lo necesitas.Un prototipo virtual te permite adentrarte en el campo en vez de esperar a construir un prototipo físico; y un prototipo virtual representa la mejor herramienta para mantener en lo más alto tu flexibilidad mental y tu compromiso de mantener los costos bajos. Para hacer esto deberías escoger una tecnología para elaborar prototipos que cueste una fracción de lo que cuesta el desarrollo de tecnologías. Podrás considerar usar PowerPoint, Flash, HTML, Visio, Creately o cualquier otra tecnología, incluyendo papel y lápiz, para crear un prototipo. La clave es que tu prototipo o "prototipo virtual" deberá ser económico y rápido para desarrollar el ángulo tradicional. Ejemplos incluyen la creación de un modelo HTML de una solución o una presentación de PowerPoint. Si estás construyendo productos físicos, elabora un dibujo, pero si debes tener un prototipo físico, se creativo, usa componentes estándar (partes que puedas comprar en una tienda de hardware), o busca un socio.

LLAMADAS TELEFÓNICAS Y VISITAS PARA ENTENDER COMO LA SOLUCIÓN ALIVIA EL DOLOR

El siguiente paso es comprometer a tus clientes en un dialogo sobre la solución potencial al problema que observas. Para hacer esto efectivamente necesitas concentrarte en separarte de tus sesgos, ponte del lado de los clientes, observa el problema desde sus perspectivas y hazlos sentir que realmente quieres saber cómo se sienten sobre su problema y las soluciones potenciales. Recuerda que debes evitar tratar de vender tu producto, porque eso distorsionará tu habilidad de escuchar lo que tus clientes pueden decir. Si tus clientes potenciales sienten que no les estás vendiendo nada, sino que desinteresadamente quieres aprender sobre su problema y obtener retroalimentación, ellos responderán en forma sorpresiva, aún cuando no hayas identificado correctamente la necesidad te proveerán una retroalimentación abierta y cándida. Si usas la entrevista como una táctica para vender tu producto te rechazarán abiertamente, o fallarás al escuchar lo que los clientes están diciendo y construirás un producto que fallará en cumplir con sus necesidades. Por otro lado, usa las preguntas que destacamos antes para crear confianza con tu cliente y asegúrate que estés usando la conversación para validar tu innovación en vez de cometer el error de preguntar a los clientes para que innoven por ti.

Desarrollo de una Guía para entrevistas

Para comenzar el proceso, debes desarrollar una lista de preguntas que te gustaría hacer a tus clientes. La guía para una entrevista no deberá ser muy larga, solo de unas pocas preguntas. Las preguntas de la entrevista deben enfocarse en tratar de entender la necesidad, cómo resolver esa necesidad, y la reacción del cliente a tu solución. Las tres preguntas que usamos antes pueden ser modificadas para probar tu hipótesis:

1. Busca para entender. Nosotros creemos que tienes este problema. ¿Es esto correcto? (Confía en que entiendes el problema pero escucha para entender la problemática. Pide que lo describan y que te digan como lo resolverían.)

2. Muestra una solución. ¿Ésta solución resuelve tu problema? (Comparte tu prototipo virtual y pide su consejo sobre la solución. Entre más específico sea tu prototipo mejor será la retroalimentación.)

3. Prueba la demanda del cliente. ¿Qué necesitaría tener esta solución, para que la compres? (Presiona a tu cliente como si realmente la fueran a comprar. Sin embargo, conforme lo hagan, recuerda que el propósito de esta pregunta no es vender sino observar la reacción del cliente. ¡Si cierras una venta habrás validado la demanda para tu solución! Pero, si el cliente duda, usa esta pregunta para explorar sus preocupaciones, las cuáles se interponen entre tú y la futura venta.

En la primera pregunta estás creando confianza en tus clientes en que estas legitimando, mientras que al mismo tiempo tratas de entender su necesidad. Específicamente, querrás describirte como una compañía que trabaja en el área o en el desarrollo de un producto, describe la necesidad, y entonces busca la reacción de un cliente que te dirá si estas en el camino correcto. Deberás de tomarte algo de tiempo para preguntar más detalles sobre el problema que encaras y cómo lidiar con él. Tu meta es entender lo que ellos están haciendo y porqué.

En la segunda pregunta buscas mostrar al cliente tu prototipo virtual para ver su reacción. Específicamente, querrás decirles a los clientes que estas desarrollando la solución y que te gustaría tener su consejo sobre si éste resuelve su necesidad. Ten cuidado: si eres muy general en buscar consejo, obtendrás retroalimentación inútil. Este es el punto del prototipo virtual—si le das a los clientes algo específico para reaccionar, ellos te darán retroalimentación positiva. Sigue con las preguntas tanto como necesites para resolver el problema.

Finalmente, en la tercera pregunta, buscas saber si los clientes comprarían el producto y lo que ellos esperarían pagar. No esquives la pregunta porque tengas miedo a vender. En este punto no estás vendiendo. Si la disponibilidad de los clientes a darte su tiempo fuera la medida de acertar con la necesidad del cliente, la disponibilidad de los clientes a pagar es la medida de acertar con la solución. En esta etapa es altamente improbable que hayas acertado con la solución y que los clientes estén dispuestos a pagarte (si ellos están interesados, inclúyelos para probar el prototipo beta). En vez de eso, piensa en la cuestión de pago como un indicador de qué tan cerca estás de acertar con el producto. En otras palabras, si tu cliente no está interesado en comprar, amablemente averigua porqué él o ella no quiere comprar. La respuesta te ayudará a saberqué hacer para llegar a la solución.

Para un conjunto extensivo de preguntas y guías para la entrevista, ve el apéndice. Recuerda que en general, debes evitar preguntas que conduzcan a respuestas de sí o no (porque no obtendrías información), y también excluye preguntas que sean muy complejas o que requieran que el cliente "resuelva" completamente el problema.

Desarrolla una imagen de credibilidad de la empresa

Mientras te preparas para probar tu prototipo virtual date un momento para desarrollar una imagen creíble de tu empresa. Por sólo unos cuantos dólares puedes usar Logoworks.com o 99designs para crear un logo y tarjetas de negocio profesionales; y establecer un sitio en internet que te hará ver como un negocio creíble y legítimo. Otra vez, puedes gastar una cantidad modesta. No necesitas contratar a un desarrollador de sitios web en esta etapa o a un diseñador gráfico para crear un logo y membrete de 10,000 dólares. Puedes usar muchas herramientas gratuitas y plantillas disponibles para crear una imagen rápida y creíble. Negocios como Weebly o Wordpress pueden proveerte plantillas configuradas, herramientas, y aplicaciones que te permitirán desarrollar y mantener un sitio web gratis o por una suma de dinero extremadamente modesta. En resumen, crea una imagen creíble, pero no dejes que te absorba mucho tiempo o recursos.

Diseña un Mail Introductorio y Contacta a Participantes Relevantes

Después deberás redactar un texto para un mail o llamada que te permita establecer una conversación telefónica inicial o para la visita de un cliente al sitio web, al igual que lo hiciste en la fase previa. Deberás incluir lenguaje como "Hemos observado que este mercado representa un reto y estamos muy interesados en su retroalimentación sobre una solución potencial," o "Estamos creado la próxima versión de nuestro software, y mientras estamos formulando nuestras ideas buscamos obtener retroalimentación de los clientes antes de que nos enfoquemos en las características del producto." Si tienes una introducción para el cliente en esta etapa, siéntete libre de usarla, pero las llamadas y los mails son una prueba importante para detectar la necesidad del cliente, como discutimos antes. Si puedes hacer llamadas es preferible porque es mucho más probable captar la atención de tus clientes (todos nosotros recibimos muchos mails, y éstos son fáciles de ignorar). Recuerda que la "tasa de éxito" de tus llamadas o mails es un indicador fuerte de si has identificado y verbalizado correctamente la necesidad del cliente. En el caso de las llamadas, el umbral de éxito debe ser de aproximadamente 50%, y para los mails el umbral puede ser ligeramente menor. Como evidencia específica, un negocio nuevo aplicó el proceso NISI al contenido web de una solución de monitoreo para minoristas como REI, Barnes and Noble, Under Armor, y Skechers, al igual que marcas pequeñas como Skis.com y Evogear. En la elaboración del mensaje ellos trataron de ponerse en los zapatos del cliente y se pusieron a pensar en qué es lo que les quita el sueño a los ejecutivos. Entonces hicieron llamadas con un mensaje sobre esta necesidad y lograron una tasa de éxito de más del 70%. Esta tasa de respuesta es una validación fuerte de que ellos estaban atacando la necesidad correcta con el mensaje correcto.

En contraste, conforme MyFamily.com estaba trabajando para desarrollar un nuevo producto de genealogía, ellos tuvieron la idea correcta —hablaron con los clientes—pero olvidaron por completo la necesidad de enfocarse en la necesidad del cliente. El primer error que el equipo cometió fue que cuando las citas iniciales con clientes fueron difíciles de concertar, los ejecutivos pasaron esta tarea a los asistentes administrativos. En primer lugar, al fallar con la prueba de llamadas se habrá pasado por alto la necesidad del cliente y no estarás comunicando la necesidad en el lenguaje de tus clientes, o simplemente puedes estar simplemente hablando al cliente equivocado. Además, al pasar la tarea de hacer llamadas o enviar mails a los asistentes administrativos, el equipo habrá perdido la oportunidad de observar cómo reaccionan los clientes —específicamente la valiosa lección que puede ser aprendida de un silencio incomodo o de una recepción entusiasta. Otro error fue que la persona que hacía las llamadas pidió solamente la oportunidad de visitar a los clientes y observar como hacían su genealogía en sus casas, los asistentes no mencionaron la necesidad del cliente o la solución potencial para cubrir dicha necesidad. Si no mencionas el punto de la necesidad no serás capaz de conectar con los clientes. Debido a esto las llamadas a los clientes tuvieron una muy baja tasa de éxito, y solo después de que los asistentes administrativos hicieron cientos de llamadas fueron capaces de atraer unos pocos clientes que estuvieron dispuestos a hablar. Al final, estos clientes no eran realmente gente que personificara la necesidad del cliente; era sólo gente amable que había accedido a contestar. Así que recuerda, contacta tú mismo a tus clientes, háblales sobre la necesidad, evita vender, y mantente preparado para escuchar.

Pasos Detallados para las entrevistas telefónicas y visitas

Una vez que los clientes accedan a hablar—idealmente deberías buscar que las entrevistas duren de 30 a 60 minutos—miembros representativos del equipo deben escuchar la llamada telefónica mientras tú diriges la entrevista con el cliente. Sería ideal si los miembros más relevantes de tu equipo estuvieran presentes, por dos razones importantes: primero, gente diferente usualmente "escucha" cosas diferentes, y combinar estas múltiples perspectivas te ayudará a mantenerte honesto; segundo, es importante que cada uno de los miembros de tu equipo entienda la necesidad y que esté alineado con la solución. Aunque podría parecer que tener a tu equipo junto es ineficiente al quitarles tiempo de su trabajo, en las palabras de Stephen R. Covey, autor de Los Siete Hábitos de Personas Altamente Efectivas, "Cuando se trata de gente, lento es rápido y rápido es lento."[68] El camino más rápido para lograr una alineación entre el equipo, cliente, y el producto es involucrar a tu equipo en el proceso.

Además, deberías grabar y entonces transcribir la reunión. De nuevo la razón es que al calor de la entrevista el ingeniero y el gerente del producto escucharán cosas diferentes. Te perderías ciertos matices de lo que tus clientes te dicen y que una transcripción te ayudará a ver. Como nota aparte, siempre debes pedir permiso para grabar la conversación, y deberás ofrecer mantener el contenido de la entrevista confidencial. Si tu cliente no quiere ser grabado, hay un truco que los investigadores usan toma notas durante la entrevista e inmediatamente después busca un lugar tranquilo y crea tu propia transcripción. Captarás una cantidad sorprendente de contenido si lo haces inmediatamente. Pero si esperas unas pocas horas, o peor, un día entero, olvidarás las sutilezas de la entrevista. Durante la entrevista, pon atención a cómo tus clientes describen su necesidad y en cómo responden a tu solución propuesta. Debes enfocarte en escuchar las respuestas de tus clientes como evidencia a favor o en contra de tu hipótesis. Recuerda que el propósito no es probar que tienes razón; el propósito es descubrir los hechos, aún si prueban que estas equivocado. Con los hechos podrás avanzar o regresar al borrador.

Analiza y entonces revisa tus hipótesis del Conjunto Mínimo de Características

Una vez que tengas de cuatro a seis llamadas telefónicas o encuentros con clientes potenciales, analiza las entrevistas transcritas para encontrar temas comunes que puedan ser usados para revisar tu hipótesis de la solución. Algo que notarás conforme empieces con la entrevista a clientes, es que las primeras entrevistas no te proveerán ninguna idea coherente. Sin embargo, después de que tengas una buena cantidad de entrevistas, los temas y las tendencias comenzaran a emerger. Estos temas son la clave para entender lo que tus clientes realmente te están diciendo. Una vez que tengas los hechos en las manos necesitarás revisar y adaptar tu solución y darle a tus ideas ya revisadas una segunda o tercera ronda de análisis. Nuevamente toma la actitud del científico—vuélvete apasionado respecto a la solución del problema, no pruebes tu solución. Remueve tu sesgo personal y mantén tu disposición a abandonar lo que piensas que es una gran idea si el mercado te dice lo contrario. Todos los grandes artistas, inventores, científicos, y emprendedores están dispuestos a abandonar una idea a favor de una mejor. Lo mismo aplica cuando revises tu hipótesis de solución del conjunto mínimo de características: podrías necesitar dejar ir tu solución con el objetivo de llegar a la solución correcta. Si has identificado una necesidad real y una solución para esa necesidad, lo sabrás por la respuesta entusiasta de tus clientes. Pero otra vez, no caigas en la trampa de aprendizaje empresarial—no avances si no tienes hechos que te soporten. Ya sea que revises y que hagas pruebas de nuevo o que te muevas a la siguiente idea.

UN EJEMPLO A PROFUNDIDAD: MOTIVE COMMUNICATIONS

Motive Communications es otra compañía que aplicó estas ideas y que usaremos como caso de estudio en los siguientes capítulos. Motive Communications, que fue fundada a finales de los 90's, trató de enfrentar el creciente problema de ofrecer tecnología de soporte. En ese tiempo el soporte técnico era un mercado de 69 mil millones de dólares (gran mercado), expandiéndose rápidamente (mercado en crecimiento), y con algunos proveedores en el nicho de seguimiento de llamadas, pero pocos en el área de soporte técnico (competencia moderada). Más importante, el soporte técnico se estaba convirtiendo en algo radicalmente ineficiente (gran problema). Además, este tipo de soporte estaba siendo atendido en gran medida por un grupo costoso y de rápido crecimiento de personal de apoyo quienes atendían el teléfono, perdían una buena cantidad de tiempo interrogando a los clientes sobre su sistema, y entonces trataban de resolver su problema siguiendo un esquema de prueba y error basado en su propia exposición a problemas similares. Conforme las computadoras se volvieron más complejas y su base de conocimientos se expandió, el soporte técnico se empezó a convertir en un dolor de cabeza para muchas organizaciones.

Antes de fundar Motive Communications, los creadores, incluyendo a Mike Maples Jr., realizaron una extensa búsqueda para identificar y probar la necesidad del cliente. Esto incluyó la identificación de veinte diferentes necesidades, las cuales fueron probadas con expertos y clientes en la industria antes de finalmente acertar en el problema de soporte técnico. Al reflexionar sobre este periodo de tiempo y sobre la búsqueda de un problema a resolver, Maples recordó que ellos no sólo estaban buscando una necesidad, ellos buscaban un torniquete—algo tan doloroso que la compañía necesitara de una solución inmediatamente.[69] Cuando fue momento de probar su solución, Mike y su equipo aplicaron tres pruebas progresivas. En la primera prueba, Mike y su equipo no construyeron aún el producto. De hecho, uno de los fundadores, Scott Harmon, reconociendo la importancia de entender el peligro de construir un producto, primero ordenó que "ningún producto debía ser desarrollado antes de hablar con los clientes."[70] En vez de eso, el equipo se enfocó en probar su hipótesis sobre la solución. Para hacer esto, Motive Communications decidió que tanto las llamadas como las observaciones de los clientes en el sitio web, sobre cómo resolverían ellos el problema, serían necesarias. Como puedes recordar, en esta etapa del proceso debes enfocarte en escuchar, y esto es precisamente lo que el equipo hizo. En particular, durante la visita al sitio de operación el equipo dedicó una buena parte de su tiempo observando a los ingenieros de soporte hacer su trabajo. Varias ideas importantes emergieron; lo más importante, es que encontraron que los ingenieros gastaban el 75% de su tiempo en averiguar el nivel de servicio al que el cliente tenía derecho y los detalles del sistema de cómputo de los clientes. Aunque Mike y su equipo supusieron que podían aplicar un software de soluciones para mejorar el proceso de soporte de TI, no fue hasta que empezaron a probar su solución que vieron el problema y la solución a él claramente.De repente el equipo se dio cuenta que la raíz del problema era la comunicación, de manera que si podían automatizar el proceso de comunicación en la identificación del nivel de servicio y de las especificaciones del sistema podrían reducir drásticamente el tiempo y los costos del proceso. La idea era brillante. En una industria de 69 mil millones de dólares que estaba creciendo rápidamente, ellos estaban comenzando a descubrir una solución que valía alrededor de 50 mil millones de dólares en ahorros para la industria.

MALAS NOTICIAS, BUENAS NOTICIAS Y EL APRENDIZAJE PARA HACER AJUSTES

Durante esta fase obtendrás tanto noticias buenas como malas de tus clientes. Toma los hechos como vienen y ajústalos o analiza si otra idea podría funcionar mejor. El espíritu emprendedor es una montaña rusa con altibajos y subidas muy extremas—exaltado el lunes y abatido el jueves—pero antes de que te des por vencido, asegúrate de considerar cuanto podrías ajustar o cambiar tu modelo. Cada vez que nos enfrentamos a un reto en uno de nuestros nuevos negocios, decimos, "Entre el lanzamiento y la línea de meta hay miles de experiencias cercanas a la muerte que podrían acabar mi negocio. Yo sólo necesito superarlos...uno a la vez." Emprendedores exitosos tienen una mentalidad optimista (casi un instinto de supervivencia) que requiere que constantemente ajusten la retroalimentación negativa y optimicen su avance cada día. Dadas nuestras advertencias anteriores sobre los peligros de que la pasión te conduzca a la ceguera, nota la sutil distinción: la disponibilidad a cambiar en respuesta a la retroalimentación, y el optimismo para innovar versus la persistencia en tus propias creencias aisladas. Por ejemplo, considera la compañía E.piphany, un sistema de gestión de relación con los clientes que se convirtió en uno de los más grandes IPOs de su tiempo. Cuando Steve Blank, uno de los fundadores de la empresa, salió a probar la hipótesis de su equipo con los clientes, la retroalimentación fue continuamente positiva. En un encuentro con Silicon Graphics, una compañía de 2 mil millones de dólares en ese tiempo, el vicepresidente de mercadotecnia validó todo lo que Steve había sugerido en el producto, pero cuando Steve preguntó sí Silicon Graphics trabajaría con E.piphany como cliente piloto, el vicepresidente exclamó. "No, por supuesto que no." El vicepresidente llegó a decir que Silicon Graphics ya había reconocido el problema y construido su propio software para resolverlo. El corazón de Steve dio un brinco. Como él lo describe,

Hablar del sentimiento desinflará rápido tu burbuja. Yo pasé del entusiasmo de creer que podía tener a un cliente de una compañía innovadora a la desilusión de que ellos nunca comprarían nada de nosotros. Y peor, lo que habíamos previsto como un producto tan único en el que nadie había pensado, alguien ya lo había construido. Nosotros no fuimos los primeros. Estábamos condenados. Salí de Silicon Graphics completamente desmotivado. Pero en el camino de regreso a E.piphany unas cuantas cosas me golpearon: Un cliente creíble me dijo que habíamos acertado al detectar un problema de alto valor, ellos no pudieron encontrar un software comercial para resolver este problema, había sido un gran problema el que ellos invirtieran esfuerzo en escribir su propio software, había sido desplegado dentro de su compañía y tenía usuarios reales, yo podría señalar a inversionistas potenciales y a clientes visionarios el uso extenso del producto dentro de SGI como un aproximado de nuestro producto. Entre más pienso en esto, mejor me siento. Esto fue una validación de nuestras ideas no una negación.[71]

Steve contrató a los compañeros que escribieron el software y por un dólar patentó el código a Silicon Graphics software. ¡En cierto punto el valor de mercado de E.piphany superó al de Silicon Graphics! No pierdas el corazón. Escucha honestamente y ajusta o reinicia si es necesario.

TEST 2: LA PRUEBA DEL PROTOTIPO

En el arranque YCombinator, un negocio de incubación, los emprendedores se uniformaron con una playera que decía, "Construye algo que los clientes quieran." Si ellos eventualmente construían una compañía exitosa utilizarían otra camiseta que diría: "Yo construí algo que los clientes querían." Ese mensaje es una meta de lo que tú estás tratando de lograr en esta fase del proceso NISI. Paradójicamente, la manera de llegar ahí no es empezando a construir algo en ese momento,

ACIERTE Y ENTONCES ESCÁLELO

sino construyéndolo interactivamente e interactuando con tus clientes. En la segunda prueba, finalmente comenzarás a construir algo, pero no todo al mismo tiempo. Primero transformarás tu prototipo virtual en un prototipo físico económico que puedas usar para probar tu solución de cara a cara con los clientes.

DESARROLLA UN PROTOTIPO RÁPIDO Y BARATO

En este punto del proceso querrás encontrar una forma económica de transformar tus ideas de un prototipo virtual a un prototipo que incluya sólo el Conjunto Mínimo de Características. Evita construir el producto completo y emplea la tecnología adecuada para desarrollar el prototipo, como la que se encuentra disponible en justinmind.com o en jmockups.com, para crear algo que tus clientes puedan usar. Alternativamente contrata desarrolladores, en Estados Unidos una solución son sitios como Elance y oDesk para construir un avance del producto. Si necesitas construir un producto físicamente, otra vez encuentra una forma rápida y creativa de obtenerlo. Por ejemplo, si vas con un proveedor pídele una muestra primero. O si necesitas construir algo, encuentra una forma de crear el prototipo rápidamente. Muchos servicios que están ahora disponibles pueden manufacturar prototipos de forma rápida y económica. O como alternativa final, ve si algún socio podría ayudarte a cargar algo del peso por ti. Como un ejemplo, RecycleBank—la compañía que mencionamos antes y que paga a sus clientes por reciclar—trabajó extensamente para validar la necesidad y la solución antes de construir algo. Pero al final del día, ellos todavía necesitaban probar la solución para ver si funcionaba. Para probar la idea, RecycleBank necesitó unos pocos miles de latas de reciclaje con etiquetas RFID incrustadas. Además, necesitaron proveer al conductor del camión de basura con una laptop que pudiera leer las etiquetas y grabar los datos. Un enfoque tradicional sería recaudar unos pocos cientos de miles de dólares, comprando todo el equipo necesario, y llevar a cabo una prueba. En vez de eso, RecycleBank encontró una firma de ingeniería con un gran interés en hacer las latas de reciclaje para futuras operaciones. Como RecycleBank había validado tan cuidadosamente el problema, la empresa de ingeniería también se convirtió en creyente y accedió a proveer las primeras latas al costo. Después todo lo que se necesitaba era un dispositivo económico para capturar los datos, algún software de desarrollo y el equipo sería capaz de probar lo que de otra manera hubiera sido un prototipo muy costoso.

Al final del día, tu prototipo debe ser económico mientras que les das a los clientes una imagen de la solución que estás ofreciendo. Puedes usar la oportunidad para probar tus características más críticas— el Conjunto Mínimo de Características. Pero no caigas en la trampa de querer desarrollar un "mejor" prototipo. El punto principal del prototipo es que es una representación rápida y mínima de lo que planeas hacer. Si los clientes están interesados en esta versión, ya estarás en algo.

MUESTRA DEL PROTOTIPO

Ahora que tienes en la mano un prototipo el siguiente paso es probarlo frente al *Panel de Clientes*. La gira del prototipo es una herramienta secreta usada por muchas de las empresas más exitosas, incluyendo a Intuit, Cisco y otras que en los primeros días usaron esta técnica para validar su solución. De hecho, Intuit se volvió famosa por salir y mostrar versiones preliminares de Quicken a sus clientes y de usar su retroalimentación para ajustar el producto. No sorpresivamente, la muestra del prototipo es uno de los pasos más importantes en el proceso NISI; nada puede sustituir la experiencia de primera mano de tener a los clientes entusiasmados al borde del asiento porque tú les muestras tu prototipo. Para ilustrar el poder de la gira del prototipo considera el caso de ManyWheels, un negocio que desarrolló el enrutamiento automático para el transporte de automóviles. ManyWheels comenzó el proceso validando la necesidad del cliente y la hipótesis sobre la solución. Sin embargo, la muestra del prototipo llevó su aprendizaje a un nuevo nivel. En las palabras del fundador, Kevin Dewalt:

> *Cuando empezamos a involucrar al mercado con nuestras ideas en ManyWheels, lo primero que hicimos fue organizar visitas y llamadas telefónicas. Le preguntamos a la gente sobre sus problemas. Nos sentamos al lado de la gente que estaba haciendo el trabajo y les preguntamos sobre sus frustraciones. Tratamos de sensibilizarnos con el mercado para detectar las soluciones que podrían funcionar.*

Aprendimos mucho sobre la solución que pensamos que necesitábamos construir. O eso es lo que creíamos. La gente instantáneamente rechazaba muchas de nuestras ideas y ofrecía alternativas. Algunos clientes quieren ver un alto nivel de flujo de datos para entender cómo trabajaría ManyWheels en sus negocios. Nos tomó varias modificaciones el llegar al punto donde las conversaciones pasaron de "interesante" a "¿Cuándo podría tenerlo."[72]

Reuniones en el sitio con los clientes: Maximizar la escucha

Comienza por concertar citas con el panel completo de compras de los clientes. Idealmente, deberías tratar de citar a una nueva muestra de clientes (quienes tendrán una perspectiva fresca sobre la solución) y al mismo tiempo tratar de tener encuentros con los usuarios finales, técnicos y económicos para una organización en particular. El panel de clientes representa a todos los que tienen influencia en la decisión de compra—tu jurado en cierto sentido—de manera que tenerlos juntos al mismo tiempo puede crear una poderosa oportunidad de compra. Como antes se mencionó debes preparar una guía de entrevista y estar listo para grabar y transcribir la conversación. Cuando solicites un encuentro debes destacar la necesidad a la que te estás dirigiendo, enfatizando el hecho de que no estás vendiendo, y explicando que te gustaría recibir retroalimentación para desarrollar una solución. Tu tasa de éxito te dará una idea de sí has identificado correctamente o verbalizado la necesidad. Podrías considerar usar un diálogo como el siguiente ejemplo para concertar una cita:

Nosotros vamos por el rumbo. Estamos hablando de esto y lo otro (uno de tus competidores, socios u otro individuo en la organización). Nos gustaría hablar con algún miembro de tu equipo sobre este gran problema (hablar acerca de la necesidad). Estamos desarrollando este producto nuevo que resolverá esta necesidad. No estamos vendiendo nada, pero estamos en la etapa de desarrollo, y antes de que terminemos el producto nos gustaría obtener tu retroalimentación, porque eres un líder importante en el espacio. ¿Podemos visitarte y hablar contigo y tu equipo el próximo jueves?

En cualquier diálogo usa las estrategias claves de comunicación que son: 1) Comunicar la necesidad, 2) Destacar que no estás vendiendo, 3) Reforzar que ellos son una voz importante en el mercado, 4) Identificar a los miembros del grupo o competidores con los que también estarás hablando y 5) Solicita retroalimentación.

Cuando programes reuniones trata de reunir a tantos clientes relevantes (de una misma organización) como sea posible en una oficina al mismo tiempo. Una vez que tengas al panel completo en la habitación obtendrás comentarios más útiles y retroalimentación objetiva, porque los comentarios de uno de los miembros provocarán una reacción de los otros miembros del panel. Deberás traer a tu equipo completo y dedicar tanto tiempo como puedas en escuchar. Cuando tengas a tu equipo y al panel de clientes en el cuarto, cada miembro de tu equipo contribuirá con una perspectiva diferente que, cuando se combine, te ayudará a mantener honesto a tu equipo sobre lo que se dijo y los clientes escucharán cada plática sobre el problema y estarán alineados en la espera de una solución. Para lograr esto deja que tus clientes hablen y usen el prototipo como un instrumento para promover su retroalimentación. Hay una línea fina entre sólo preguntar si a los clientes "les gusta" (lo cual es sinceramente inútil al final) y usar el prototipo para realmente entender si resuelve el problema. El propósito del prototipo es mantenerse enfocado sobre si éste resuelve el problema o no.

Como un ejemplo de este proceso en acción, ¿recuerdas a la compañía descrita al inicio del libro CrimeReports.com? esta empresa estaba desarrollando un sitio de soporte que permitía a los usuarios ver estadísticas y un mapa del crimen en el área (Figura 20).

Figura3: Crime Reports 1.0

Después de muchos años de trabajar en el sitio como un hobby, el fundador, Greg Whisenant, decidió transformar su idea en un negocio que mejoraría la calidad de vida de millones de personas alrededor del mundo. Greg reunió el capital de vSpring Capital y lanzó su empresa. Después del primer año y medio millón de dólares en inversión, CrimeReports sólo tenía un cliente—la policía metropolitana de Washington DC, con quien Greg tenía una conexión personal. Después de pasar gran parte de su vida y de gastar cientos de miles de dólares del dinero de inversionistas, Greg todavía no tenía claro si CrimeReports.com era un hobby o un negocio.

Cuando solicitó el siguiente tramo de financiamiento éste estaba supeditado a que la empresa gestionara el proceso NISI, esto creo una crisis que condujo a Greg a detener la venta y a comenzar a escuchar al cliente y entender lo que se estaba perdiendo para poder superar la barrera de la adopción del cliente. Organizó una gira para llevar su prototipo de producto y su hipótesis de modelo de negocio al mercado y realmente escuchar—y lo que aprendió lo sorprendió por completo. Greg y su equipo se reunieron con un panel de compra en cuatro diferentes estaciones de policía y obtuvieron retroalimentación del "prototipo" y del modelo de negocio. En los departamentos de policía el panel estaba representado por el jefe de la policía, el director de TI, el analista de crimen y el oficial de policía. Una vez que Greg tuvo a su equipo y al panel completo en el mismo cuarto una discusión bastante rica destacó algunos puntos clave.

Primero, los fundadores estaban en algo—los departamentos de policía empezaron a sentir una presión creciente para compartir información con el público sobre el crimen y a incrementar la transparencia y su contabilidad.

Segundo, sintieron que el sitio web era feo y que necesitaba ser mejorado. Suficientemente justo.

Tercero, aunque los fundadores creyeron que el modelo de negocios dependía de los patrocinadores, los departamentos de policía rechazaron el tener publicidad en el sitio.

En este punto, los fundadores comenzaron a diferir, pero como continuaron escuchando (en vez defender la idea de vender), ellos encontraron piezas importantes de información. En primer lugar, los oficiales estaban realmente fascinados ante las posibilidades de información que bindaba el sitio, así como por la posibilidad de que el internet sirviera para mejorar la calidad de su comunicación con los ciudadanos. Los jefes de la policía estaban interesados en compartir información con los miembros de su comunidad y utilizar los datos para incrementar la calidad de sus esfuerzos policiacos.

Muchos de ellos sabían que la ciudad de New York había usado el modelo "Comp Stat" para reducir el crimen al identificar patrones y "puntos calientes"; para la mayoría de los departamentos éstos puntos eran rastreados en un pizarrón de corcho una hoja blanca y alfileres de colores. Si los datos estaban disponibles en línea la policía podría usarlos para detectar tendencias y actividad diaria. Por primera vez podrían ver lo que había pasado en su turno la noche anterior. Como era de esperarse esto era una tarea sorprendentemente difícil de hacer. Algunas veces les tomó hasta seis meses ver lo que había pasado un día antes. Como el entusiasmo crecía con cada conversación, los fundadores de CrimeReports se dieron cuenta que la policía realmente pagaría por tener esa información—por lo que la publicidad no era necesaria. Pero también aprendieron de los directores de TI de la policía que necesitaban mejorar significativamente sus protocolos de seguridad para permitirle a CrimeReports recibir la información. Por último, los fundadores descubrieron un nuevo enfoque para vender su producto. Al final del día, mostrando un "prototipo" a los clientes, para luego escuchar en vez de vender, el equipo de CrimeReports aprendió hechos cruciales que habían estado escondidos de su vista por años.

Tú ya sabes el final de la historia desde el primer capítulo, pero para darte más detalles, Greg Whisenant tomó toda la retroalimentación, refinó su prototipo, y luego lo probó (prueba 3 en esta fase del proceso). El nuevo sitio web fue amplíamente mejorado en cuanto a vista y contenido y no tenía publicidad.

Figura 21: Crime Reports 2.0

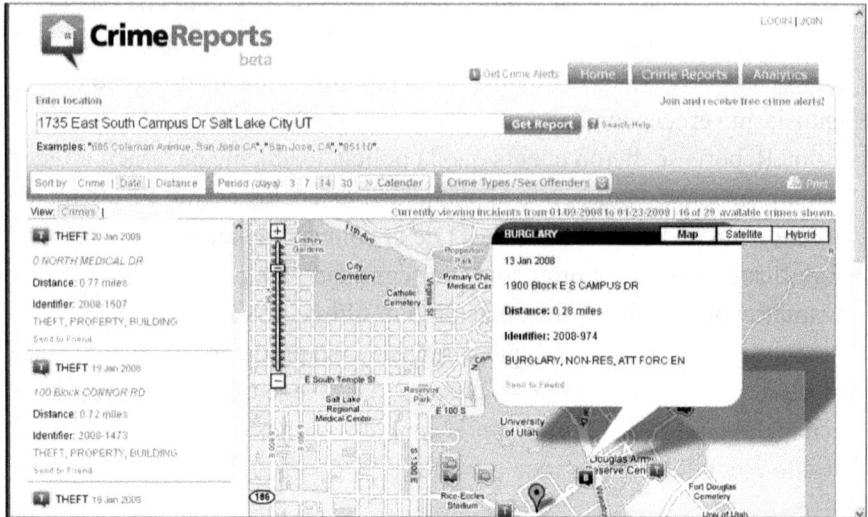

Además, el equipo agregó el concepto de un tablero para los departamentos de la policía (ver prototipo Figura 22).

Figura 42: Prototipo de Crime Reports para la Policía Dashboard

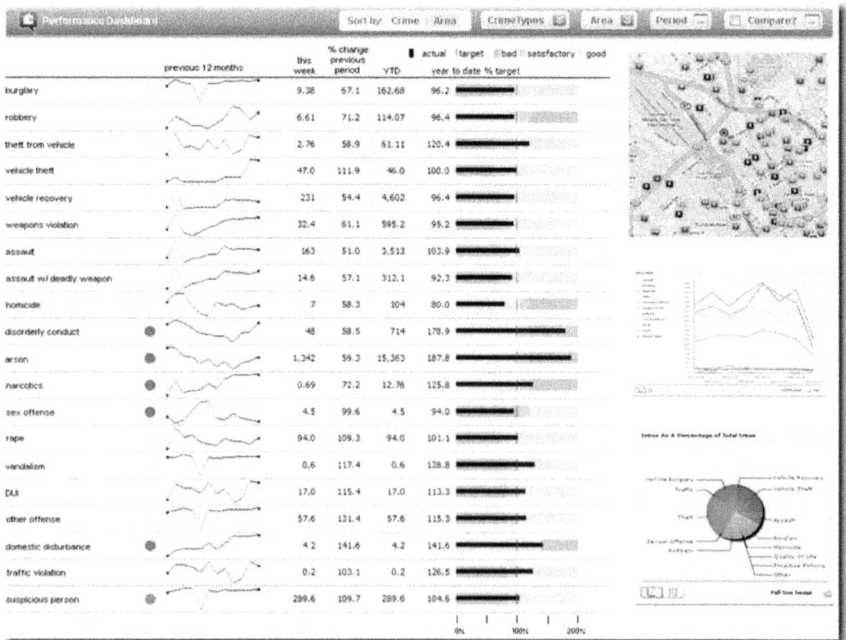

Cuando el equipo llevó la nueva versión a los clientes potenciales, la retroalimentación fue asombrosa. Sus clientes dijeron cosas como:

"Esto saca otras opciones fuera del agua."

"Esto es una gran idea. Tus chicos realmente tienen algo bueno aquí."

"Hemos tratado de hacer esto por años."

"Solía tomarnos seis meses obtener este tipo de información. Ahora podremos tenerlo al siguiente día."

No sólo sus clientes aclamaron su producto, cada día más ciudadanos (quienes habían participado en el proceso) comenzaron a responder. A los seis meses del lanzamiento, el sitio web era el más popular en la red. El número de departamentos de policías que compraban el producto pasó de un cliente a cerca de 2 mil clientes en los primeros tres años. Aplicando el proceso, lograron una gran transformación.

Refinando el Conjunto Minimo de Caractersíticas.

Hay un dicho entre los representantes de ventas que dice que "los compradores son mentirosos." Este dicho viene de los vendedores que se han quemado al saltar a través de aros de fuego de los clientes, agregando características o respondiendo a las preguntas de los clientes para lograr la venta, sólo para descubrir que ellos no comprarán. Los clientes no pretenden mentir; de hecho, sienten que te están diciendo lo que honestamente creen. El problema es que los clientes son buenos para describir las características que quieren, pero son gerentes de producto poco útiles y por lo tanto tienen un bajo récord en acertar con la solución. La segunda razón "los compradores son mentirosos" es que una voz única sin una compañía que lo respalde no habla por las necesidades de una organización completa. Muchos negocios que han fallado por construir exactamente lo que el cliente quiere y en los que el gerente de producto fracasó al validar la solución con un "Panel de Compras" que incluye a todos los accionistas clave de la empresa. Usando tu sombrero de gerente de producto necesitas armarte con las herramientas que te permitirán escuchar acertadamente al cliente correcto, para capturar la verdadera imagen de su necesidad real. En este paso tu meta es escuchar tanto como sea posible a tus clientes, así que querrás emplear varias técnicas para asegurarte que escuches adecuadamente. La táctica más importante es tener un encuentro frente a frente. Esto incluye una reunión entre tu equipo y el Panel de Compras del cliente, en la cual mantendrás tu boca cerrada, deja al cliente hablar, y graba todo.

Algunas veces los clientes pueden no darte mucha información, o ellos pueden darte tanta información que no sabrás cómo manejarla. Tres herramientas que hemos usado para encontrar lo que los clientes realmente quieren son el juego de los 100 dólares, la prueba de características, y los sistemas de ranking.

El juego de los 100 dólares: Si tu muestras el prototipo a los clientes y su respuesta parece inconclusa, o te dan una enorme lista de las características que quieren, prueba el juego de los 100 dólares, desarrollado originalmente por Frank Robinson con el propósito de enfocar la conversación. Para hacer esto, pregúntale a tu cliente, "¿Si tuviera 100 dólares para invertir en cualquier característica de este producto, en que características invertiría su dinero?" Los clientes usualmente votan por las características que más les importan. Este tipo de información es invaluable porque puedes usarla para establecer patrones entre tus clientes y así enfocar tus esfuerzos en el Conjunto Mínimo de Características que realmente le interesa a tu cliente. Por ejemplo, cuando Class Top llevó su prototipo a los clientes tenía cerca de 20 características que pensaba que serían valoradas por los clientes. La reacción inicial del cliente a su prototipo fue moderadamente positiva pero no estelar. En una reunión con un directivo de la Universidad del Sur de California, los fundadores de Class Top le preguntaron cuánto estaría dispuesto a pagar por el producto. La respuesta fue alrededor de 200 dólares mensuales—no era un gran margen para construir un negocio. Sin embargo, Class Top continuó su gira con el producto y utilizó el juego de los 100 dólares y descubrió algo asombroso. En promedio, los clientes asignaban cerca de 80 dólares a una característica que permitía arrastrar y soltar archivos para transferirlos y 20 dólares a otras características. Class Top pronto se dio cuenta que podía eliminar otras 17 características y reducir los costos de desarrollo y tiempo para el conjunto mínimo de características a 1/5 de lo que habían anticipado. Más importante, el interés del cliente en este producto más simple los impactó. De hecho, cuando el equipo regresó a la Universidad de California con el producto simplificado, el directivo no sólo se mostró más entusiasta que antes, sino que cuando se le preguntó cuánto pagaría por tal producto, él respondió que fácilmente pagaría 1000 dólares o más por mes—¡quintuplicó el monto ofrecido!

Prueba de características: Otra forma de determinar donde enfocarte cuando muestres un prototipo a los clientes es a través de la prueba de características. Este enfoque incluye tácticas como la prueba A/B, donde se muestra una versión del producto a un conjunto de clientes y otra versión a un segundo conjunto de clientes, y entonces se determina cuál versión prefieren los clientes. Como un ejemplo de otra táctica, la empresa Knowlix usó un rastreo de características para ayudar a crear un sólido ganador en la industria de TI. Knowlix fue uno de los primeros innovadores en este campo—o en el proceso de catalogar, indexar, y recordar información sobre soluciones de TI a profesionales del área. El predecesor de Knowlix había adoptado un ángulo desenfocado y forzado por años en el mercado. Knowlix, estaba atacando el mismo nicho de mercado creando herramientas detalladas, como encuestas para clientes, para identificar cuales características preferirían los clientes y enfocarse en ellas únicamente. Gracias a su concentración y simplificación, Knowlix se convirtió en un éxito, ganando múltiples premios y recibiendo tres ofertas de adquisición a dos años de que fuera lanzada la compañía.

Sistema de Ranking: Otro método que te ayudará a enfocarte es usar el sistema de ranking. Puedes considerar pedirles a tus clientes que califiquen las características que son más importantes para ellos; pero más importante, en equipo debes asignar una nota a las características que se conecten más con la necesidad del cliente de manera que enfoques tus esfuerzos en el Conjunto Mínimo de Características. Cuando tienes a clientes calificando características de productos, es importante mantenerte enfocado en un sólo mercado y mantener los comentarios de los clientes dentro del contexto de 1) El mercado al que pertenecen y 2) El problema que están tratando de resolver en ese mercado. Yo (Paul Ahlstrom) aprendí esa lección de la forma dura mientras lideraba la gerencia de un producto en Folio Corporation a principios de los años 90's. Yo estaba a cargo del lanzamiento para Windows del nuevo Folio VIEWS un software de publishing. El producto iba con un retraso de un año y sobre el presupuesto porque los gerentes de la compañía se debatían entre construir un producto tanto para sus clientes publicistas y sus varios clientes corporativos. El producto fue "diseñado por un comité." Como el equipo intentó satisfacer las necesidades de varios clientes en múltiples segmentos de mercado terminaron priorizando las características requeridas por los editores, organizaciones de soporte TI, dentro del mismo producto. Cuando el producto fue finalmente lanzado, ganó un premio de computación. Folio VIEWS ganó ese premio, pero perdió la batalla con los clientes al construir un producto que cumplía con las necesidades de muchos pero que en realidad no cubría las necesidades de ningún grupo.

En resumen, con forme decidas el Conjunto Mínimo de Características, podrás considerar dos tácticas adicionales. Primero, dependiendo del contexto, podrías necesitar ponderar las respuestas de un tipo particular de cliente (económico, técnico, o usuario final) con más peso que otras—en la mayoría de los casos, las del usuario final. Adicionalmente, si observas las respuestas del cliente y ellos no parecen un grupo razonable, ve si puedes subdividirlos en segmentos. Notarás que diferentes segmentos tienen diferentes requisitos, así que podrías necesitar elegir el segmento en el que te enfocarás.

REVISA LAS PRUEBAS CRUCIALES DE TUS HIPÓTESIS
Prueba de las hipótesis, Puntos de Precio y preguntas trascendentes

Siempre recuerda que tu objetivo es encontrar los hechos con pruebas legítimas de tus hipótesis. En conclusión, no importa cuanta retroalimentación positiva recibas si los clientes no compran tu producto, porque entonces no tienes más que un costoso hobby. Los emprendedores usualmente retrasan estas pruebas para evitar preguntar sobre el precio, o dar por sentado que el producto es gratis. Este es un gran error. El precio que tus clientes están dispuestos a pagar es la medida del grado al cual has dominado la solución. Si tu producto realmente tuviera que regalarse es porque hay un valor a gran escala (piensa en Facebook), entonces tendrías que desarrollar una medida alternativa como el compromiso o el grado al cual los clientes admiran tu producto. Para el final de la segunda prueba, los clientes deberían estar preparados para pagar por tu producto; y para la tercera prueba tus clientes deberían estar dispuestos a pagar por el producto o algo estaría terriblemente mal: ya sea que la necesidad es muy pequeña o que la solución no es correcta. Nosotros repetiremos este consejo unas cuantas veces, pero por ahora necesitas asegurarte de establecer dos puntos claves en esta etapa y en la siguiente: precios y preguntas trascendentes.

Precios: Aunque no estás tratando de vender explícitamente (porque estas enfocado en el aprendizaje), deberías tomar la oportunidad de comenzar a aprender sobre puntos de precios mientras preparas a tus clientes iniciales. Sin vender nada puedes hacerles preguntas que te ayuden a identificar rangos de precios, tales como "¿Cuánto esperaría pagar por una solución como ésta?" Como sea que lo hagas, asegúrate de descubrir si tus clientes pagarían y cuánto pagarían—es un indicador crucial de la necesidad que describen. Un negocio con el que trabajamos atravesó todo el proceso NISI, pero ellos estaban muy nerviosos para preguntar a sus clientes acerca de sus precios. Aunque tenían la validación de la solución, ellos no tenían la pieza crítica de la validación—que es si los clientes pagarían por la solución!

Preguntas trascendentes: Preguntar sobre precios es indispensable para la validación de la solución. Nosotros denominamos *preguntas trascendentes* —a las preguntas difíciles que determinan si tienes la solución que te conducirá al éxito o no. Éstas preguntas son inquisiciones como "¿Estaría dispuesto a prepagar por este producto?" o "¿Si yo le doy esto gratis, instalaría hoy mismo el sistema?", o "¿Estaría dispuesto a comprar esto hoy?" Las preguntas anteriores son una medida de si has acertado con la solución, y la respuesta más confiable es el efectivo de los clientes. Dependiendo del contexto, tu pregunta diferirá, pero encontrar la respuesta puede ser absolutamente crítico.

Como un ejemplo, considera a ManyWheels, del cual hablamos previamente. ManyWheels siguió muchos de los principios que hemos discutido. Los fundadores dedicaron la mayor parte de su tiempo entrevistando a concesionarios de automóviles, casas de subastas, y a agencias de renta para entender la necesidad. Cuando llegó el momento de proponer una solución, en vez de seguir la lógica tradicional de construir un producto, los fundadores usaron un prototipo económico y rápido para mostrárselo a los clientes. Esto fue una dura prueba en el proceso porque los clientes rechazaron los primeros prototipos pero eventualmente comenzaron a preguntar cuando obtendrían el producto. Con la validación del producto en la mano, el equipo comenzó a construir el software para la solución, pero cuando presentaron la solución a los clientes, ellos descubrieron que habían olvidado hacer dos preguntas cruciales. La primera se refería a la primera fase del proceso NISI en la cual no sólo validaste la necesidad del cliente, sino que también llevaste a

> *La prueba de acertar con la necesidad es sí los clientes regresan tus llamadas; la prueba de dominar la solución es sí los clientes compran.*

cabo un análisis de mercado objetivo, tal como el tamaño del mercado, la competencia, ciclos de ventas, y así sucesivamente. La pregunta que los fundadores olvidaron se relacionaba con la oportunidad de mercado; ¿es la necesidad también una oportunidad de mercado? Resultó que aunque los clientes tenían una necesidad, ésta era pequeña (no era una picadura de mosquito pero era mucho, mucho más pequeña que una mordida de tiburón), y el ciclo de ventas requeriría mucho más de lo que habían imaginado. El equipo descubrió una necesidad, pero no había descubierto una oportunidad. La segunda pregunta se relaciona a la disponibilidad a pagar de los clientes. Los fundadores admitieron que ellos se habían negado a preguntar sobre el precio porque tales respuestas podían estar sobre el mapa, pero también se resistían a preguntar por los compromisos de los clientes. Como resultado, los clientes siguieron jugando, pero cuando los jugadores finalmente encararon la cuestión "¿Los clientes se comprometerían con un piloto? Ellos encontraron que de hecho, la necesidad no era suficiente para comprometerse. Aunque los fundadores eventualmente cerraron el proyecto, la historia tiene un final feliz—ellos aprendieron a fracasar rápido. Como los fundadores siguieron los principios descritos aquí, ellos aprendieron todas estas lecciones "en meses, no en años" por lo que avanzaron financieramente intactos y listos para el siguiente negocio.[73]

¿Qué pasa si estás equivocado? Aprende a cambiar

A pesar de tus mejores esfuerzos para validar la necesidad del cliente y la solución, podrías encontrar cuando pruebas tu prototipo que tu solución es incorrecta. ¡Esto es realmente un resultado fabuloso! Descubrir que estás equivocado puede ahorrarte años y miles de dólares, sino es que más. Recuerda que uno de los fundamentos del laboratorio NISI es fracasar rápido, y podrías descubrir en esta etapa que tu solución no resuelve la necesidad de tus clientes. En esta etapa necesitas valorar los datos y las alternativas para determinar si necesitas cambiar o abandonar el barco. La adaptación al cambio es una habilidad empresarial crucial, y muchos emprendedores exitosos hacen tales cambios en su camino al éxito[11] ¿Cómo saber cuándo se necesita cambiar? Tú has establecido tu hipótesis, has observado los datos, y estás dispuesto a continuar. Conforme avanzas en el proceso de prueba de prototipos, podrás repetirlo varias veces. Para muchos negocios nuevos, la segunda prueba puede repetirse varias veces antes de que aciertes, cada vez con una muestra diferente de clientes.

Una Nota sobre probar tu hipótesis versus el cambio

Cambiar puede ser crítico cuando topas con pared o descubres que estás equivocado, pero debes ser cuidadoso para no cambiar muy rápido cuando estás probando tu hipótesis. Específicamente, cuando les estas mostrando a tus clientes el prototipo, por cada muestra o conjunto de clientes que pruebes, se científico y no cambies el producto muy rápido. Cuando una compañía farmacéutica prueba un producto, lo hace con una muestra de pacientes, y si no funciona, la compañía reformula o abandona la droga. Sin embargo, la firma no reformula la droga entre cada paciente. Cuando pruebes tu prototipo, evita la tentación de cambiar tu mensaje entre cada cliente. Si estas alterando tu mensaje o concepto de producto entre las conversaciones, la retroalimentación que te brinde el cliente será difícil de interpretar. Trata de tener al menos tres o cuatro conversaciones con clientes con el mismo mensaje y concepto antes de hacer los ajustes.

UN EJEMPLO A PROFUNDIDAD: MOTIVE COMMUNICATIONS

Para su primera prueba, Motive Communications llevó a cabo tanto llamadas telefónicas como entrevistas con clientes. La segunda prueba consistió en el desarrollo de un prototipo y una serie de iteraciones que lo redefinieron. Motive Communications llamó a esto la fase de no-revelaciones (porque ellos no querían que los competidores se enteraran de lo que estaban haciendo), y ellos seleccionaron cerca de 25 compañías (que es un gran número) para probar y redefinir el prototipo. Al llevar los prototipos a los clientes y mostrarles su solución, Maples y su equipo descubrieron muchas piezas importantes de información. La primera, es que aún los clientes difíciles dijeron querer un gran conjunto de características, pero el equipo las redujo al mínimo al valorar si determinada función resolvía un problema específico o sí sólo sería "agradable tenerla." Características agradables se posponen hasta el segundo lanzamiento del producto. Otra observación importante que el equipo descubrió fue la necesidad de tener "contenido" o una base de conocimientos sobre soluciones que los ingenieros puedieran utilizar. Para el final del proceso, Maples y su equipo descubrieron varios aspectos críticos del producto que ellos podrían haber pasado por alto cuando pusieron a prueba su prototipo. Si hubieran omitido este paso, ellos hubieran construido un producto, hubieran tratado de venderlo y encontrado que los clientes tendrían muy poco interés en el producto a causa de que éste no resolvía su problema en una forma aceptable. Aún con esta validación profunda, en la tercera prueba Motive Communications encaró un reto a su confianza real.

La prueba tres: La prueba de la Solución

La tercera prueba es simple pero retadora. En ella te asociarás con los clientes para desarrollar una solución, usualmente a través de un programa piloto, para llevarla a una ronda final de iteraciones en la que la redefinirás en la solución que los clientes quieren. Por otro lado, la prueba es simple porque se asemeja a la segunda prueba, pero con un producto actual que se convierte en vendible. Además, la prueba es retadora porque en este punto, si has validado correctamente la necesidad y la hipótesis de solución, tus clientes deberían estar dispuestos a comenzar a pagar por el producto. En un modelo de desarrollo de producto tradicional los nuevos negocios no enfrentan este tipo de presión. El producto está todavía en lo que se conoce como etapa "beta", y la mayoría del tiempo los ingenieros están ponderando el producto sin mostrarlo. Si el producto es mostrado en su totalidad a los clientes, se generan problemas con la tecnología o con la estrategia de mercadeo, esto sin importar si el producto realmente resuelve la necesidad o no. Para el final de esta fase y la siguiente fase (la cual corre en forma paralela con esta), tú deberías haber encontrado la solución al producto y estar listo para comenzar a venderlo.

Los objetivos de la tercera prueba son refinar tu producto para que cumpla exactamente con las necesidades del cliente. En esta etapa la validación de tu producto, o definición de éxito, son los pilotos de pago, la validación del rango de precios y las preguntas trascendentes.

VALIDAR LA SOLUCIÓN

En la fase final de acertar con la solución, deberás regresar a tus clientes mientras construyes la solución para validar que estas escuchando verdaderamente y que has resuelto su problema. En vez de repetir lo que discutimos en la segunda prueba es más fácil decir que los pasos tácticos se resumen en dos: contactar a tus clientes, reunir al Panel de Compras alrededor de la mesa, mostrarles la solución, grabar la conversación y escuchar atentamente. Si has dominado la solución tus clientes deberían emocionarse y estar dispuestos a pagar si es que no lo han hecho. Ellos comenzarán a preguntarte cuándo obtendrán el producto o cómo pueden ser parte de una prueba piloto. Si ya estás probando el piloto estos clientes deberían estar ayudándote a hacer los cambios finales de manera que se comprometan a largo plazo con el producto. Su emoción debería ser visible y tangente. Si no, necesitas cambiar la solución basada en su retroalimentación. Para hacer esto requieres escuchar honestamente a tus clientes.

Tres cosas importantes para recordar: Rango de precios, preguntas trascendentes, y Conjunto Mínimo de Características

Durante la tercera prueba, recuerda la importancia crítica de los precios, las preguntas trascendentes y el conjunto mínimo de características. Como discutiremos en el siguiente capítulo, durante la tercera prueba deberías estar acercándote a los pilotos pagados por los clientes si estás desarrollando una solución B2B. Si tus clientes no están dispuestos a pagar, o el precio es muy bajo, para construir un negocio, quiere decir que no has identificado una gran necesidad o una gran oportunidad. Similarmente, se honesto contigo mismo sobre las preguntas trascendentes. Identifícalas y obtén respuestas ahora. Esconderte de la respuesta sólo hará el proceso más doloroso. Por último, mantén el Conjunto Mínimo de Características fuertemente enfocado. Puedes evitar arrastrar características trasladando todas esas funciones extras a la siguiente versión.

SI TE EQUIVOCAS, HAS CAMBIOS O SIGUE ADELANTE

Aún en etapa del proceso, es posible descubrir que estás equivocado. En tales casos es mejor hacer ajustes o seguir adelante. Para

ManyWheels, la respuesta fue seguir adelante. Para muchos emprendedores, la respuesta es hacer cambios. Considera el caso de Riya, que fue fundada por el experimentado emprendedor Web Munjal Shah, para desarrollar tecnología de reconocimiento facial. La visión de Shah era que las personas pudieran usar el software para buscar y organizar sus fotos. De muchas maneras Shah estaba en lo correcto, y los clientes expresaron no sólo su entusiasmo sino que el 94% de ellos mostró estar satisfecho con el producto cuando fueron encuestados. El único problema fue que los clientes nunca volvieron a usar el servicio otra vez. Las razones de esto confundieron a Shah y le tomó algo de tiempo darse cuenta que necesitaba cambiar su visión: "Cambiar … significa reconocer que tu visión inicial estaba equivocada," él asumió que "puede ser muy difícil."[74] Sin embargo, Shah se dio cuenta que los usuarios parecían estar usando el servicio para hacer búsquedas visuales en la web, como buscar un zapato o cualquier otro producto basado en una imagen. Shah cambió el nombre de la compañía y del sitio web a Like.com y lentamente comenzó a cambiar algunas de las funciones. En menos de dos años de hacer el cambio estaba generando compras anuales cercanas a los 100 mil dólares.

UN EJEMPLO A PROFUNDIDAD: MOTIVE COMMUNICATIONS

En la tercera prueba, Motive Communications se enfocó en validar la solución final con un grupo al que llamaron los clientes guía. La meta de la prueba final era perfeccionar la solución en conjunto con el grupo de clientes y entonces, cuando el producto fuera el correcto, habría que aplicarlo. Sin embargo, Mike Maples Jr. y su equipo quisieron asegurar a sus clientes que estaban comprometidos, así que ellos establecieron tres criterios para los clientes guía. Primero, las compañías seleccionadas tendrían que pagar 50 mil dólares por el beta; segundo, los clientes tenían que desplegar la solución; y tercero, los clientes estarían dispuestos a ser referencias para futuros clientes. Para realizar la prueba, Motive seleccionó a doce clientes potenciales quienes estaban interesados y de este grupo extendió la oferta a cinco de los clientes.

Sin reconocerlo explícitamente, Maples y su equipo estaban probando varias cuestiones cruciales al mismo tiempo, incluyendo lo que los clientes pagarían y si ellos instalarían el sistema del software en general. A pesar de la retroalimentación positiva inicial, cuando la fecha de pago se acercaba, ninguno de los clientes piloto había enviado su pago. Esto estaba preocupando al equipo de Motive particularmente porque otras empresas estaban llevando a cabo pruebas beta sin costo alguno. El equipo intentó todo para cerrar el trato, incluyendo visitas continuas y descuentos sobre el producto. Pero ninguna de éstas parecía funcionar. Mike y su equipo empezaron a preguntarse si quizás ellos deberían ofrecer la prueba beta de forma gratuita.

Si estás operando el desarrollo de un producto tradicional, entonces un producto "beta" es aquel que ha sido construido de acuerdo a especificaciones de ingenieros, que ha sido probado por técnicos y que ha sido mostrado a un numeroso grupo de clientes. De acuerdo a la lógica tradicional, los clientes no deben cargar con el costo del producto porque no está completo. Sin embargo, si has seguido el proceso NISI entonces en esta etapa el "beta" ha sido ampliamente validado por los clientes. Si los clientes no pagan ahora, ellos probablemente no pagarán después y el evitar esta confrontación sólo retrasa el dolor.

¿Qué fue lo que hizo Maples y su equipo? Ellos creyeron en el proceso y se mantuvieron firmes. Si los clientes no pagaban, eso sería una señal importante de que ellos aún no habían acertado con la solución. Si los clientes pagaban, eso también era una importante señal. En el caso de Motive, los cinco clientes pagaron los 50 mil dólares para ser parte del beta. No sólo pagaron esos cinco clientes, sino que los doce clientes potenciales que habían seleccionado también lo hicieron. Estos clientes gastaron millones en Motive Communications, y la compañía eventualmente se convirtió en una empresa pública, en parte porque ellos validaron la solución y porque respondieron a las preguntas más difíciles.

FASE 3: ACERTAR EN LA ESTRATEGIA PARA IR AL MERCADO

En el momento de su oferta pública inicial en 1987, Cisco—una empresa que fabrica ruteadores para comunicar diferentes redes— ya tenía un valor de varios cientos de millones de dólares. Hubo un momento en que la capitalización en el mercado alcanzó los 500 mil millones de dólares. Sin embargo, incluso en el momento en que realizó su oferta pública de sus acciones, Cisco no tenía el personal profesional de ventas, no contaba con una campaña estándar de mercadotecnia y ni siquiera había realizado compra alguna de publicidad hasta 1992, ocho años después del lanzamiento de la empresa. La falta de marketing por parte de Cisco va en contra de la sabiduría tradicional de que un gran presupuesto de mercadotecnia es indispensable para el éxito. La razón del éxito de Cisco fue haber acertado tanto en su producto como en su estrategia para ir al mercado. Cisco acertó con su producto gracias a la aplicación de los principios básicos del proceso NISI. Esto permitió a Cisco convertir de manera temprana a sus clientes en socios, hasta el punto de que les permitió modificar el código fuente del ruteador. De hecho, el router multiprotocolo, que domina el mercado hoy en día, surgió porque los clientes sentían el dolor que Cisco estaba tratando de aliviar(Chuck Hendrick at Rutgers University agregaron el ruteador DECnet y Greg Satz incorporó el XNS). Pero Cisco también tuvo éxito porque logró un íntimo entendimiento de lo que era importante para llegar a sus clientes en su estrategia de lanzamiento al mercado. Si los fundadores de Cisco, Len Bosack y Sandy Lerner, hubieron hecho caso a la sabiduría convencional de Silicon Valley, hubieran gastado en vano miles de dólares en publicidad y mercadotecnia. Sin embargo, debido a que Cisco había llegado a entender íntimamente a sus clientes al comprender también su proceso de compra y la infraestructura del mercado que necesitaba para llegar a esos clientes. En este caso, la mejor manera de llegar a los clientes era a través de referencias en la naciente ARPANET, la red que después sería Internet.A través de lo que hoy podría llamarse una rudimentaria campaña de redes sociales, los fundadores dieron a conocer los sistemas de Cisco por casi nada y no tardaron en lograr una ganancia promedio de ¡$ 300 mil dólares por mes!

El éxito de Cisco ilustra el poder de acertar en la estrategia de salida al mercado antes de gastar dinero en marketing y ventas. El propósito de la "acertar en estrategia de lanzamiento significa el desarrollo de un profundo conocimiento del proceso por el cual los clientes conocerán y decidirán comprar el producto o solución.Esto implica entender el trabajo que los clientes están tratando de hacer, la determinación de su proceso de compra (la cadena de información desde el momento que conoce el producto, a través de la compra, y cuando se deshace de esa información), la cartografía de la infraestructura del mercado y el cierre de una venta pagada de los clientes piloto. Realmente la comprensión de esta información proporciona un mapa caliente de como dirigirse a los clientes y los hechos con los que se puede construir una estrategia de ventas y de mercadotecnia exclusiva para su negocio.Se requiere algo más que la comprensión del "qué" de sus clientes porque es más importante entender el "porqué".

La fase de acertar en el lanzamiento al mercado corre paralela a la fase anterior: Acierta en la solución. La razón para discutir estas dos fases (acierta a la solución y acierta en la estrategia de lanzamiento al mercado) en capítulos separados se hace para enfatizar como estas ideas son muy diferentes una de otra. Sin embargo, acertar en la solución y en la estrategia de lanzamiento al mercado se logra realmente al mismo tiempo. De hecho, este capítulo está organizado alrededor de las tres pruebas principales que discutimos en el capítulo anterior (prueba del prototipo virtual, ensayo del prototipo, y la prueba de la solución).La intención es que en cada una de las pruebas del capítulo anterior en relación con la solución, también participes en actividades específicas para descubrir y validar la estrategia de salida al mercado.

Figura 23: Pasos para acertar en la estrategia para salir al mercado

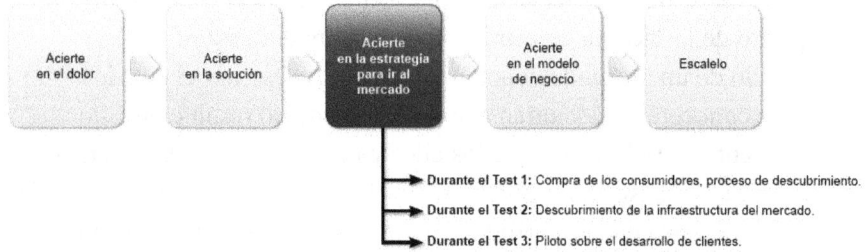

Durante el Test 1: Compra de los consumidores, proceso de descubrimiento.

Durante el Test 2: Descubrimiento de la infraestructura del mercado.

Durante el Test 3: Piloto sobre el desarrollo de clientes.

Estas actividades incluyen la comprensión del proceso de compra de los clientes, el descubrimiento de la comunicación con el mercado y la infraestructura de distribución y desarrollo de clientes piloto. Se correlacionan con las tres pruebas de la Fase 2 de la siguiente manera:

Figura 24:Como los pasos de la fase para salir al mercado se correlacionan con los pasos para acertar a la Solución.

Acierta en los pasos de la solución		Acierta en los pasos de la estrategia para ir al mercado
Test del prototipo virtual	➡	Proceso de compra de los consumidores y descubrimiento del modelo de ventas
Test del prototipo	➡	Comunicación y descubrimiento de la infraestructura de distribución
Test de la solución	➡	Piloto sobre alianzas

Durante El primer test (La prueba del prototipo virtual) Descubrimiento del proceso de compra de los clientes y del modelo de ventas

Descubrimiento del proceso de compra del cliente

Apple no revolucionó la venta de reproductores de MP3 solamente con hacer un mejor reproductor de MP3. Por supuesto, parte del éxito de iPod se debió a que es un gran producto—al ser más simple y fácil de usar que los reproductores de MP3 anteriores. Pero existe otra razón importante en el éxito del iPod de Apple y es que vio más allá del producto al poner atención al proceso de compra de los clientes. Cuando examinaron de principio a fin cómo los clientes utilizaban la música digital, descubrieron que para la mayoría de la gente, el reto de adquirir, transferir y gestionar la música digital no era sólo difícil sino abrumador.Al reconocer esta falla crítica en el proceso de compra, Apple desarrolló la tienda de música iTunes y el software, lo que hizo más fácil en gran magnitud comprar, organizar y transferir música a un reproductor de MP3. Mediante un cuidadoso proceso de comprensión de sus clientes sobre la compra y y participación en la satisfacción de sus clientes el iPod no solo le dio un posición exitosa a Apple sino que abrió un nuevo segmento de clientes que previamente había rehuido a la compra de música digital y reproductores de MP3. El éxito de Apple es un poderoso ejemplo de la importancia de la comprensión de los procesos de compra de los clientes.

Tener una gran solución por sí solo no es suficiente para el lanzamiento de un negocio exitoso, los nuevos emprendimientos necesitan también entender el proceso de compra de los clientes, este proceso es algo más que la venta, es el mapa de las actividades de los clientes desde el momento en que se enteran de su producto a través de la compra y el uso de la disposición final de su producto. Incluso para el más manoseado mercado el entendimiento del proceso de compra del cliente puede ser poderoso. Cuando una de las mayores firmas farmacéuticas del mundo hizo el lanzamiento de un antidepresivo en la clase de fármacos ISRS, que iba en contra de productos bien establecidos como el Prozac.A pesar de que el nuevo fármaco de la empresa era efectivamente de la misma clase de medicamento o por lo menos similar, en lugar de lanzar una campaña "yo también " tengo este medicamento, que podría haber resultado mal frente a un competidor tan arraigada, la compañía lanzó un extenso análisis del proceso de compra de los clientes. Lo que descubrieron fue que en la prescripción de medicamentos, los médicos a menudo asociaban ciertas etiquetas descriptivas a un producto en particular. Por ejemplo, los médicos parecían asociar Prozac con la depresión, y cuando el paciente llegaba a quejarse de "depresión" un alto porcentaje de nuevas prescripciones eran recetadas para Prozac. Un análisis de los medicamentos competidores y sus "etiquetas" reveló que ningún fármaco se asociaba claramente con la ansiedad. Por eso, cuando la compañía lanzó su nuevo medicamento, hicieron hincapié en "la ansiedad", y aunque la droga tenía aproximadamente el mismo efecto químico, el etiquetado diferenciado (que la empresa descubrió al explorar el proceso de compra) llevó a la farmacéutica de drogas similares a lograr una superproducción multimillonaria.

El proceso de compra de los clientes se define por el trabajo que el cliente está tratando de hacer y todas las actividades relevantes que rodean a ese trabajo. Para descubrir el proceso de compra, tienes que pedir específicamente a los clientes que te digan como completan ese "trabajo" con las soluciones pertinentes, de principio a fin.Por ejemplo, los puntos clave en el proceso incluyen la forma que los clientes toman conocimiento del producto, dónde reúnen la información, cómo utilizan esa información para hacer compras, y así sucesivamente. La siguiente figura proporciona un mapa típico del proceso de compra de los clientes, o la cadena de consumo como ha sido llamado por otros autores.[75]

Figura 25: Proceso genérico de compra del cliente

Conciencia del cliente — Evaluación del cliente — Compra del cliente — Uso del cliente

Una forma sencilla de empezar sería hacer preguntas a los clientes sobre cada uno de estos pasos, por ejemplo, cómo resuelve el problema en la actualidad, ¿cómo decide cuál es la solución para comprar, y así sucesivamente. Simplemente tome una fase de la compra y una pregunta relacionada con esta. Por ejemplo, puedes preguntar "¿Cómo se enteró de los nuevos productos?" Si sus clientes responden que ven revistas profundiza más y tal vez preguntes "¿Qué tipo de revistas le gusta leer?" Y "¿En qué parte de las revistas encuentra más información?", Cuando nosotros trabajamos con un nuevo emprendimiento, literalmente hacemos estas cuatro categorías de preguntas y profundizamos mientras se sienta cómodo el cliente. A pesar de que hemos descrito brevemente este tema representa un paso importante en acertar en la estrategia de lanzamiento al mercado. No lo olvides.

Por último, cuando realices este trabajo de exploración, es posible que desees tomar nota de cómo el proceso de compra puede ser diferente cuando los clientes compran a una gran empresa frente a cuando lo hacen a una nueva empresa. También, como señalamos anteriormente, comienzan a explorar los puntos de precio. Recuerda que no estás tratando de vender el producto y tu concentración está en escuchar. La disposición de los clientes a pagar es una validación de la solución que afinará el tema de los precios durante la prueba de prototipo y al momento de llegar a la tercera prueba —El test sobre la solución— deberás estar concluyendo la prueba piloto del pago de los clientes.

DESCUBRIMIENTO DE UN MODELO DE VENTAS BASADO EN EL PROCESO DE COMPRA

En esta etapa, no debes esperar dominar plenamente el proceso de compra ya que estás haciendo observaciones preliminares que reforzarás con más datos. A través del resto del proceso podrás continuar refinando el entendimiento del proceso de compra. Sin embargo, cuando hagas observaciones, comienza a pensar cómo activar el proceso de compra en un proceso de ventas repetible. Puede ser útil para obtener información del proceso de compra del cliente tratar de identificar puntos de apalancamiento que pueden influir en las decisiones de compra.Puntos de apalancamiento son todos los puntos del proceso de compra que podrían influir en sus clientes para tomar una decisión de compra.

Como un ejemplo del poder del entendimiento del proceso de compra del cliente considere el caso de SuperMac. Al principios de su historia, SuperMac fue una computadora de Apple con periféricos innovadores y una de las primerascon una unidad de disco externo, el primer programa a color, los primeros gráficos a color y el primer monitor de color de los ordenadores de Macintosh. A pesar de que SuperMac's tenía muchas invenciones, la compañía continuaba inmersa en el Capítulo 11 de la ley de quiebras estadounidense. Pero antes de vender los activos, dos empresas de riesgo invirtieron $8 millones de dólares en la apuesta a que la SuperMac podría ser revivida. En ese momento, los competidores de la SuperMac tenían una cuota de mercado superior al 90%, y la compañía había venido operando con pérdidas significativas.El equipo pensó que podrían triunfar si salían del mercado de sus competidores o de las innovaciones que ellos proponían. Pero cuando el nuevo vicepresidente de marketing, Steve Blank, llegó y preguntó quiénes eran los clientes, la respuesta del equipo SuperMac coincidió con la segmentación oficial de los clientes—Los clientes de SuperMac eran los profesionales y los usuarios de computadoras."Blank reconoció que el equipo SuperMac, como la mayoría de los empresarios, parecía estar actuando en suposiciones no comprobadas acerca de sus clientes. Por ejemplo, cuando les preguntó si alguien había examinado todas las tarjetas de registro de productos que los clientes habían llenado al adquirir el producto, sólo obtenía como respuesta un silencio sepulcral. Entonces Blank sacó 10,000 tarjetas de registro no examinadas y empezó a hablar personalmente con los clientes para entender quiénes eran ellos, cuál era su dolor, y cómo fue el proceso de compra por el cual adquirieron los productos. Recuerde, las llamadas las realizó el vicepresidente de marketing, no un pasante de verano o incluso no fue el director de marketing.

Al final de tres meses, Blank emergió con hechos que destrozaron por completo los supuestos previos de la compañía y cambiaron el rumbo de la empresa. En primer lugar, descubrió que los clientes no eran "profesionales", pero eran profesionales de la autoedición de diseño gráfico. En segundo lugar, estos profesionales buscaban adquirir tarjetas gráficas con el único fin de correr cuatro aplicaciones de autoedición: Quark, Adobe y sus competidores. Finalmente, los profesionales de autoedición se preocupaban mucho más sobre el desempeño de los precios. Estos simples hechos arrojaron nueva luz sobre la "solución" de que SuperMac debía enfocarse en el desarrollo. Además de esta información radical, las entrevistas de Blanck revelaron mucho sobre el proceso de compra de los clientes. Previamente SuperMac había gastado una gran cantidad de dinero en publicidad en varias revistas, atendido a conferencias y pagado un gran premio a la empresa ganadora del diseño de la caja de la SuperMac (que tenía un cuadro indescriptible de un haz de luz en la parte frontal de la caja). Se dio cuenta de que los clientes finales no le prestaban mucha atención a la publicidad, sino que su guía para comprar fueron los comentarios que recibieron de los productos. Además, aunque SuperMac trató de exponer en numerosas y diferentes conferencias, los clientes sólo se preocupaban de la conferencia MacWorld.Finalmente, cuando los clientes tomaban la decisión de compra en las tiendas, estaban buscando datos específicos con los cuales guiar las decisiones de compra y no gráficos de lujo. Después de unos meses de trabajo, SuperMac descubrió que no entendían a sus clientes y que estaban tirando su presupuesto de marketing.

Con un profundo conocimiento del proceso de compra, SuperMac se dedicó a crear un modelo de ventas repetible. Uno de los problemas de SuperMac fue que los comentarios señalaban un mal desempeño de los productos de la compañía. Sin embargo, con una comprensión más profunda del "trabajo" que el cliente estaba tratando de lograr, el equipo notó algo interesante:la mayoría de los comentarios se basan en detalles muy técnicos, como el porcentaje de bits que a los profesionales del diseño gráfico no les importaba mucho. Así que el equipo se dedicó a crear un conjunto de puntos de referencia objetivo para medir el desempeño de la tarjeta gráfica en las cuatro aplicaciones de diseño que les interesaba a los clientes. Para dar a los puntos de referencia un aire objetividad los llamaban los puntos de referencia Potrero (que era el nombre de la calle de SuperMac en San Francisco). Para ser justos, los puntos de referencia eran objetivos con relación a las preocupaciones de los clientes sobre las aplicaciones de software, y en un primer momento, los productos SuperMac lograron un buen desempeño en sólo algunos aspectos. Pero con parámetros de medición, los ingenieros encontraron que era fácil ajustar y optimizar las tarjetas gráficas para lograr un buen desempeño en todas las dimensiones.

Posteriormente Blank se acercó a los editores de diferentes revistas, uno por uno y en una conversación amistosa señaló que la mayoría de sus críticas se basan en aspectos técnicos que eran irrelevantes para los diseñadores gráficos.Los editores no solo estuvieron de acuerdo sino que preguntaron si SuperMac había descubierto una mejor solución. ¡Adentrarse en los puntos de referencia Potrero! Pronto SuperMac empezó a ser analizada en las revistas que sus clientes leían, citando como referencia que SuperMac se había rediseñado y que sus productos se habían optimizado. Además, el equipo SuperMac dejo de asistir a otras conferencias y centró todos sus esfuerzos en la MacWorld. Posteriormente rediseño su caja con etiquetas en las que se destacaba las ventajas del procesamiento del software para publicaciones frente a la competencia. SuperMac acertó al dolor del cliente y a su alivio y, entonces al descubrir el proceso de compra del cliente, creo un poderosos modelo de ventas. Los resultados hablan por sí mismos, con la décima parte del presupuesto de sus competidores, SuperMac le dio la vuelta a la compañía en tres años y medio de un valor de (sus acciones) de 10 centavos y una participación de mercado del 11% la catapultó a una participación del 68% y pasó de la bancarrota a registrar 150 millones de dólares en ventas.

DURANTE EL SEGUNDO TEST (LA PRUEBA DEL PROTOTIPO): DESCUBRIMIENTO DE LA INFRAESTRUCTURA DEL MERCADO

La venta a los clientes rara vez representa un canal directo de comunicación entre la empresa y sus compradores ya que hay muchos participantes que intervienen en la infraestructura de comunicación y distribución que pueden influir en su éxito.El gurú del marketing Regis McKenna llama a estas relaciones *la infraestructura del mercado*, que tiene algunas coincidencias con la infraestructura de distribución (o cadena de valor). Para tener éxito hay que entender la organización, enlaces, y las motivaciones en cada nivel de la infraestructura del mercado. Durante el segundo Test, tendrás que continuar validando el proceso de compra del cliente, pero también deberás de empezar a mapear tanto la comunicación del mercado como la infraestructura de distribución. Con este mapa en las manospuedes entonces desarrollar una estrategia para aprovechar los diferentes niveles de la infraestructura en tu beneficio. Los objetivos de la comunicación con el mercado y el descubrimiento de la infraestructura de distribución son identificar la infraestructura del mercado para desarrollar una estrategia e influir en los puntos clave de los diferentes niveles con el propósito de que los primeros clientes se sientan a gusto con su decisión de compra.

MAPEO Y ENTENDIMIENTO DE LA COMUNICACIÓN DEL MERCADO Y LA INFRAESTRUCTURA DE DISTRIBUCIÓN

La infraestructura del mercado consiste en todos los jugadores entre tú y los clientes que influyen en sudecisión de compra. Por lo tanto, en el fondo el proceso de comprensión de la infraestructura del mercado está estrechamente vinculada a su eventual venta, marca, y los esfuerzos de desarrollo de negocio. Una forma útil para describir la infraestructura del mercado fue desarrollada años atrás por Regis McKenna,[76]que la ilustró con un modelo de pirámide invertida que todavía hoy en día resulta útil.Después de años de ensayo y error hemos modificado la pirámide de la infraestructura de mercado de Regis McKenna para enfatizar los "tipos" de jugadores de la infraestructura del mercado en que se basan los clientes que desean realizar una compra, o que "checarán" al hacer una compra. Esta infraestructura de mercado puede ser jerarquizada en cinco actividades principales de desarrollo de negocio. Comenzando por la base en el nivel uno cada nivel influye en el nivel superior (Figura 26). Cada grupo de la pirámide representa un conjunto de grupos de interés que los clientes, directa o indirectamente, toman de referencia a la hora de adoptar una decisión de compra. Además, no sólo importa cada grupo de participantes en la infraestructura de comunicación del mercado, sino que hay un orden para trabajar con cada grupo que avanza desde la parte inferior de la pirámide hasta la cima.

Figura 26: Infraestructura de Comunicación del Mercado

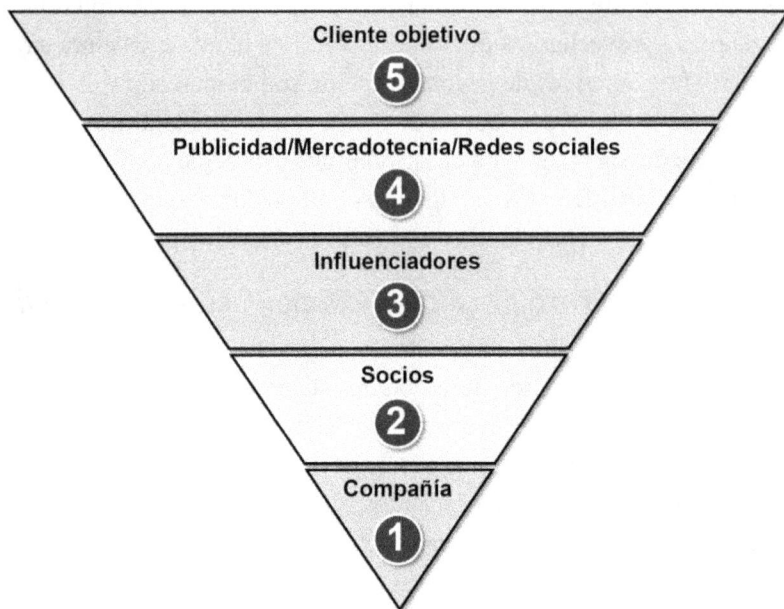

Nivel 1 - Compañía: Comenzando con la organización, el nivel uno representa todas las cosas que puedes hacer entre las cuatro paredes de la empresa para influir en la decisión de compra del cliente. Comenzando con acertar con el producto así como acertar en la estrategia de lanzamiento al mercado, el equipo tiene influencia sobre los folletos, materiales de marketing, el sitio web, los precios, y decenas de decisiones creativas que generan credibilidad y ayudan al posicionamiento e influencian la venta del producto al cliente.

Nivel 2 - Socios: El siguiente nivel en la infraestructura de comunicación del mercado son los socios. Un socio puede ser definido como cualquier persona que se sienta de tu mismo lado de la mesa y quiere vender al mismo cliente en la parte superior de la pirámide. Los socios podrían ser los distribuidores, proveedores de contenido, empresas especializadas en ventas u otras compañías con intereses económicos relacionados, así como los primeros clientes de referencia (los clientes tempranos de referencia son clientes a los que otros están dispuestos a seguir y validar sus esfuerzos pioneros).

Nivel 3 - Influenciadores: El siguiente nivel de la infraestructura del mercado son los influenciadores de la industria. Este grupo traspasa los límites que influyen en ambos lados de la ecuación—ellos venden tanto a ti como a tus clientes. Estos son los grupos influyentes de la industria como la prensa, los medios de comunicación, analistas de la industria, asociaciones comerciales, grupos de usuarios, líderes de opinión, y otros que influyen en la industria.Dependiendo de la naturaleza de la solución pueden existir otros importantes influenciadores que pueden no estar identificados en la mercadotecnia tradicional. Las redes sociales influyen mucho en el pensamiento y la opinión de los clientes. Mientras que en el pasado los clientes podrían haber dependido exclusivamente de las críticas de una revista, hoy en día pueden complementar o incluso sustituir los comentarios de la opinión editorial por elementos influenciadores. Para algunos clientes es más probable que puedan serfactores de influencia blogs, sitios en internet de evaluación de productos creados por usuarios, o algún otro recurso. Mantenga sus ojos y oídos abiertos para estos influenciadores.

Para una movilización eficaz de personas influyentes se tendrá que entender qué es lo que les importa y qué comunican. Algunas personas influyentes, como los gurús o líderes de opinión pueden ser convencidos al llevarlos como miembros del consejo o asesores. Los influenciadores de redes Sociales se preocupan más por el ángulo en el producto (si es cool, disruptivo,etc) o sobre sus motivos (¿Está usted enfocado en hacer dinero o en cambiar al mundo?). Sin embargo, otros factores de influencia, como el interés por acceso libre en internet, puede ser de interés sobre su compromiso con la comunidad. Por último, lo más probable es que los influenciadores tradicionales, como los analistas del sector, se preocupen por los clientes/tracción de mercado y sólo interactuaran contigo una vez que existan clientes. Por ejemplo, cuando yo (el autor Paul Ahlstrom) estaba tratando de obtener una cobertura favorable por parte de los analistas para mi empresa en creación Knowlix , fui con Patrick McBride, analista de Meta Group. Él me dijo que si quería ganar cobertura de analistas, "Nunca vengas y me preguntes mi opinión. Ven y dime lo que el mercado y los clientes están diciendo de tu empresa". La buena noticia es que si estás siguiendo el proceso de NISI desarrollarás la retroalimentación exacta de los clientes que a los analistas les interesa.

Por último, la prensa y los medios ejercen una influencia importante, pero se debe utilizar con precaución. Muchos empresarios con experiencia sostienen que sólo existe una oportunidad para realizar un gran lanzamiento en los medios de comunicación, por lo que debe reservarse hasta que realmente se acierte en el producto. De hecho, en la primera etapa los inversionistas de Tech Stars explícitamente evitan invertir en empresas que han recibido mucha atención de los medios, en parte porque han desgastado lo que puede ser un gran lanzamiento, y en parte porque en la exposición a los medios de comunicación los emprendedores pueden encabezar la cobertura lo que dificulta el trabajo. Por lo que no quieren buscar la cobertura de prensa demasiado y demasiado temprano en su desarrollo. Espere hasta que haya acertado a la solución y en la estrategia de lanzamiento al mercado y esté comenzando a hacer ventas y a continuación puede aprovechar los medios de comunicación.

Nivel 4 - Publicidad/Mercadotecnia/Redes Sociales: Este es el último nivel antes de tu cliente objetivo y representa la publicidad variada, el marketing y las redes sociales o los medios o vehículos para llegar a los clientes objetivo de una manera creíble. A medida que tu empresa y el producto comienzan a tomar impulso en el mercado podrás inclinarte por un modelo que esté funcionando. A medida que interactúas con tus clientes debes recoger pistas en el camino sobre la publicidad que ven los clientes y sus preferencias de marketing. ¿Qué atención ponen en revistas, páginas web, ferias, conferencias, u otros vehículos, tales como blogs, boletines de noticias, webcasts, o informes?Sea cual sea el medio que elijas, debes ser muy selectivo en los canales más específicos y relevantes para los clientes y enfocar todos tus recursos a lo grande o regresar a casa. Ya sea que tu objetivo sea una generación o la construcción de una marca debes mantener esfuerzos precisos y coherentes. Igual de importante es medir los resultados. Por último, la repetición dirigida aumenta la comodidad de los clientes con tu empresa y su solución.

La estrategia redes sociales merece una atención especial, las interacciones en redes sociales dependen en sí están influyendo o la difusión que tiene, pueden extenderse a las categorías 3 y 4, pero para mantener las cosas simples nosotros enfocaremos la discusión aquí. Las redes sociales pueden ser una poderosa herramienta cuando se aplican con eficacia o no tener ningún valor prácticamente cuando se hace mal. La simple creación de una página en Facebook y una cuenta de Twitter para tu nuevo negocio no tendrá mucho efecto. Además, el lanzamiento de un blog y la publicacióndiaria se puede ver como productivo pero los blogs toman tiempo para reunir audiencia, por lo que puede pasar un año o dos antes de que alguien realmente escuche lo que se está escribiendo. Por lo tanto, al pensar en los medios de comunicación social, debes pensar en dos cosas: la estructura y el *timing*, o el momento preciso.

Aunque la estructura de una interacción social puede parecer obvio, una vez que se señala, pocas personas piensan en ello (por eso se lanzan páginas de Facebook más bien inútiles o se propagan publicaciones en blogs y tweets sin utilidad). La estructura se refiere explícitamente a la "estructura" de la red social. En los términos de los investigadores que estudian estos temas, las redes se componen de dos cosas: nodos y conexiones. En cualquier red, algunos nodos se encuentran en el centro, con muchas conexiones que llegan a ellos, mientras que otros nodos son muy tangenciales y tienen algunas conexiones.Por ejemplo, si estudiamos en la red sitios web de noticias sobre el espíritu emprendedor como TechCrunch y VentureBeat veremos que son sitios ejes; muchos otros sitios web se refieren a ellos y punto, mientras que el sitio web de tu amigo que comenzó hace seis meses, tiene pocos o ninguna conexión. Lo mismo se aplica a los blogs, Twitter y cualquier otra forma de medios de comunicación social. Para estar en el centro de los asuntos se necesita una gran cantidad de tiempo y trabajo. Ese es el por qué si lanzasal azar la página de Facebook o una cuenta de Twitter, lo más probable es que obtengas una influencia muy limitada (aun así debes lanzarla, porque puedes comenzar a dar impulso al Plan). Eso significa que tienes dos opciones: o encontrar una nueva red o estudiar la estructura de la red y encontrar una manera de aprovechar a los jugadores en el centro.

Si estás en un nuevo mercado puedes ser capaz de crear en esencia una nueva red a tu alrededor creando un mensaje interesante o innovador. Por ejemplo compañías desde a Apple a Redhat a Google han creado mensajes en torno a Microsoft como el Imperio del Mal y se colocan en el centro de la discusión. De manera similar si la solución crea un nuevo mercado o puede redefinir un antiguo mercado, puede ser capaz de crear nuevas discusiones y ponerse en el centro de ellas.

Lo más probable es que no se pueda crear un nuevo mercado, por lo que la clave será la identificación de la "parte central" de los jugadores en la gráfica social y luego encontrar la forma de influenciarlos y monitorearlos.Es posible que tengas que trabajar tu camino en la conversación, establecer la credibilidad como un actor clave, o encontrar otra manera de ser presentado o transmitido en un canal de medios de comunicación social. También puedes querer controlar la conversación en redes sociales para encontrar los puntos donde te puedes insertar o aprovechar un evento para tu beneficio. Si no crees que esto es posible considera el ejemplo de Banyan Branch, una nueva empresa que pagó millones de dólares por un portafolio global de firmas para monitorear las conversaciones en redes sociales e insertar un mensaje positivo o hacer un control de daños cuando algo malo ocurría. Por ejemplo, cuando Banyan Branch oía algo negativo acerca de sus clientes en la blogosfera o en el universo Twitter, ellos a menudo llegaban a los influenciadores claves ofreciéndoles almorzar o tener una conversación con un ejecutivo de alto perfil para ver si el cliente podía "ayudarles a clarificar" o contestar preguntas. A veces un poco de amor puede construir un largo camino. A pesar de que aquí no podemos cubrir todas las tácticas, se puede estudiar ejemplos de otros para aprender a influir en los actores principales en la industria.

En términos de *timing*, una vez que reconoces la estructura de una red social, la idea que sigue con bastante rapidez es que se necesita tiempo para construir una conversación y convertirte en un actor central.Eso no quiere decir que no lo intentemos, pero sí significa que se debe empezar ahora si quieres tener una plataforma de difusión en el futuro. También debes pensar con cuidado acerca del tiempo de los mensajes en términos de la conversación más amplia de la que deseas formar parte. Por último, no olvides que las redes sociales están menos limitados por los canales de distribución tradicionales por lo que se puede ser creativo. Tomemos por ejemplo las tácticas de Grasshopper, un sistema telefónico para empresarios. Ellos crearon un video barato (pero profesional) que hacía un juego de palabras sobre la popular película Imperio de la Mente (sobre Nueva York) con Alicia Keys y Jay Z. En el video de Grasshopper, bautizado como Dork, aparece un empresario de San Francisco que se levanta de la oscuridad a la fama a través de su página de web y su estrategia en internet para llamar la atención. Este divertido video recibió más de medio millón de visitas en dos semanas, muy eficaz.

La cadena de valor dentro de la infraestructura del mercado

A medida que trates de mapear y entender la infraestructura de comunicación del mercado, también debes de prestar mucha atención a la infraestructura de distribución o cadena de valor. A los mapas de la cadena de valor, del flujo de entradas y salidas hasta llegar al cliente final (por ejemplo, ver Figura 27).

Figura 27: Mapa de la cadena de valor

La cadena de valor ayuda a describir la infraestructura de distribución de la industria, y si bien puede diferir en algunos aspectos de la infraestructura de comunicación, las dos estructuras a menudo se superponen de manera significativa. Puede ser útil para analizar la infraestructura de distribución por el simple hecho de que la experiencia puede ayudar a reconocer a los jugadores de la infraestructura del mercado que puedes haber perdido. En particular, asegúrate de no perder a tus distribuidores. Son socios en el proceso, y aunque ellos también quieren vender a los clientes, como hemos descrito anteriormente, pueden tener requisitos únicos que es necesario tener en cuenta.

Ejemplo a profundidad de la infraestructura de comunicación del mercado

Anteriormente mencionamos a Knowlix como un ejemplo de una empresa que aplicó el proceso de NISI de extremo a extremo. Knowlix surgió después de que hice (Paul Ahlstrom) un análisis de mercado y de productos de Folio Corporation, en donde administraba el desarrollo de productos y de negocios. Folio, un pionero de los motores de búsqueda, recibió numerosos premios por sus productos basados en PC-CD ROM. Folio había establecido una posición de liderazgo en el mercado en la industria de publicidad profesional, pero estaba teniendo dificultades para traducir su éxito inicial a otros mercados. Folio, que comenzó como una empresa impulsada por la tecnología, vivía la transición a una compañía de ventas como motor. En un intento de transformar la empresa en una compañía impulsada por el mercado, hice un análisis de todas las industrias y las aplicaciones en las que Folio había vendido productos a través de sus ocho años de historia. El resultado fue una matriz de 22 por 84 variables de la industria en la parte superior,con las que se identificaron 1,848 soluciones diferentes en el eje vertical. Luego se sumaron todos los ingresos históricos generados por cada aplicación en cada mercado y se clasificaron todas las oportunidades.

El mayor número de intersecciones fueron referentes a la publicidad y las solución electrónicas de Folio para publicaciones. El descubrimiento más sorprendente fue que la segunda mayor fuente de ingresos lo dio la intersección de la industria de Tecnología de la

Información y las aplicaciones de resolución de problemas. Folio era un jugador importante en una industria que ni siquiera había visto como objetivo. Después de entregar el análisis, surgió la pregunta" ¿Qué pasaría si nos enfocáramos a esta oportunidad?" No es de extrañar que el consejo al equipo directivo de Folio era centrarse en dominar claves verticales con afinidad natural con la tecnología de Folio. Por desgracia, la compañía estaba considerando una adquisición, y la administración decidió que esta nueva idea era una distracción.

Como la compañía no estaba dispuesta a aprovechar esta oportunidad, obtuve el permiso para adquirir el software y centrarlo en un pequeño nicho de mercado: La Resolución de Problemas de TI. Para la directiva de Folio el nicho parecía tan pequeño que apenas valía la pena el tiempo. Muchos en la compañía me desearon "buena suerte en hacer algo bueno con un nicho tan pequeño." Con los acuerdos de las licencias en la mano dejé Folio y fundé Knowlix a finales de 1997, aplicando los principios NISI de validar el dolor y la solución, mantener las cosas simples y confiar en la retroalimentación de los clientes para interactuar sobre la solución. A partir de un prototipo el equipo reunió información temprana sobre lo que los clientes estaban buscando para resolver su dolor. En las últimas versiones del prototipo habíamos desarrollado herramientas de retroalimentación que usamos en las versiones alfa y beta del software y que nos permitieron ver que los clientes se preocupaban por las características y la forma en que se estaban utilizando. También trabajamos muy de cerca con los clientes para entender su flujo de trabajo, interactuando con ellos cientos de veces para simplificar el producto antes del lanzamiento. A medida que el equipo de desarrollo estaba refinando el conjunto de características correctas y acertando en el producto, nos centramos en la comprensión de la infraestructura del mercado así como en la comunicación y la creación de una estrategia para ir al mercado y lograr que fuera aceptado. A través de clientes potenciales aprendí que era lo que importaba en el ecosistema y lo que tenía que hacer para convencer a los clientes a comprar. Como un ejemplo de cómo funciona este proceso, examina la conversación entre un director de TI de John Deere y yo:

Ahlstrom: "Estoy dando seguimiento a la reunión de la convención de IDH y quería ver si usted todavía busca en el mercado una solución de administración del conocimiento para sus operaciones de soporte."

Director de TI de John Deere: "¿Qué quiere usted decir con administración del conocimiento?"

Ahlstrom: "Es la resolución de problemas con una base de conocimiento en la que se pueden encontrar las respuestas de manera más fácil."

Director de TI de John Deere: "Nosotros hemos estado buscando la resolución de problemas con una aplicación de este tipo. ¿Lo que hacen lo integran con Remedy? (Note la idea clave de contar con importantes socios)

Ahlstrom: "Si, nosotros estamos integrados con Remedy."

Director de TI de John Deere: "¿Están certificados como socios de Remedy?"

Ahlstrom: "No. Nosotros trabajamos con ellos pero no tenemos aún un certificado de socios ¿Qué otra cosa podría ser útil?"

Director de TI de John Deere: "¿Tienen contenido? "

Ahlstrom: "Sí, podemos indexar cualquier contenido."

Director de TI de John Deere: ""No, no quiero cualquier contenido, quiero el contenido de Microsoft y Novell."

Director de TI de John Deere: "¿Quiénes son algunos de sus clientes?"

Ahlstrom: ""Nos separamos de Folio y acabamos de lanzar este nuevo producto. Mientras que Folio tiene muchos clientes, nosotros no tenemos todavía ningún cliente de este nuevo producto."

Director de TI de John Deere: "Yo no voy a ser conejillo de indias y probablemente no esté interesados en comprar su producto." (Esto da una idea de que este es un cliente tradicional no un innovador)

Ahlstrom: "Entiendo que esto puede no ser una buena opción para usted ahora, pero ¿me ayudaría a entender lo que tendríamos que buscar para hacerlo sentir cómodo de comprar nuestro producto?"

Director de TI de John Deere: ¿Qué analistas les dan seguimiento?"
Ahlstrom: "¿Qué analistas le interesa?"
Director de TI de John Deere:"Gartner Group."
Ahlstrom: "¿Algún analista en particular que usted siga?"
Director de TI de John Deere: "Bill Keyworth. Nosotros no podemos tomar una decisión de compra a menos de que el grupo Gartner compre la idea.."
Ahlstrom: ¿Qué otra cosa necesita saber?"
Director de TI de John Deere: "¿La prensa ha escrito alguna historia sobre ustedes?"

La conversación continuó de esta manera, preguntando sobre las revistas de TI que el director leía, cómo compró el software, y lo que quería en una solución completa. A continuación tomamos estas respuestas y las pusimos a prueba preguntando a otros clientes potenciales. Incluso creamos una investigación en línea para recopilar más datos cuantitativos acerca de lo que importaba a los clientes. Mientras tanto, continuamos perfeccionando la solución, y al mismo tiempo desarrollando y dando forma a la infraestructura del mercado. Esto incluía el desarrollo de alianzas profundas con proveedores clave como Peregrine Systems, HP, Remedy, y Bendata y entonces tomamos las evidencias de los clientes para mostrárselas a influenciadores claves como Bill Keyworth en el Grupo Gartner y asesores clave de la industria tales como Meadors Ivy, y LaBounty Char. Al final del proceso, nosotros no solamente habíamos acertado a la solución también habíamos acertado a la estrategia para ir al mercado y en particular a la infraestructura de comunicación del mercado. Aprovechando esta información, en el plazo de 18 meses a partir del lanzamiento del producto, en nuestro pequeño nicho, Knowlix llegó a ser el #1 en ventas, #1 en el reconocimiento de marca con ayuda y sin ayuda, y recibió tres ofertas de adquisición que resultaron en una exitosa venta a Peregrine Systems en el verano de 1999. Además, la salida de Knowlix generó más valor para los accionistas en menos de dos años que lo que la empresa matriz Folio había generado en diez años.

Mientras que en el resto del proceso de NISI nosotros generalmente nos centramosen hablar con los clientes (y ser cautelosos con los no clientes), a medida que exploras la infraestructura del mercado, puede ser útil pensar en términos generales con quién hablar.Debido a que la infraestructura del mercado es más grande que un solo cliente, las conversaciones con otras personas dentro de la infraestructura puede ser útil siempre y cuando la estructura de la conversación no dañe la oportunidad de dar una buena impresión en el futuro. Por ejemplo, un equipo de una empresa que iniciaba se centró en el desarrollo de tecnología de próxima generación de impermeabilización.Mientras estaban ocupados tratando de entender la infraestructura del mercado, ellos tuvieron una conversación con el director general de una empresa líder en la industria, y aunque el directivo no estaba interesado en su producto, él les abrió una puerta tras otra a los emprendedores. Esta experiencia con alguien que "no estaba interesado" llevó a los fundadores a la idea de que cuando se trata de descubrir la infraestructura del mercado es importante hablar con todos.

DEFINIR UNA ESTRATEGIA PARA LA INFRAESTRUCTURA DE MERCADO DE TU EMPRENDIMIENTO

Una vez que entiendas la infraestructura del mercado y las motivaciones de cada grupo de participantes, puedes comenzar a dar forma a una estrategia para aprovechar la infraestructura para tu beneficio. La estrategia y el plan táctico resultante deben incluir tanto las actividades que se llevarán a cabo como el orden en que se hará frente a los grupos de interés.Por ejemplo, enfatizamos en que un emprendimiento frecuentemente necesita recabar evidencias del interés de los clientes y del desempeño del producto antes de capturar exitosamente la atención de ciertos influenciadores, como los analistas. Las tácticas reales variarán de acuerdo con el mercado, pero los principios rectores son: 1) Mapeo de las categorías clave de la infraestructura del mercado, 2) identificación de las tres principales asociaciones en cada categoría 3) entendimiento de las motivaciones y necesidades de cada jugador, 4) creación de objetivos medibles y con plazos definidos para cada socio potencial y una estrategia para aprovechar la infraestructura basada en la interacción con los clientes, y

5) asignación de un responsable para cada socio. (En Knowlix hicimos muy visual este proceso mediante la elaboración de una pirámide invertida que ocupaba gran parte de la pared del cuarto de guerra y la colocación de tarjetas de 3x5 para cada socio con los objetivos y el nombre del dueño de la tarjeta para los diferentes niveles de la pirámide).

La infraestructura de mercado debe ser diferente para una empresa que inicia versus una compañía establecida

En la superficie la infraestructura puede parecer obvia, pero las formas en que una nueva empresa aprovecha la infraestructura puede ser completamente diferente a la de una gran empresa (con una reputación establecida, poder de mercado, y mucho dinero). Por lo tanto, es necesario reconocer que la forma en que tu emprendimiento aborda la infraestructura del mercado puede ser muy diferente a cómo otra empresa, en particular, una gran empresa, lo hace. Si asumes que porque puedes mapear la infraestructura la dominas puede que te lleves una gran sorpresa. Aunque Intuit hizo un gran trabajo al acertar en la solución, cuando desarrolló su primer producto, Quicken paso por alto la importancia de la infraestructura del mercado, suponiendo que podía utilizar el mismo modelo de ventas que las grandes compañías de software usaban. En el momento que Scott Cook y Tom LeFevre estaban desarrollando Quicken, el modelo predominante era la venta de software a través de grandes superficies comerciales. Suponiendo que podrían aprovechar el modelo de ventas existente utilizado por las grandes empresas, Cook fue a las tiendas para empezar a vender Quicken. En una tienda de software encontró una enorme caja llena de títulos de software con un descuento del 90%. Cook preguntó por qué esos títulos estaban a la venta y el gerente respondió simplemente: "Estos son los títulos que decidí vender".[77] Consistente con la declaración del gerente—Cook fue de tienda en tienda—descubrió que era difícil vender en las grandes tiendas porque el software era seleccionado por la propia tienda, por lo que se negó a llevar Quicken a menos que un gran número de clientes solicitara el producto. Típicamente, las grandes empresas gastan millones de dólares en publicidad de su software para crear exactamente el tipo de demanda de parte de los proveedores necesaria para lograr la comodidad para llevar su software. Cook descubrió que una de las reglas del canal es que el canal no crea la demanda, cumple con la demanda. El problema de Cook fue que él no tenía esa cantidad de dinero para crear una demanda, y cuando trató de levantarlo de inversionistas de riesgo estos rechazaron de plano la idea. Como segundo enfoque intentó despertar buena prensa en las revistas de PC para impulsar la demanda. Pero a pesar de Quicken recibió prensa positiva en las revistas no pareció crear un aumento significativo en las ventas. En este punto Intuit se había reducido a sus últimos pocos cientos de dólares y en un momento de desesperación Cook intentó vender Quicken al por menor en sucursales bancarias. A pesar de un acuerdo con algunas sucursales las ventas gotearon a un ritmo insuficiente. Mientras que Cook desesperadamente y sin éxito trataba de lograr acuerdos con más oficinas bancarias, Tom LeFevre terminaba una versión de Quicken para Apple, con la esperanza de generar algunas ventas más. Sin embargo, cuando la versión de Apple comenzó a venderse en las sucursales bancarias sucedió algo sorprendente. No sólo el software empezó a venderse más rápido, sino que las revistas de software de Apple comenzaron a cubrir Quicken. De repente los clientes comenzaron a llamar a Intuit directamente, preguntando por el producto. ¿Qué fue lo que cambió? Fue el proceso de compra que el equipo de Intuit no había entendido, pero con el que había tropezado accidentalmente. Resulta que los ordenadores tienden a ser utilizados principalmente por empresas, que tenían poco interés en el software de finanzas personales. Como resultado la versión del software para PC no sólo tenía un atractivo limitado, sino que la buena prensa en las revistas de PC también tenían un efecto limitado en las ventas. En contraste, más personas interesadas en un software de finanzas personales eran usuarias de computadoras Apple y leían revistas de software de Apple para descubrir nuevos productos. Cuando Quicken empezó a aparecer más en estas revistas los clientes estuvieron dispuestos a probar y las ventas empezaron a crecer. Finalmente, al reconocer el proceso real de compra de los clientes para Quicken, Cook y LeFevre lograron reunir el resto de su dinero y pidieron prestado un poco más para lanzar una campaña publicitaria de $ 125 mil dólares en las revistas que sus clientes leían. El resultado fue un aumento espectacular de las ventas, y todo debido a la comprensión de cómo el proceso de compra se convirtió en la diferencia para ellos de tener una empresa que iniciaba a lograr una gran empresa.

Cambiar a los clientes significa una Infraestructura de Mercado Nueva

Una de las razones por las que enfatizamos en probar pronto tus hipótesis usando herramientas como prototipos virtuales es porque es mucho más fácil cambiar el curso cuando no estás ni emocional, ni psicológicamente comprometido con un producto en particular o una solución. Otra razón por la que enfatizamos en realizar pruebas relacionadas con la infraestructura de mercado es que cambiar a los clientes significa que se tendrá que encarar una nueva infraestructura de mercado. ¿Por qué gastar tiempo y dinero en influenciadores con una infraestructura de mercado equivocada? En el caso de Quicken los emprendedores gastaron una gran cantidad de tiempo para persuadir a las revistas de PC a realizar la cobertura, que podría haber sido la infraestructura correcta para los usuarios de PCs, pero estos eran los clientes equivocados.

Aunque hacemos hincapié en los costos de cambiar la infraestructura del mercado, no lo hacemos para evitar el cambio cuando sea necesario o estar dispuesto a cambiar de dirección; lo hacemos con el fin de recordar los peligros de fijar un enfoque particular antes de tiempo.

PLANTAR LA SEMILLA DE LOS PRIMEROS CLIENTES Y EL PILOTO DE NEGOCIACIONES

Tus objetivos deben ser aprender, no vender, porque cuando los emprendedores se ponen en la modalidad de vendedor se hace difícil escuchar con atención a los clientes. Sin embargo, los clientes que pagan también dan una validación definitiva de que se acertó en la solución. En palabras de un innovador en serie "La única encuesta válida en el mercado es una orden de compra firmada. Una orden de compra firmada vale por un infierno entero y mucho más que diez estudios de mercado que podrías nombrar".[78] Estamos de acuerdo con el espíritu de la observación: a medida que continúan los aciertos en la solución, los clientes deben empezar a preguntar cuándo se puede conseguir, sin que lo estés vendiendo aún, Además, en la siguiente prueba—en la que realizarás un piloto con los clientes—a menos que los clientes están dispuestos a pagar (o aprueben alguna métrica comparable de compromiso), algo no está bien. En esta etapano tienes que cerrar tratos, pero debes estar sembrando las semillas de los primeros clientes, comprendiendo sus necesidades hasta el punto que quieran tu solución pronto...e incluso paguen por ella.

DURANTE EL TERCER TEST (LA PRUEBA DE LA SOLUCIÓN): PILOTO SOBRE EL DESARROLLO DEL CLIENTE

Mientras te preparas para la prueba final de la solución, por la parte de mercadotecnia debes cerrar tu piloto de relaciones con el cliente, para perfeccionar tanto la solución como la estrategia de salida al mercado en colaboración con tus primeros clientes. El objetivo en esta etapa es la validación de tu estrategia para salir al mercado con las hipótesis para concretar pagos (u otros compromisos) del plan piloto de relación con los clientes,en el que usaras estas relaciones para concluir la solución.

ACERCAMIENTO AL PLAN PILOTO DE RELACIONES CON LOS CLIENTES Y DESARROLLO DE CLIENTES DE REFERENCIA

Cuando Motive Communications trató de cerrar su plan piloto con una base de $50.000 dólares, nada parecía suceder en un primer momento. Inicialmente, Motive había ofrecido la oportunidad de ser un cliente piloto a cinco de las doce empresas que podrían convertirse en buenos clientes de referencia, y estos clientes piloto parecían dispuestos a pagar un precio alto. Sin embargo, cuando el plazo de pago venció y no llegó ningún cheque, el equipo de Motive comenzó a cuestionar su estrategia. Tal vez en la era del libre acceso cobrar a los clientes por utilizar un prototipo beta estaba fuera de línea. Después de todo, ¿por qué los clientes habrían de pagar a Motive Communications por ser un conejillo de indias y ayudarles a construir el producto de la empresa?Si estás siguiendo el modelo tradicional de desarrollo del producto, donde el prototipo beta es una solución a errores que han estado ocultos desde el punto de vista de los clientes, esta lógica tiene sentido. Pero en el proceso NISI, si tus clientes piloto no están dispuestos a pagar quiere decir que no has aliviado su dolor (o solucionado un dolor bastante grande). A pesar de que 50 mil dólares es un montón de dinero, era una gota en el océano comparado con los millones que todo el producto final costaría. Afortunadamente, el equipo Motive sabía que había hecho sus deberes y se mantuvo firme. Al final no sólo se cerraron cinco ofertas,¡se cerraron las doce!

Durante la tercera prueba deberás concluir el lanzamiento del plan piloto de relaciones con los clientes, preferentemente un plan piloto que incluya el pago. Los clientes piloto son la caja de arena en la que puedes poner los toques finales a la solución y refinar la estrategia de salida al mercado. En un proyecto piloto puedes penetrar profundamente en el flujo de trabajo de los clientes y optimizar la solución para terminar con sus dolores. También puedes lograr un profundo conocimiento del proceso de compra y la manera de interactuar con la información que recabaste de la infraestructura del mercado. Lo más importante, los clientes piloto pueden llegar a convertirse en clientes referenciales.

¿Qué son los clientes referenciales? son quienes hablarán de manera brillante sobre tu producto a otros clientes potenciales. Estos clientes referenciales pueden ser absolutamente cruciales en el cierre de futuros tratos porque pueden actuar como referencias explicitas cuando se trate de cerrar una venta o pueden ser referencias implícitas en la propagación de referencias de la compañía de boca en boca. Pero los clientes de referencia no se dan simplemente; son seleccionados y alimentados. Para empezar el proceso debes de actualizar tu selección de clientes que podrían convertirse en buenos socios y fuertes referencias. Es crucial que tus clientes de referencia tengan credibilidad, compromiso y disposición para trabajar. Una vez que has seleccionado a potenciales buenos clientes que tienen el compromiso y la disposición de trabajar con tu compañía, en las palabras de Donna Novitsky, fundadora de Clarify (una empresa pública que compró Nortel en 1999 por $2 mil millones de dólares), "Debes de hacer absolutamente todo lo que puedas por hacer felices a los clientes de referencia".[79] Si alimentas apropiadamente a estos clientes, al final del piloto tendrás una solución robusta, un profundo entendimiento de la estrategia para ir al mercado y clientes de referencia para ventas futuras.

REVISIÓN DE LOS PUNTOS DE PRECIO Y DE LAS PREGUNTAS RELEVANTES

En las fases anteriores vimos la importancia de comprender los puntos de precio y las preguntas relevantes. Esto es tan importante que vamos a recordar de nuevo. En este punto debes entender lo que tus clientes están dispuestos a pagar, o por lo menos un rango de lo que podrían estar dispuestos a pagar. También deberás contestar las preguntas cruciales para tu negocio. Las preguntas relevantes representan el gran cuestionamiento en el que todo se sustenta. Por ejemplo ¿los clientes remplazarán su base de datos actual por tu base de datos?, ¿firmarán un contrato ahora?,¿Pagarán por el contrato?. Recuerda, la última medición para saber si has acertado a la solución y a la estrategia para salir al mercado es si el cliente está dispuesto a pagarte. Si tú no

> *La última medida de acertar en la solución y la estrategia de salida al mercado es si tus clientes pagarán. Si no te haces esta pregunta, ni te preocupas por la respuesta, no tendrás un punto clave de validación.*

te preguntas esto o no te preocupas por la respuesta, estarás evitando un punto clave de validación. Descubre las respuestas fundamentales y cuánto antes mejor.

Fase 4: Acertando con el Modelo de Negocios

La burbuja de los Puntocom está llena de historias famosas de compañías que fallaron al acertar a su modelo de negocios y que en cambio aprovecharon la ola de optimismo hasta su desaparición. Pets.com representa uno de los más famosos fracasos. Fundada en febrero de 1999, recaudó más de 300 millones de dólares, se convirtió en una empresa pública y fracasó, todo esto para noviembre del 2000. Muchos expertos han cuestionado si existía un nicho de mercado para Pets.com o si tenía sentido enviar pesados sacos de arena para gatos de forma gratuita. Probablemente no, pero al mirar de cerca el modelo de negocios de Pets.com puede apreciarse qué tan loco era realmente este negocio. No sólo entregaba el producto gratuitamente, si no que durante los primeros seis meses del negocio, Pets.com vendía la mercancía a un tercio del precio que pagaba, la entregaba gratis y gastaban millones de dólares en publicidad (incluyendo 1.2 millones de dólares por un anuncio en el Super Bowl).

Podría parecer que después del fracaso masivo de Pets.com, el futuro de los negocios que vendían productos para mascotas en línea sería prácticamente inexistente. Sin embargo, sólo unos pocos años después, Ted Rheingold y su socio lanzaron Dogster, un sitio dirigido a la venta de accesorios para mascotas en línea. Basado en el fracaso de Pets.com unos años antes, muchos observadores predijeron que Dogster también fracasaría y estaban en lo correcto. El plan de Dogster para vender accesorios para mascotas en internet tropezó, pero los fundadores habían sido muy cuidadosos en acertar con el modelo de negocio, incluyendo el mantener una tasa de combustión de recursos muy baja, por lo que fueron capaces de cambiar de dirección con base a lo que habían aprendido. ¿Y cuál fue su siguiente idea loca? Una red social para los propietarios de las mascotas. A pesar de los escépticos, Rheingold y su socio realmente acertaron con la solución y con el modelo de negocios. Una razón de su éxito fue la disponibilidad a fracasar, la liberación temprana de las características del producto, la obtención de retroalimentación de los clientes, y la adaptación. La otra razón de su éxito es que acertaron con su modelo de negocios. Como resultado, al año de ser rentables, y sin casi promoción el negocio se había asegurado clientes de gran renombre como Target, Disney, y Holiday Inn.[74]

Los casos contrastantes de Pets.com y Dogster.com ilustran la importancia de acertar con el modelo del negocio antes de escalar el negocio. Sin embargo, dominar el modelo del negocio es la fase donde muchos emprendedores sobresalen ¿correcto? No exactamente; y aquí está el porqué. En un negocio tradicional, un emprendedor tiene una idea, escribe un plan de negocios y después trata de ejecutarlo. El problema con este enfoque es que aunque los números, hitos y la estrategia que entró en el plan de negocios fueron el producto de un esfuerzo reflexivo, no dejan de ser buenas estimaciones en el momento. Pero tan pronto como se escriben los supuestos se convierten rápidamente en "hechos." Este proceso tiene un nombre elegante—*institucionalización*—y docenas de profesores han hecho carreras al hablar sobre esto en lo abstracto. Pero para los emprendedores en el campo, negocios enteros y millones de dólares son invertidos con base en creencias y supuestos que no han sido examinados. Si no nos crees, acude a la reunión de un negocio que ha comenzado a "disminuir" sus números en el plan de negocios. Los fundadores y equipos completos de ventas comenzarán a inventar excusas. Si hay inversionistas profesionales comenzarán a preguntar al equipo ejecutivo, apuntando a los números perdidos, y cuestionándose qué es lo que podría estar mal. Tan pronto como el equipo empiece a apuntarse mutuamente los pensamientos de despedir a los jefes de ventas o mercadeo, o aún al fundador, comenzarán a emerger. Por supuesto, el problema con esto es que el "plan de ingresos" estaba hecho para iniciar, y no alcanzar esos números no significa mucho realmente. Pero desafortunadamente, los fundadores, empleados, e inversionistas pueden convencerse lentamente de que en el plan de negocios puede encontrarse la verdad y que el reto es ejecutarlo. Eric Ries observó este error crítico cuando pensó en su experiencia de fracaso con There.com:

Nosotros no fallamos al ejecutar el plan. Ese no fue nuestro problema. Nosotros tuvimos una ejecución perfecta... Fuimos muy rigurosos al asegurarnos que cumplíamos con tiempos de entrega e hicimos lo que dijimos que haríamos y elaboramos el plan. Y hay una razón por la que fuimos capaces de ejecutar tan bien el plan. Agradecimos a todos por hacer un excelente trabajo. El único problema es que no tuvimos un mecanismo para preguntarnos a nosotros mismos, ¿es bueno este plan? ¿Vale la pena seguir adelante?[29]

Por esa razón, aunque te hemos impulsado para hacer tu tarea sobre la oportunidad de mercado, no hemos realmente enfatizado nada relacionado al modelo de negocios o al plan de negocios. De hecho, mientras nosotros creemos que el plan de negocios puede ser una herramienta útil para recaudar dinero y para comunicarte con extranjeros, preferimos enfocarnos en el modelo de negocio. El modelo de negocio difiere de un plan en que el modelo es un mapa de cómo creas valor y lo entregas a los clientes, pero con un giro. Nosotros usamos el modelo de negocios para descubrir e identificar todos los supuestos sobre cómo podrías crear y entregar ese valor y entonces usar el proceso NISI para probar esos supuestos. En esta etapa, podrías lograr un gran trato al descubrir y probar muchos de tus supuestos, incluyendo el acertar con la necesidad, solución, y con la estrategia de mercado. Si has seguido el proceso hasta este punto ya has hecho un trabajo excepcional al convertir tus supuestos en hechos. Ya no estás actuando con base a creencias—tú tienes información. Así que es tiempo de transformar los supuestos que quedan en tu modelo de negocios en una forma robusta y de lanzar el producto. Específicamente, en esta fase completarás el modelo financiero para validarlo, lanza tu producto y la estrategia de mercado, y entonces desarrolla un panel de control de flujo continuo de datos para supervisar tu progreso. Para el final de esta fase, habrás acertado, estarás comenzando a crecer y estarás en el camino para escalar.

Figura 28: Pasos para acertar con el Modelo del Negocio

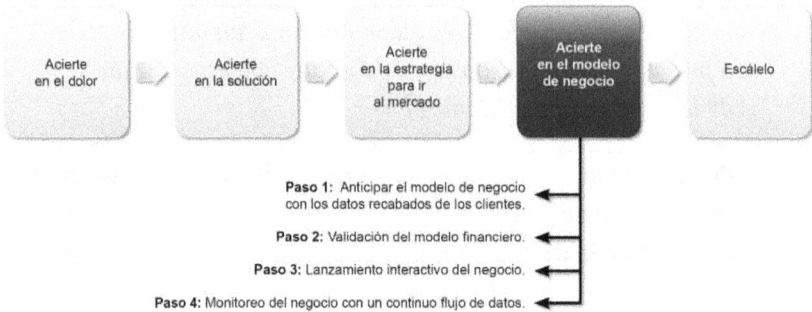

Paso 1: Anticipar el modelo de negocio con los datos recabados de los clientes.

Paso 2: Validación del modelo financiero.

Paso 3: Lanzamiento interactivo del negocio.

Paso 4: Monitoreo del negocio con un continuo flujo de datos.

APROVECHA LAS CONVERSACIONES CON LOS CLIENTES PARA PREDECIR EL MODELO DEL NEGOCIO

El primer paso para acertar con tu modelo de negocio es pensar cuidadosamente sobre los diferentes componentes, o supuestos, que sustentan tu modelo. Hay muchos recursos disponibles para mapear los componentes de tu modelo de negocio, aunque Alex Osterwalder e Yves Pigneur escribieron uno de nuestros favoritos, *Generación del Modelo de Negocios*. Las bases de su modelo, que está disponible en internet y que tiene una versión muy cool para iPad, puede ayudarte a pensar sobre las diferentes categorías en tu modelo de negocio. Así que puede que algunos modelos similares puedan derivarse del modelo de Osterwalder. La pregunta entonces es, ¿cómo decidir cuales componentes escoger?, y ¿cuáles funcionarán mejor para tu negocio? Para este punto necesitarás tener tantas conversaciones con clientes como puedas para probar la necesidad del cliente, solución, y la estrategia de mercado. No sorpresivamente uno de los mejores recursos para dominar el resto de tu modelo de negocios son esas conversaciones.

Puedes aprovechar las conversaciones con tus clientes para predecir y entonces validar tu modelo de negocios. Por ejemplo, cuando pienses en los canales de distribución, flujos de ingresos, o la relación con el cliente, ya te habrás preguntado, o deberías haberte preguntado, lo que los clientes esperan. Por ejemplo, al tratar de descifrar la correcta distribución de canales, podrías preguntar a los clientes cosas como

"¿cómo te gustaría comprar algo como esto?" Profundiza en su respuesta para definir tu modelo de negocio: ellos ¿lo comprarían directamente de tí, de un distribuidor, de un socio, o de una gran compañía? ¿Qué los haría sentirse cómodos para hacer la compra? ¿Cómo luciría un trato potencial? (específicamente, qué tipo de términos o servicio esperarían, tales como servicio de bienvenida o llamadas) Cuando estás del lado de los clientes en un modo de exploración, ellos te darán literalmente información increíble para tu modelo de negocio. Tú puedes aún explorar cuestiones como los costos de adquisición del cliente. Cuando preguntaste antes sobre cómo evalúan los clientes una decisión de compra, ¿qué te dijeron? ¿Quién estuvo envuelto en el proceso de la toma de decisión? ¿Cuál será el costo de alcanzar a aquellos individuos y de convencerlos para que compren tu producto? (por ejemplo, el costo de publicidad en revistas que leen o al contratar a un director de ventas).

VALIDA EL MODELO FINANCIERO

Después de que las pérdidas ascendieron a miles de millones de dólares, Webvan se convirtió en otra buena referencia de los fracasos de los Puntocom. Por supuesto, la retrospectiva es 20-20—como si la viéramos en un espejo retrovisor,ahora es fácil señalar muchos de los defectos de la tienda de comestibles en línea. Sin embargo, las razones para el fracaso de Webvan son claramente dos fallas fundamentales: Webvan no acertó con la solución, ni con el modelo de negocio. En términos de solución, fue claro que Webvan no trató de acertar a la solución. En las palabras del consultor Phil Terry, "Uno de los errores fundamentales que todos cometen es asumir que si existe algún problema en la experiencia fuera de línea, todos recurren al internet."[80] En lugar de probar ese supuesto de la forma más económica posible, Webvan gastó mil millones de dólares para descubrir que estaban equivocados.

Esencialmente, Webvan apostó a su modelo de negocio. Aunque el equipo no tenía experiencia en la industria de los comestibles, ellos supusieron que remplazando desagradables tiendas de ladrillo por centros de distribución altamente eficientes podrían revolucionar el negocio. Pero una mirada de cerca a los números generó algunas preguntas. Para comenzar, el negocio de comestibles es un negocio con un bajo margen de rentabilidad sobre ventas del 1 al 3%. Esto significa que un negocio exitoso de comestibles necesita un alto volumen para ser rentable, y que no hay tratos para espacios extras. Webvan asumió que quitando las tiendas minoristas y reemplazándolas con entregas desde centros de distribución, ellos podían reducir costos. Sin embargo, las tiendas eran grandes y económicas, mientras que los centros de distribución de Webvan costaban cientos de millones de dólares. Un análisis más profundo reveló fallas más críticas. Por ejemplo, sin evidencia sólida que los clientes quisieran adoptar, Webvan predicó su modelo financiero al ser capaz de utilizar sus centros de distribución masiva a su máxima capacidad dentro de los tres trimestres después de la apertura. Como se vio después, ningún centro de distribución de Webvan alcanzó su máxima capacidad nunca. Otro supuesto crítico era sobre los costos de servicio a los clientes. Webvan gastó en promedio 210 dólares para adquirir clientes. Entonces, aunque ellos habían anticipado que los clientes harían compras en promedio por 103 dólares sobre una base regular, las órdenes reales fueron menos frecuentes y por un valor menor (81 dólares en promedio) a lo que habían anticipado. Pero el verdadero asesino llegó al olvidar que aunque la tienda de comestibles cubría los costos de un establecimiento de ladrillos, los clientes llevaban sus propios comestibles a casa. Resultó que el costo promedio de entregar una orden usando la red compleja de Webvan era de 27 dólares. Los números simplemente no funcionaban en un negocio con márgenes de 1 a 3% cuando costaba 210 dólares adquirir un cliente y 27 dólares el entregar una orden de 81 dólares. No sorpresivamente, Webvan no sobrevivió.[81]

En esta etapa, con tantos hechos sobre tus clientes en las manos y con un profundo entendimiento de la infraestructura del mercado, estás listo para validar tus supuestos financieros construyendo un modelo robusto de finanzas. El modelo financiero será una de tus pruebas de hipótesis finales antes de que lances tu negocio y es un paso muy importante. En este foro, nosotros no ahondaremos en cómo construir las bases financieras para la construcción de modelos de pronóstico. Muchos recursos excelentes sobre las finanzas de nuevos negocios proveen magníficos consejos y son mucho más detallados (ver, por ejemplo, *El*

Camino Probado hacia el Nuevo Negocio de John Mullins). Nosotros enfatizaremos que necesitas tomarte el tiempo para sentarte y modelar todos tus supuestos, poniendo números a cada uno de ellos, y determinando si el negocio todavía tiene sentido. Eso es simple. Cuando todos los datos van a hojas de cálculo, tiene sentido construir el negocio, ¿o debes abandonarlo? Tú puedes poner muchas métricas en tus cálculos, muchas de las cuales son importantes. Sin embargo, aquí enfatizamos sólo unas pocas que son particularmente importantes: costos fijos versus costos variables, márgenes, costos de adquisición de clientes, entre otros.

Costos Fijos y Costos Variables: Primero, mantén tu flexibilidad con costos tan bajos como te sea posible. Manteniendo tu tasa de combustión baja preservarás tus opciones y te permitirá abortar, ajustarte, o recomenzar antes de que llegues al final del camino. Segundo, cuando construyas tu modelo, observa de cerca los costos fijos y los costos variables y trata de "variar" cualquier costo fijo que puedas. Para grandes negocios tiene sentido invertir en proyectos con bajos costos fijos—tales como fábricas, equipo, carros, o arrendamientos—porque los costos totales son menores al reducir los costos variables y al distribuir los costos fijos sobre un gran volumen de productos. Pero para una compañía pequeña es mejor ahorrar efectivo y preservar su flexibilidad. Si varias tus costos (lo cual significa convertir costos fijos en costos variables), no sólo tendrás más efectivo, sino que tendrás la flexibilidad para ampliar si lo necesitas. También mantendrás una flexibilidad vital que mucha gente ignora: la habilidad para reducir! Algunos ejemplos incluyen usar documentos de Google, Skype o Grasshopper, respuestas vía Quora, y literalmente cientos de otros recursos. Sin embargo, la última cosa que deberías hacer es invertir mucho dinero en carros, equipo, o cualquier otra cosa que te dificulte el cambiar de dirección. Pide prestado un espacio para oficina, evita compras de equipo, ¡mantenlo económico, y mantenlo variable!

Márgenes: Pon atención a tu margen bruto (ingreso del producto menos el costo del producto) así como a tu margen neto (margen bruto—el costo de todo lo demás). Generalmente quieres que tus márgenes brutos sean altos (con suerte del 50% o más) porque todo te costará más y te tomará más tiempo del que originalmente pensaste. En contraste con los intentos de Webvan para entrar al negocio de comestibles, con márgenes netos promedio de 1 a 3%, el tener grandes márgenes te da libertad de acción para cometer errores y recuperarte. Toma el ejemplo del buscador de Google. Su margen es tan alto que casi se siente como imprimir dinero. Como resultado, ellos pueden gastar miles de millones de dólares "experimentando" en una red de fibra de ultra alta velocidad y hacer que falle, porque sus márgenes son tan altos que sus gastos radicales representan sólo un poco más del 10% del flujo de caja anual de Google!

Costos de Adquisición de Clientes: Una de las métricas más usadas es el costo de adquirir un nuevo cliente. Los costos de adquisición de clientes se refieren a todos los costos de publicidad, mercadeo y promoción de adquirir un nuevo cliente para usar tu solución. Algunos emprendedores que hemos conocido no tienen idea de lo que estos costos son, pero fallar en entenderlos puede absolutamente asesinar a tu negocio. Como hemos destacado, Webvan pagó 210 dólares para adquirir cada cliente. Con un tamaño de orden promedio de 81 dólares y un costo promedio de entrega de 27 dólares, en un negocio de bajos márgenes, la cantidad de volumen de ventas para recuperar estos costos era increíblemente alta.

En contraste, muchos emprendedores exitosos con los que hemos trabajado son muy conscientes de sus costos de adquisición de clientes, siempre modelándolos y manejándolos conforme adquieren clientes. Por ejemplo, Erik Allebest construyó unaweb minorista líder en equipo de ajedrez (wholesalechess.com) así como la red social líder para jugadores de ajedrez (chess.com) cuidando principalmente los costos de adquisición de clientes. Por el contrario, los fundadores del negocio fallido PlayCafe, el cual trató de crear entretenimiento interactivo en línea, señalaron a los costos de adquisición de clientes como una razón por la que la compañía fracasó. Uno de los fundadores, Mark Goldenson, contó como él y su socio imaginaron que podían mantener los costos de adquisición de clientes bajos simplemente siendo creativos (creando videos virales, desarrollando campañas únicas). Después de que PlayCafe cerró sus puertas, Goldenson se dio cuenta que "el mejor mercadeo es controlado y calculado. Si tú sabes exactamente cuánto te costará adquirir un usuario y controlas el proceso completo, entonces sabrás cuánto capital e ingresos necesitas. Reduce tu plan de mercadeo desde complejos supuestos a una fórmula clara."[64]

Punto de Equilibrio: El punto de equilibrio, o el punto en el cual tus ingresos igualan y luego exceden tus gastos, es una métrica central en tu negocio. Entre más pronto puedas alcanzar el punto de equilibrio, mayor será tu libertad. Compañías rentables no sólo sobreviven, ellas generan respeto. Si necesitas recaudar dinero tienes mucho tiempo para hacerlo. Asegúrate de observar todos tus costos y determina el tiempo para llegar al punto de equilibrio. Si necesitas recaudar dinero para alcanzar el punto de equilibrio, nosotros te sugerimos darte tiempo extra (al menos el doble de lo que esperabas). Hemos descrito el proceso NISI en una forma lineal, pero en la práctica tendrás que retroceder cuando cometas un error. Es importante tener libertad de acción financiera para hacerlo. Esa es una de las razones por las que Dogster se mantiene como una compañía viable hoy en día—la compañía alcanzó su punto de equilibrio rápido y continúa creciendo.

La Importancia de Ser Sensible

Una de las cosas que Webvan no hizo bien fue analizar su modelo financiero usando un análisis de sensibilidad. El análisis de sensibilidad es una forma elegante de preguntar, "¿Cómo se vería el mundo si las cosas no funcionarán en la manera en que esperamos?" Cuando construyes un modelo financiero es importante observar como se sostiene cuando las cosas van bien, cuando van conforme a lo esperado, van pobremente o terriblemente. ¿Es tu modelo sólido en aguas turbulentas? Si es así, deberías seguir adelante, pero si no, podrías querer repensar la viabilidad de tu negocio. Aunque Webvan pudo hacer funcionar su modelo de negocio en papel, no era muy sólido para cosas que no iban bien (tales como una orden promedio de 81 dólares). Pero como hemos apuntado, las cosas siempre terminan siendo diferente de cómo tú lo planeaste, así que asegúrate de que tu modelo financiero pueda manejar condiciones que están por debajo de las óptimas.

Lanzamiento Iterativo del Producto y la Estrategia para Salir al Mercado

Ahora que sabes que puedes hacer dinero con tu modelo de negocio, debes moverte hacia el lanzamiento del producto para hacer crecer. Durante la tercera prueba de acertar con la solución, debes de haber desarrollado y refinado tu producto inicial; y con las lecciones aprendidas de los clientes piloto, debes tomar lo aprendido y concentrarte en la venta de tu producto. Si, es correcto, ahora puedes ir al modo de ventas. Si has acertado con la solución, algunos de los clientes con los que has trabajado demandarán tu producto y necesitarás capturar el valor en tu audiencia que espera. Pero también necesitarás comenzar a analizar tu estrategia para salir al mercado para generar nuevos clientes.

Cuando lances tu producto tu meta será desarrollar un *modelo de negocio repetible.* Este modelo significa de forma simple que pones dinero o esfuerzo en él, y tú sacas dinero—prediciblemente. Mientras instalas este modelo repetible, debes continuar interactuando con tus clientes y evolucionado el producto para que encaje con sus necesidades. No dejes de hablar con los clientes. Al mismo tiempo, debes también transitar lentamente hacia el punto donde tu producto se convierte en una solución completa: y como las ventas continúan, lo cambiarás cada vez menos hasta que las ventas y el modelo de negocio sea verdaderamente escalable. En vez de repetir lo que hemos discutido en capítulos anteriores, puede ser más fácil decir—sólo hazlo. Actúa con los hechos que tienes. Pero como una palabra de precaución, mantente enfocado en tu propuesta central de valor. En los primeros días de Yahoo! la compañía estaba tan ocupada persiguiendo ideas interesantes como Yahoo! Finanzas, Yahoo! Deportes, y la visión de ser un canal de medios de comunicación, que pasaron por alto la importancia de la búsqueda. Como ellos no pudieron hacer dinero con la búsqueda, Yahoo! la ignoró por largo tiempo y eventualmente llenaron el vacío en su oferta con un proveedor externo—Google. Un ejecutivo senior admitió en confianza que Yahoo! había pasado por alto, en un factor de al menos 100, la importancia de la búsqueda en gran parte porque se distrajeron con otras oportunidades obvias. El ejemplo de Yahoo! contrasta con el de Google, donde los fundadores y el equipo se mantuvieron claramente enfocados en la búsqueda hasta que ellos transformaron el proyecto en un negocio multibillonario.

Conforme escales el modelo de negocio, recuerda mantenerte enfocado en la oportunidad central y también que después de que conquistes un reino, puedes ir y conquistar el siguiente. Pero no puedes conquistar el mundo completo al mismo tiempo. Las compañías exitosas con las que hemos trabajado se han mantenido enfocadas en la solución que han descubierto, ejecutando pacientemente e interactivamente. Desde Knowlix, a RecycleBank, a Intuit, y Cisco, cada compañía creció continuamente con un objetivo, y como ellos acertaron con su mercado núcleo, pudieron diversificarse y aprovechar otras oportunidades. Por el contrario, compañías que se mueven muy rápido (la clásica estrategia de "crece rápidamente") o se distraen mucho o tienden a estancarse o fracasan.

LA CLAVE DEL ÉXITO CONTINUO: MANTÉN LA COMUNICACIÓN CON LOS CLIENTES

En este punto puedes sentir que has acertado—y puedes estar en lo correcto—pero eso no significa que tienes garantizado el éxito a perpetuidad. Para mantenerte exitoso no puedes apagar la interacción con los clientes y ponerte en modo de ejecución ciega. La clave del éxito continuo como negocio depende de dos cosas: flujo continuo de datos y la medición correcta de las cosas. Por flujo de datos continuo nos referimos a la interacción ininterrumpida con tus clientes. Esto puede sonar extraño, dado todo el trabajo que has hecho para acertar con tu negocio, pero no te estamos pidiendo que evites indefinidamente construir tu negocio. Te pedimos mantener el pulso del dolor del cliente, en cómo tu solución encaja con esa necesidad, en tu estrategia de salir al mercado, y en el modelo de negocio. Para mantener tu conocimiento fresco necesitarás mantenerte en contacto con tus clientes. También necesitarás medir otras variables que representan factores importantes para el éxito.

Dependiendo del tipo de negocio, los datos que rastreas podrían ser costos de adquisición de clientes, tasas de retención de clientes, ventas por cliente, calificación neta por promotor, o cualquier otra métrica que te dé una idea de cómo va el negocio y dónde los problemas podrían estar ralentizando tu crecimiento. Conforme empieces a crecer tu negocio, la clave es identificar las métricas que son más relevantes para el crecimiento y mantente alerta de los datos. No te dejes atrapar por los sentimientos o indicadores que lucen bien pero que pierden de vista el objetivo. Las sensaciones pueden sólo llevarte lejos, mientras que los datos te dan hechos lo que te guía a ideas reales. Algunos indicadores como el número de nuevos usuarios, pueden hacerte sentir que el negocio está teniendo éxito, pero podrían estar cubriendo fallas fatales. Por ejemplo, recordando el negocio que mencionamos antes, denominado Longtail.com, con la visión de crear atractivos mercados en línea para propietarios de negocios pequeños. Al principio todo parecía ir bien, y las tasas de nuevos usuarios se incrementaron. Los dos fundadores se entusiasmaron sobre las posibilidades de su nuevo negocio. El equipo consiguió rápidamente financiamiento y comenzó a expandirse hasta que uno de los fundadores comenzó a analizar un poco los datos. Lo que el fundador descubrió fue que mientras los números de nuevos mercados continuaron creciendo, los costos se estaban incrementando con cada nuevo usuario y la cantidad de tráfico en la red estaba decreciendo. Reconociendo que la medida real de éxito era ser capaz de reducir los costos a escala mientras que también incrementaban el tráfico en la web, el dúo se dedicó frenéticamente a probar diferentes formas para reparar el modelo de negocios roto. Al final el equipo fue capaz de desarrollar un modelo estable de flujo de efectivo pero decidieron que la cantidad de ingreso perdida por sus grandes aspiraciones de negocio fue el tiro de gracia, y cerraron el negocio. El dúo se sintió feliz de haber descubierto la falla fatal en su negocio antes de ir más lejos, pero lamentaron que no hubieran reconocido antes su error.

Una herramienta que puedes considerar usar para mantener un flujo continuo de datos de las medidas correctas es una pizarra de negocios, la cual representa un lugar donde capturas un conjunto de indicadores que proveen ideas sobre las operaciones de un negocio en una base regular. Estos indicadores pueden ser herramientas increíblemente poderosas para ayudarte a reconocer cuando algo podría ir mal. Hay varias perspectivas excelentes en una pizarra de negocios. Por ejemplo, John Mullins y Randy Komisar, en su libro *Llegando al Plan B*, ofrecen consejos excelentes sobre el establecimiento de una pizarra de indicadores claves. En resumen, conforme inicies a hacer ventas, mantén real la recolección de datos de los clientes, así como otros indicadores importantes de negocio que pueden ayudarte a monitorear y reconocer si el negocio está en marcha conforme las ventas comienzan a crecer.

FASE 5: ESCÁLALO

Ahora que has descubierto un modelo de negocio replicable—Uno que genera ingresos predecibles—puedes escalar tu negocio. Interesantemente, una vez que has acertado en tu negocio, la estrategia de ser grande rápidamente que llevó a muchas empresas Puntocom a la quiebra, en realidad funciona bien. Esta estrategia mató a las empresas Puntocom porque ellas no acertaron en su negocio, pero una vez que has validado repetidamente tu modelo de negocio puedes crecer aceleradamente. ¡Este momento es el tiempo de escalar y expandirte! ¿Suena simple verdad?, Por otra parte hay algunos golpes en el camino y algunas herramientas que puedes usar para administrar el proceso de escalar. Muy pocas personas han analizado este proceso a detalle—es este uno de los factores que diferencian este libro. Como un ejemplo del potencial desafío tome en cuenta la siguiente historia que es demasiado común.

Como las aplicaciones de software han incrementado su complejidad, el reto de integrar todos los módulos de software dispares, el diagnóstico de fallas y la reparación de los defectos se han vuelto cada vez más complejos. Un día, cuando Lew Cirne manejaba en la carretera 17 entre Silicon Valley y Santa Cruz se le ocurrió que podía usar un lenguaje de software emergente, Java, para crear un sistema de auto-diagnóstico que podría resolver muchos de estos problemas.Estaba tan emocionado que casi se salió de la carretera, y cuando llegó a la ciudad costera del lado de Santa Cruz, sabía lo que necesitaba para construir una empresa. Cirne no solo fundo una compañía, Wily Technology, sino que desarrolló la visión inicial del producto, recaudó dinero, construyó un sólido equipo, completó el desarrollo del producto, e incluso cerró las primeras ventas con los clientes. En todo caso, Cirne tuvo un fenomenal éxito en su primera vez tanto como fundador y director general. Imagine su shock cuando los inversionistas—un respetado fondo de venture capital—le preguntaron por los pasos que se deberían seguir para encontrar a un nuevo director general que lo remplazara. Aunque Cirne tenía sus debilidades, una de ellas era que nunca había escalado una nueva empresa hasta convertirla en una gran empresa, la afrenta era tangible. En las grandes empresas cuando un director general lleva un producto al mercado crece la empresa, se cumple la meta y él o ella es recompensado (a). ¿Por qué Cirne iba a ser despedido? En este resultado, Cirne no está solo. En muchos casos los fundadores que lograron sacar un producto al mercado, aumentar el financiamiento con una nueva ronda de inversiones y/o cumplir con un hito importante se encuentran sin trabajo y son remplazados.[82] Esto puede parecer contrario a la intuición y paradójico para usted, como le pareció a Cirne, y la respuesta más común es culpar a los inversionistas calificándolos de capitalistas, "buitres" o como bárbaros codiciosos. Pero la verdad es que los inversionistas pueden reconocer algo que el fundador-director general no puede—que a medida que la empresa crece cambia.

No hay líneas rectas a un billón de dólares

Existen pocas cosas en la vida que se asemejan a una línea recta. Aunque el proceso de NISI se describe como un proceso cronológico, la verdad es que el proceso de "acertar" es recurrente, lo que significa que a menudo tienen que dar una vuelta en círculo para hacer las cosas bien. Pero una vez que has acertado en el producto, ¿no debería el crecimiento de una compañía ser una línea recta al billón de dólares?

El propio proceso de crecimiento cambiará a tu empresa en aspectos fundamentales que harán que lo que se hizo en los primeros días resulte obsoletos en los tiempos recientes.

Después de todo gastaste mucho tiempo descubriendo el producto que se ajusta a tus clientes, creaste un proceso de repetición de ventas. ¿No se puede simplemente girar la manivela para siempre en lo que has descubierto? Si bien es cierto que el proceso de NISI te llevará a las etapas cruciales en los primeros años de crecimiento, no es menos cierto que el propio proceso de crecimiento cambiará a tu empresa en aspectos fundamentales que harán que lo que se hizo en los primeros días sea obsoletos en los días recientes.

La razón es que a medida que una nueva empresa crece, la naturaleza de su funcionamiento comienza a cambiar. En los primeros días, los arranques se centran en la innovación—descubrimiento de oportunidades desconocidas, haciendo coincidir los problemas del mercado con las soluciones en un contexto altamente desconocido e incierto. En lo fundamental las nuevas empresas se dedican a un acto creativo de descubrimiento y las primeras fases del proceso de NISI permiten validar este descubrimiento. Pero a medida que nuevas empresas aciertan en el producto y comienzan a crecer, lo que antes era desconocido se vuelve conocido, y un nuevo conjunto de problemas empiezan a surgir. Como llegan más y más clientes la empresa tiene que cambiar para poder servirles bien. Por ejemplo, en los primeros días una hoja de cálculo básica podía servir para registrar las cuentas de los clientes y datos para relacionarse con ellos, pero más adelante el volumen de una creciente base de clientes requiere la instalación de facturación automatizada, así como un sistema de gestión de relaciones con los clientes.

Al inicio las llamadas de soporte eran atendidas directamente por los fundadores de la empresa, y ahora el volumen de llamadas requiere la creación de un grupo de apoyo con una base de datos de soporte que contiene las respuestas a las preguntas más frecuentes. El equipo de ventas que solía ser como una carismática estrella de rock, repentinamente las necesidades de un mercado en crecimiento lo convierten en un equipo de vendedores que necesita la documentación de ventas y procedimientos estandarizados para ser efectivo. Los sueldos, que solían ser el salario más un plan de salud básico, ahora con el crecimiento de la base de empleados, requiere de políticas de recursos humanos, aumento de beneficios y de planes de compensación por niveles. Las relaciones que los fundadores entablaban uno a uno, ahora como la red de relaciones con los socios estratégicos de distribución crece, una sólida documentación y gestión de las relaciones se requiere…y más y más cambios.

Cuando una empresa crece, se produce un cambio de frente a un problema/solución desconocido desde el principio, lo cual requiere una exploración radical mientras que enfrentar un problema/solución conocido requiere ejecución. Como resultado, las nuevas empresas en realidad atraviesan por uno o más cambios de fase en el camino de convertirse en una gran empresa, y durante estas transiciones tienen que cambiar de manera fundamental la forma de operar para alcanzar el siguiente nivel. A medida que la empresa se hace más grande, la naturaleza de lo que tiene que hacer para ser exitosa cambia. Una buena analogía es la transición de ser un niño, un adolescente, y luego un adulto. Aunque en la Edad Media la gente creía que los niños eran simplemente "pequeños adultos", hemos descubierto que lo que los niños necesitan para crecer y ser feliz es muy diferente de lo que un adolescente o un adulto necesita para crecer y ser feliz. De manera similar, y como hemos discutido anteriormente, en la etapa temprana el descubrimiento del mercado y las tácticas de validación son absolutamente vitales para lograr el éxito en la primera fase pero cuando más y más clientes empiezan a atravesar la puerta, ¿Que cambios tendrá que hacer la compañía para permanecer siendo exitosa? Aunque muchos aspectos de la empresa cambiarán a medida que se crece, nosotros nos centraremos en la transición de las tres áreas clave para una nueva empresa que enfrenta su siguiente fase. Estas áreas incluyen: 1) el mercado, 2) el proceso, y 3) las transiciones del equipo. Esperamos proporcionar consejos sobre cuándo estas transiciones deben ocurrir y cómo manejarlas—consejo que nosotros hemos usado para ayudar a otras empresas a escalar.

ACTIVIDADES PARA ESCALAR EL MERCADO

Cuando las nuevas empresas empiezan a crecer a menudo tienen éxito inicial, seguido por un período de estancamiento que confunde y deja perplejos a los fundadores. Geoffrey Moore apoda este período, el abismo, sobre la base de su análisis, destaca el lugar que ocupa el Ciclo de Vida de Adopción de Tecnología (CIVAT)[83] De acuerdo con el CIVAT, los primeros usuarios están dispuestos a utilizar el nuevo producto o servicio, ya que son especialmente abiertos a probar nuevas innovaciones, pero la mayor parte del mercado (que consta de una mayoría temprana y tardía) espera para adoptar nuevas innovaciones hasta que sienta la comodidad de que una solución completa del producto ha sido entregada y es confiable y segura de usar (Figura 29).

Figura 29: Ciclo de Vida de la Adopción Tecnológica

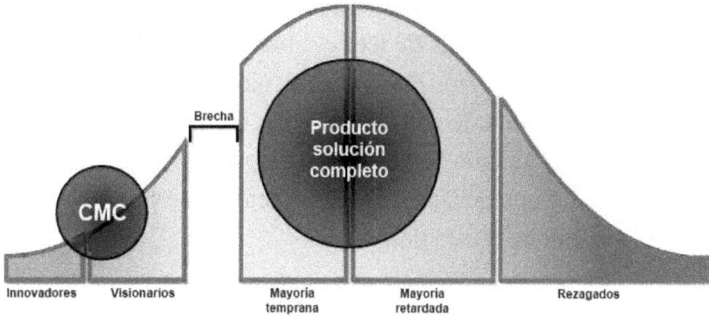

El problema es que para los fundadores, cuando los primeros adoptadores empiezan a comprar su producto parecería que las ventas se comportarán como la curva de un bastón de hockey y ellos rápidamente crecen su equipo de ventas para satisfacer la demanda, solamente para encontrar que misteriosamente las ventas se detienen. Los Fundadores entonces luchan porque están quemando el efectivo en un equipo caro que no está produciendo los resultados esperados. Por lo general, las ventas, mercadotecnia o el equipo de ingeniería se culpan por no dar resultados, pero la verdadera razón de la caída de éxito es que ellos están en el abismo. La compañía falló en establecer un sistema de repetición de ventas y una marca de confianza con sus principales clientes.

ALCANZAR Y CRUZAR EL ABISMO

En verdad que las empresas nuevas que alcanzan el abismo son afortunadas. La mayoría de nuevas empresas ni siquiera llega. La mayoría de nuevas empresas fracasan porque acaso son capaces de atraer a un puñado de clientes. El propósito de este libro, y la parte de "acertar" el proceso, es dar a las nuevas empresas las herramientas para alcanzar realmente el abismo, así como los fundamentos para cruzarlo. Sin embargo, una vez que la organización se acerca al abismo es probable que tenga que ajustar sus tácticas para poderlo atravesar.

Entonces, ¿cómo una nueva empresa puede cruzar el abismo? La respuesta a esta pregunta es parte de lo que impulsó durante años el pensamiento y esfuerzo para crear este libro. Con los años hemos leído cientos de libros de negocios y mercadotecnia consultado al Grupo

McKenna, a Geoffrey Moore, y a decenas de gurús de mercadotecnia y otros líderes de la industria que han puesto en práctica sus ideas en emprendimientos reales. Después de leer el libro de Geoffrey Moore, *Cruzando el abismo* y *Al interior del Tornado*. Nosotros le preguntamos a Geoffrey Moore en la sala de consejo de Folio Corporation "Paso a paso ¿Cómo se cruza el abismo?" su honesta respuesta fue: "Yo no lo sé". Ha llevado más de una década de investigación y de prueba y error para encontrar la respuesta a esta pregunta.

A pesar de Geoffrey Moore se convirtió en uno de los héroes de nuestras campañas de mercadotecnia y sus valiosos conocimientos han sido fundamentales en la solución de este rompecabezas, vamos a echar un vistazo a lo que sugiere Moore y discutir cómo integrar estas ideas en lo que hemos aprendido para ayudar a las empresas a cruzar esta brecha. En el punto central para cruzar el abismo está la necesidad de ofrecer una solución completa de productos a los clientes que se sientan seguros comprando. Tenga en cuenta que esto representa un cambio significativo de los consejos que le dimos anteriormente para desarrollar una solución con un mínimo de características. Al iniciar esta transición debe de pasar de las Características Mínimas al producto completo y entonces tienes que aprovechar tus recursos para cruzar el abismo. Para ello Moore sugiere que las nuevas empresas empiecen por 1) concentrar todos los recursos en un nicho de mercado específico, 2) identifiquen a sus clientes objetivos, 3) encuentren la razón de peso por la que compran, 4) construyan la totalidad del producto, y 5) comprendan a la competencia y el ambiente del mercado. La buena noticia es que siguiendo el proceso NISI ya has hecho muchas de estas cosas—tienes que entender y validar el producto que te dará el éxito una vez que cruces el abismo. Sin embargo, una vez que la cosecha de los primeros clientes o primeros adoptadores ha comenzado a funcionar en seco, para convencer a los clientes de mayoría temprana de comprar necesitas que se sientan cómodos. La cuestión es que los clientes de mayoría temprana son conservadoramente pragmáticos y quieren sentir que están comprando a un legítimo líder del mercado y que al gastar dinero en tu producto ellos no están perdiendo tiempo, dinero, prestigio o cualquier otra cosa que valoren—quieren hacer una buena elección de la marca. Para convencerlos, Moore utiliza la analogía de la invasión del Día D durante la Segunda Guerra Mundial, cuando las fuerzas aliadas concentraron todo su poder militar (160.000 tropas desembarcaron en un día) para establecer una cabeza de playa único, para enfatizar la necesidad de concentrar tus recursos en ayudar a convencer a los primeros adoptantes. Específicamente Moore sugirió que un camino para hacer esto es definir en qué mercado quieres ser el líder, en alinear toda tu comunicación a destacar claramente tu liderazgo competitivo/ diferenciación y a continuación centrar todos tus esfuerzos en el proceso de ventas para satisfacer a los primeros clientes. La buena noticia es que una vez que aterrices algunos de los primeros clientes de mayoría temprana, ellos pueden crear credibilidad con la recomendación de boca en boca y sus referencias te ayudarán a ganar al resto de la mayoría temprana de forma rápida y con menos esfuerzo.

Pero, ¿cómo aprecia este proceso en la vida real una empresa que inicia y que ha seguido el método NISI y está empezando a crecer? Tal vez podamos dar una idea con un ejemplo. En un capítulo anterior hablamos de una de las primeras etapas de Knowlix, una compañía que comercializa un software de gestión del conocimiento para el soporte de TI en la industria que fundé (Paul Ahlstrom). Knowlix siguió el proceso NISI, validó el dolor del cliente, interactuó para desarrollar la solución y descubrió la estrategia correcta para salir al mercado, lo cual incluye el conocimiento del proceso de compra del cliente y la infraestructura del mercado. Si el equipo de Knowlix se hubiera saltado estos pasos siguiendo el modelo tradicional de emprendimiento, nosotros hubiéramos gastado algunos millones de dólares para desarrollar un producto que hubiéramos vendido a uno o dos clientes y luego habríamos fracasado dejando a nuestros inversionistas y a nosotros mismos con un producto que no nos llevaría a ninguna parte. En lugar de eso y gracias a haber seguido el proceso NISI, Knowlix tuvo un gran éxito con los primeros innovadores y con los primeros adoptadores del producto. Cuando la empresa empezó a escalar, tuvo la suerte de tropezar con el abismo, pero luego, por supuesto, de inmediato se enfrentó al reto de cruzarlo. Como recordaras, el aspecto central para cruzar esta brecha concentrar todos tus recursos para hacer que la mayoría temprana se sienta confortable al tener un producto confiable y una solución a su problema. Debido a que la mayoría temprana prefiere evitar el riesgo, a menudo desconfían de los productos por impulso y esperan a que la evidencia externa de una adopción en el mercado más amplia legitimice y dé seguridad a la compra.

Para Knowlix, esto significaba convencer a la mayoría temprana aprovechando lo que la empresa descubrió en las primeras fases del proceso de NISI: recopilación de más información cuando sea necesario, utilización de todos sus recursos para convencer a algunos clientes de la mayoría temprana, y el cuidado de estos pocos clientes para que continuaran estando satisfechos.En nuestro esfuerzo por comprender el proceso de compra de los clientes y la infraestructura del mercado, nuestro equipo de Knowlix aprendió que nuestros clientes leen revistas, que asisten a conferencias, así como lo que ellos consideran importantes en la toma de una decisión de compra. Para convencer a la mayoría temprana a adoptar el producto una de las cosas que hicimos fue redefinir la categoría de mercado a fin de que Knowlix se posicionara como el líder. Previamente el mercado había sido definido en la resolución de un problema—se había encapsulado ampliamente como apoyo técnico. Knowlix se centró en la administración de las respuestas que una organización busca frente a problemas comunes en el contexto de su flujo de trabajo y que reconocimos como un problema de gestión del conocimiento de una empresa. Así que en Knowlix renombramos el nicho de administración del conocimiento y enfocamos los recursos a definirnos a nosotros mismos como líderes en este espacio. Tan agresiva como suena, esta táctica es común. Desde compañías como Amazon.com hasta empresas nuevas han tratado de redefinir el mercado alrededor de ellas mismas.[84] La clave para redefinir exitosamente un mercado alrededor de uno mismo es escoger un espacio desocupado en el que existe una necesidad legítima—no basta con simplemente redefinir un espacio existente.

Por ejemplo, Rhomobile, que utilizó NISI para desarrollar múltiples plataformas de aplicaciones para smartphone que equivalían a ser el *Ruby on Rails* (un código de programación de código abierto) de los teléfonos inteligentes, por lo que hubiera sido una tontería que la empresa tratara de redefinirse con respecto al espacio de aplicaciones móviles. Rhomobile eligió en lugar de eso centrarse en un segmento más pequeño de ese espacio mediante la creación de la etiqueta, "aplicación de plataformas para teléfonos inteligentes", y luego se definió a sí mismos como centro de ese espacio "emergente". Además, es importante señalar que cuando hablamos de cómo Knowlix o Amazon definieron una categoría, fue sólo después de que acertaron en el negocio y se encontraban en el proceso de expansión cuando lo hicieron. En palabras de Mark Richards de Sand Hill Partners, quien aplicó el proceso de NISI en su consulta

Muchas nuevas empresas piensan que el primer paso en su negocio es crear un nuevo nombre de categoría en lo que hacen y luego se declaran líderes mundiales de ella. Y, por supuesto, los fundadores de cualquier empresa se enamoran de la categoría y de su dominio del mundo nuevo, mientras tanto cuando los posibles clientes visitan la página web no tienen idea de lo que el líder mundial en alguna categoría como "curación geosocial" hace, ni por qué que debe gastar tiempo para leer más..

Así que no vayas y redefinas el mundo como tu primer paso. Sin embargo, para Knowlix el siguiente paso fue comunicar y convencer a la mayoría temprana que eran, de hecho, líderes en tecnología y opinión en el nuevo espacio. Para hacer esto, enfocamos todos nuestros recursos en las piezas de infraestructura del mercado relevante que habíamos descubierto en las primeras etapas del proceso NISI. Las convenciones representaron una pieza importante de la infraestructura de comunicación para los clientes de Knowlix. Las convenciones pueden ser herramientas valiosas para convencer porque puedes reunir a una gran porción de la mayoría temprana en un lugar y crear en las mentes de tus clientes la percepción de haber "llegado."

Cuando se trata de la imagen que creas como negocio, una vez que empiezas a vender, ve a lo grande o mantente fiel al nicho al que te has enfocado. Esto no significa que tengas que quemar todo tu capital, pero querrás comunicar que eres un negocio establecido y confiable cuando empieces a tratar de capturar a la gran mayoría. En mi tiempo en Knowlix, esto significaba gastar el dinero para obtener un espacio moderadamente centrado en la convención para atender a los clientes, la creación de un stand profesional, y después hacer todo lo posible para generar bullicio en torno al stand. Para empezar, teníamos a cada uno de los empleados (más o menos una docena) operando el puesto, lo que nos ayudó a lucir como una gran compañía. Y eso fue sólo el principio. Empleamos cada truco conocido para atraer a los clientes, escuchamos lo que tenían que decirnos, y lo más importante vimos a otros clientes en el stand de manera que ellos sintieran que Knowlix representaba una compra legítima y segura. Para lograr esto, pusimos sillas en el puesto con camisetas en cada una de ellas, y para que los clientes pudieran obtener una camiseta tenían que llenar una breve encuesta y sentarse por un momento para que David Christiansen les contara más sobre la compañía y el producto. Luego en la periferia del stand contratamos a modelos muy atractivas para captar la mirada de los que pasaban. Tan pronto como los profesionales de TI hacían un nervioso contacto con las "babies" ellos, obedientemente, aceptaban una invitación para venir y escuchar el discurso de David. Pero si eso no era suficiente, también recibían un CD con el demo de Knowlix cuya parte trasera listaba las cinco razones para usar el programa y en la cubierta frontal decía, "Cinco razones para usar Knowlix", también tenía un billete de 5 dólares en el interior, claramente visible. Pronto la gente comenzó a preguntar por el CD del demo, y los que atendían el puesto felizmente les pedían que se sentaran por un minuto para escuchar la presentación sobre la compañía, y entonces recibirían su CD. Aunque los puristas del marketing encogían los hombros ante tales trucos, el efecto neto fue que logramos reunir a los clientes en el stand de Knowlix, y como otros clientes y socios en la industria observaban esto se convencieron de que Knowlix había "llegado" y tenía un espacio legítimo. No sorpresivamente, Knowlix generó consistentemente más clientes potenciales que cualquier otro expositor en las convenciones.

Al regresar a casa de estos eventos, leíamos detalladamente cada una de las miles de encuestas que llenaron los clientes, y creamos un mapa que señalaba el camino específico "que Knowlix tenía que seguir para ganar" y "en qué orden teníamos que seguirlo" para cruzar el abismo. Los detalles de éstas y otras encuestas fueron puestas en la pared del cuarto de guerra de Knowlix con objetivos asignados a los miembros del equipo. Teníamos confianza en lo que teníamos que hacer para cruzar el abismo. Tuvimos que asociarnos con 1) Remedy, 2) Bendata, y 3) Peregrine Systems, en ese orden. Tuvimos que entregar el contenido de Microsoft y Novell en una caja. Sabíamos a cuáles convenciones asistían los clientes, la versión de sus sistemas operativos y el nombre de los principales revendedores; sabíamos que el Servicio de Noticias y la Revista de Soporte al Cliente y Administración eran las dos principales publicaciones de la industria que nuestros clientes leían. En las siguientes semanas y meses nos enfocamos en la ingeniería de Knowlix, en el desarrollo del negocio, y en los recursos del mercadeo en áreas que pudieran interesarle a los clientes. Sacamos anuncios completos cada mes en las publicaciones claves destacando los testimoniales de nuestros clientes. El objetivo era ser dominante en las revistas más importantes, boletines informativos y ferias que fueran de mayor interés, pero Knowlix aun permanecía invisible en todas partes. Nuestros anuncios con perfiles de clientes que habían sido fotografiados profesionalmente usando ropa con estilo—se referían a sus negocios y sus testimoniales sobre Knowlix. Los clientes reconocieron nuestro esfuerzo y paulatinamente se sintieron más cómodos cuando vieron que líderes de la industria nos estaban comprando. Además, continuamos anunciándonos repetidamente en un boletín de noticias y en dos publicaciones claves de la industria. Los resultados fueron que después de sólo 18 meses logramos ser el #1 en anuncios y en ser reconocidos como marca líder del segmento. El impulso de la marca y la generación de actividades alimentó a nuestro equipo de ventas. Con esto, no sólo la gran mayoría creyó que Knowlix había llegado como compañía, sino que ellos comenzaron a comprar el producto, y pronto tuvimos más asientos y sitios que todos nuestros competidores juntos. En esencia, convencimos exitosamente a nuestros principales clientes que era necesario establecer con ellos relaciones de negocios, crear una solución completa para el producto, y atacar actividades de mercadeo que indicaran que la compañía era segura, creíble, y un líder de mercado cuyos productos mejorarían sus negocios. Una vez que los convencimos que éramos legítimos, enfocamos todos nuestros esfuerzos en satisfacer a aquellos clientes para que ellos corrieran la voz y nos recomendaran a otros clientes.

PROCESO PARA ESCALAR ACTIVIDADES

A medida que el negocio crece, una de las principales tareas que enfrenta un emprendedor es el comenzar a escalar los procesos de la compañía. Al principio, los emprendedores y cofundadores hacen todo un proceso de exploración salvaje, y a medida que la compañía deja de explorar lo desconocido para ejecutar lo conocido, la mayoría de las actividades de la empresa necesitan convertirse en procesos repetitivos que puedan ser usados por cualquiera en la compañía. Gary Kennedy, Administrador General de Oracle en 1980, se enfocó en las ventas, soporte y servicios logrando que la empresa incrementara su valor a casi un billón de dólares. Gary fue famoso por decir que una vez que tienes un proceso de ventas que está funcionando, "¡escálalo hasta que se rompa!" Las cinco actividades principales que abogamos en el proceso NISI para escalar tus procesos son 1) enlista, 2) define, 3) externaliza, 4) transfiere, y 5) mide los procesos.

- ## 1. ENLISTA TODOS LOS TRABAJOS QUE SE REALIZAN

Todo el mundo en una empresa usa sombreros diferentes. El primer paso al escalar tu negocio es enlistar todos los sombreros diferentes que tú y los miembros de tu equipo están usando. Escribe los diferentes trabajos que se están realizando dentro de la compañía. Como nuevo director general tú puedes ser también Vicepresidente de Ventas, Gerente de Producto, Director de Desarrollo de Negocios, e Intendente. Después de listar los roles principales que se realizan en la empresa asegúrate de que estén asignados a alguien, aún si es de forma temporal. Este primer proceso debería realizarse al principio del ciclo de vida de tu negocio para que sepas quien es responsable de cada área. En la medida en que comiences a escalar el negocio, irás delegando responsabilidades pero al final decidirás con cuales sombreros te quedas tú.

- ## 2. DEFINE TODOS LOS TRABAJOS QUE SE ESTÁN REALIZANDO

El segundo paso es que cada empleado escriba la descripción del trabajo o trabajos que él o ella estén realizando dentro de la compañía. Definir los roles principales y todos los sombreros que cada colaborador usa es primordial para que el negocio dé los siguientes pasos al detallar responsabilidades para después transmitir el conocimiento a los nuevos empleados que se sumen a la empresa cuando ésta escale.

- ## 3. EXTERNALIZA Y DOCUMENTA PROCESOS CLAVES

De forma gradual tú y tu equipo se darán cuenta de que no pueden seguir haciendo todo por lo que es tiempo para comenzar a documentar responsabilidades y ceder algunos de los sombreros. Simplemente habrá muchas responsabilidades, muchos clientes, y demasiados detalles que no podrás manejar. Aun cuando contrates a un súper representante de ventas que te ayude, o a un contador, o a otro ingeniero…en la medida en que la compañía crezca hasta ellos se sentirán abrumados. Necesitarás hacer contrataciones clave, entrenar a aquellos que contrates, y darles las riendas para que comiencen a construir sus propios departamentos. Pero el siguiente paso es documentar las responsabilidades y externalizar los procesos claves asociados con cada posición en la empresa, hay que describirlas de modo que alguien nuevo pueda utilizar el proceso, idealmente sin que requiera asistencia de ti. Los emprendedores usualmente cometen el error de asumir que sus empleados ya entienden esos procesos. Es un error común: investigaciones han mostrado que a expertos se les dificulta comunicarse con los novatos porque asumen que ellos ya entienden lo que saben.[85] Aún si tu equipo entiende el proceso, todavía necesitarás hacer un esfuerzo para externalizar y desarrollar un proceso repetitivo porque incluso tu propia habilidad para comunicar esta información será sobrepasada por el número de empleados que se unan a la compañía. Este proceso de transferencia de conocimiento es un paso importante en la maduración de cualquier empresa.

Así que necesitas sentarte y detallar los procesos que has desarrollado, destacando todos los vínculos y relaciones pertinentes. Esto requiere un entendimiento profundo de los procesos que sólo viene de la participación directa en el mismo. Luego, cuando cedas el proceso a alguien más, necesitas monitorear y potencialmente perfeccionar el proceso para que todos los pasos y relaciones se mantengan. La meta aquí es que una vez que lo has hecho, encuentres una forma de documentar y después escalar lo que has aprendido. La unión de la experiencia íntima con el proceso y después la documentación para escalarlo es una herramienta usada por algunos de los mejores emprendedores hoy en día. Por ejemplo, Sridhar Ramaswamy, vicepresidente de ingeniería de Google, supervisa a cerca de 800 ingenieros que manejan el código que genera casi el 95% de los miles de millones de dólares de ingresos de Google. Podrías pensar que él dedica todo su tiempo a reuniones para dirigir a un equipo tan grande. Pero no es así. De hecho, Ramaswamy dedica cerca del 25% de su tiempo a la codificación. ¿Por qué? Porque entiende perfectamente los problemas y procesos que sus ingenieros enfrentaban y sabía cómo comunicarles nuevas direcciones y procesos a escala. Sí Ramaswamy no trabajara más sobre códigos su habilidad para desarrollar procesos fiables y repetibles para su equipo masivo se vería obstaculizada por su propia distancia del problema real. Al mismo tiempo, sí Ramaswamy no tomaba lo que había aprendido y externalizaba la información en una forma escalable, él no podría comunicarlo a su equipo.

- ### 4. TRANSFERENCIA DE PROCESOS
  Una vez que has externalizado los procesos, el siguiente paso es comunicarlos y transferirlos a tu equipo en crecimiento, y después crear un sistema de reporte y contabilidad para los nuevos propietarios del proceso. Existen muchas formas para hacer esto; el método más poderoso que hemos utilizado se basa en los principios de la *manufactura esbelta* para hacer el proceso más visual. En el piso de una fábrica, esto podría hacerse creando un área única de la tienda donde todas las partes defectuosas son colocadas,se delinea visualmente el flujo del proceso en suelo con pintura, o se señala el movimiento de las partes usando tarjetas de ayuda (para más información leer sobre el sistema Kanban). El punto es comunicar visualmente el flujo de la actividad de manera que todos

entiendan el panorama general del flujo de trabajo y qué partes les corresponden, para que puedan optimizar su parte del proceso.

En la medida que tu negocio escale y comiences a externalizar los procesos, encontrarás que los procesos de transferencia requieren más que sólo sentarse y comunicárselos a los miembros de tu equipo. Por supuesto que esto es importante, pero tus empleados necesitan ver cómo el proceso que les transfieres encaja en las grandes actividades de la empresa. La mejor forma que encontramos para hacer esto es elaborando una estrategia, tácticas, y procesos claros y altamente visuales de tu compañía.

Para ilustrar, Infusionsoft es un negocio que desarrolla herramientas para relaciones de gestión con clientes (CRM, por sus siglas en inglés) dirigidas a negocios de tamaño medio. A finales de los años 90's, CRM se convirtió en un mercado masivo para grandes organizaciones en sus intentos de crear bases de datos para ayudar a las empresas a manejar sus relaciones con los clientes, pero estos sistemas, ofrecidos por compañías como E.piphany y Salesforce.com, estaban dirigidas a empresas de gran tamaño. Reconociendo que los negocios pequeños no tienen acceso a estas herramientas, los fundadores de Infusionsoft desarrollaron un conjunto de herramientas CRM que podían ser entregadas a un costo más bajo a pequeñas y medianas empresas. Al principio, los fundadores de Infusionsoft se habían acostumbrado a hacer todo por sí mismos, pero como la compañía creció rápidamente, cada vez fue más difícil el comunicar la dirección de la empresa y sus varias partes. Para resolver el problema, el equipo instituyó la metáfora de la manufactura esbelta y en una pared prominente publicaron todos los aspectos claves del negocio de Infusionsoft. Estos incluían el intento, objetivo, estrategia y las principales seis prioridades para el año y el trimestre. (ver Figura 30)

Figura 30: Proceso de Transferencia de Infusionsoft

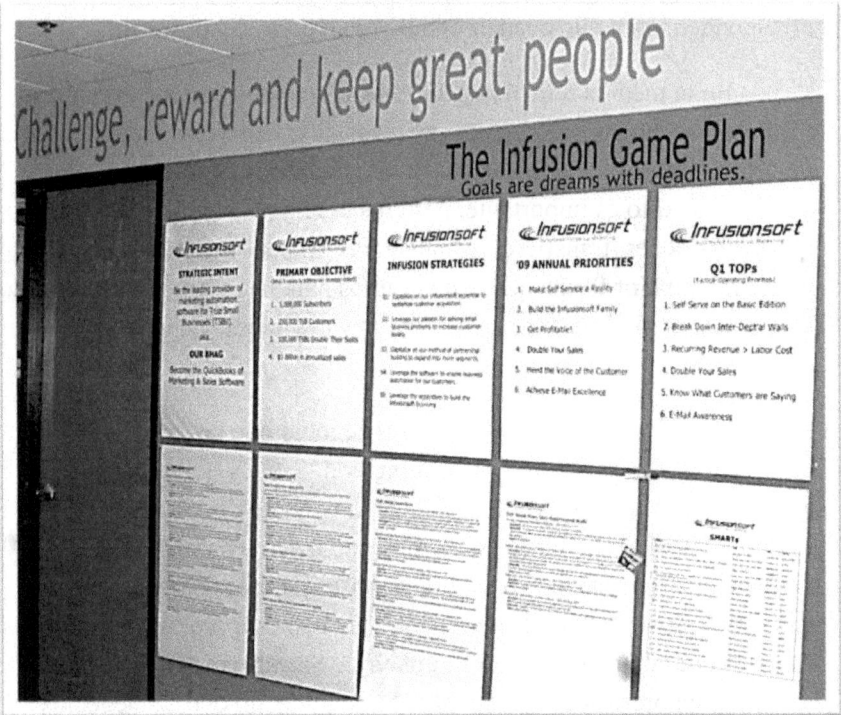

Con estos objetivos de alto nivel que se podían comunicar claramente, es fácil ver donde la compañía está a la cabeza. Pero eso no es todo. Cada objetivo fue dividido en tareas específicas para que cada grupo en la compañía entendiera las responsabilidades específicas que necesitaban completar para alcanzar esos objetivos. Como resultado de utilizar esta táctica de comunicación, el equipo de Infusionsoft no sólo entendió lo que tenía que hacer, sino que también entendió como hacerlo. No fue sorpresivo, cuando una vez que acertaron con su solución y que estaban en la etapa de escalar los procesos, la empresa empezó a crecer a un ritmo increíble logrando superar su meta de ventas trimestrales y además se empezó a consolidar como el principal jugador en el área de CRM.

Para aplicar la metáfora de la manufactura esbelta, necesitas seguir las siguientes tareas específicas:

1. Identificar el panorama general—establecer con claridad la visión más amplia para tu equipo.
2. Divídela en objetivos. Concéntrate en los cinco principales objetivos que estás tratando de lograr.
3. Divide esos objetivos en propiedades individuales.
4. Manten la imagen visual.

Cada uno de los objetivos debe tener un marco de tiempo. Puedes darte cuenta en la foto que sobre el "Plan de trabajo de Infusionsoft" está la declaración: "Las metas son sueños con plazos límites." Similarmente, sin importar los objetivos que comuniques, éstos deben ser mesurables y tener un plazo de tiempo determinado. Sin un límite de tiempo, es difícil crear una responsabilidad y sin una responsabilidad los objetivos se deslizarán a través de las grietas. Como una nota adicional, puedes detectar la diferencia entre esta fase y las etapas previas del proceso NISI. Las fases previas eran acerca de la exploración, mientras que la fase de escalarlo es sobre la ejecución y escalar esa ejecución.

Al final del día, el propósito de crear un plan de batalla visual es que alinees a todos en tu equipo para que remen en la misma dirección y crean en lo que estás haciendo. Al crear físicamente una imagen, comunicarás más claramente lo que estás tratando de hacer. Pero debes relacionar esa imagen con los datos de los clientes que tienes, las historias que has escuchado, y la necesidad de los clientes, para que tu equipo no sólo vea lo que hay que hacer sino que crea en ello. Cuando aplicamos este proceso en Knowlix durante la fase de escalar, nuestros muros no sólo contenían los objetivos estratégicos sino que incluían la información que habíamos descubierto durante el proceso de acertar con la solución. Datos y testimoniales sobre lo que los clientes quieren, la infraestructura de mercado, y los mercados objetivo eran prominentemente visibles. Además, en una pared adyacente, listamos los objetivos, las tácticas y los pasos mesurables que fueron obtenidos de los hechos que se desplegaban en el primer muro. El resultado fue que los miembros del equipo entendieron lo que necesitaban hacer, pero ellos también entendieron cómo los hechos recolectados de los clientes forjaron esos esfuerzos y les dieron una dirección extra y motivación.

5. Procesos de Medición y Rendición de Cuentas

Por último, cuando escales tu negocio, concéntrate en la medición de tus actividades más importantes y repórtalas de forma regular a tu equipo, junta, o consejeros. "Cuando el desempeño es medido, el desempeño mejora y cuando es medido y reportado, la tasa de desempeño se acelera."[86] Sin embargo, sé muy cuidadoso con lo que mides, como dicta el viejo dicho: Lo que se mide se hace. Toma el ejemplo de la Universidad de Utah y sus esfuerzos de comercialización de tecnología. Por algún tiempo la universidad midió únicamente el ingreso generado de las patentes porque estas licencias proporcionaban ingresos inmediatos a la universidad. El resultado no fue sorprendente— la tecnología—la oficina de transferencias produjo ingresos modestos por concepto de patentes y se ubicó en la parte inferior delistado de las 100 (universidades) en la nación en crear ingresos por desarrollos. Pero compara estos modestos ingresos con los cientos de millones de dólares que Stanford generó cuando fue capaz de cambiar sus acciones de Google por efectivo lo que fue un éxito rotundo para la universidad. La mentalidad de recuperación de costos es un modelo común en las universidades del país, y conduce a un hambre de innovación y bloqueo de algunas de las tecnologías más valiosas en los Estados Unidos. La recuperación de costos te lleva a un enfoque de corto plazo que demanda efectivo en cada trato y anula las esperanzas de muchos emprendedores que no pueden solventar las patentes que son requeridas de cada licencia. Al darse cuenta que podía haber un beneficio mucho mayor a largo plazo para la universidad comprometiéndose con la comercialización de su tecnología en vez de enfocarse en los ingresos por patentes, el Presidente Michael Young y la Universidad de Utah hicieron un gran esfuerzo y transformaron a la universidad en un líder global. Al establecer claramente que el desarrollo económico se fundaba en la misión de comercialización, el nuevo equipo de la Universidad de Utah, dirigido por Jack Brittain y Brian Cummings, cambió lo que medía. En vez de medir los ingresos por patentes, ellos cambiaron su enfoque a resultados más impactantes que miden el número de nuevas compañías que se crean, inversiones en aquellas compañías, generación de empleos, y el número de estudiantes y emprendedores que se ven envueltos en el proceso. La Universidad de Utah fue de un ángulo de corto plazo (modelo de recuperación de costos) a uno de largo plazo (modelo de inversión), midiendo cosas que conducían a un mayor impacto positivo. El cambio en el pensamiento encendió un enfoque de inversión, el cual se convirtió en el centro del nuevo modelo de desarrollo económico. Cambiando lo que la universidad medía, transformó literalmente sus operaciones y pasó del último lugar a nivel nacional a igualar al MIT en 2008 y a superarlo en el 2009 para convertirse en el mayor generador de negocios nuevos usando la tecnología de la universidad en Estados Unidos.

La Universidad de Utah está ahora implementando el proceso NISI a larga escala como un requisito tanto en el proceso de veto de tecnología como en el proceso de generación de nuevos negocios. Al tomar la decisión apropiada de desarrollar procesos con pequeñas cantidades de "capital inteligente", la Universidad de Utah está actuando como un negocio nuevo: esbelto y enfocado. Piensa sobre esto: las universidades gastan cientos de millones de dólares protegiendo su propiedad intelectual, pero el 70 por ciento de sus patentes nunca contarán con licencia! Las agencias de financiamiento federales, el Departamento de Comercio, y la Casa Blanca están esperando que las universidades de Estados Unidos sean los impulsores de la generación de empleos y de la recuperación económica. La Universidad de Utah está buscando la forma al mostrar que una metodología NISI, vinculada con un proceso sistemático que identifique tecnologías y productos que los consumidores quieren, genera resultados consistentes. Felicidades a los investigadores, líderes, y al equipo de comercialización de tecnología en la Universidad de Utah. ¡Ustedes han acertado!

En el capítulo de Acertando con el Modelo de Negocios hablamos sobre la importancia de un panel de negocios. El panel de negocios es una forma para que los emprendedores definan y después monitoreen los elementos más importantes de sus negocios. La medición es una parte importante del entendimiento de lo que está pasando y una razón por la que Infusionsoft optó por destacar: "Las metas son sueños con plazos límites." La tarea crucial en la medición es identificar las cosas correctas que hay que medir y entonces transformarlas en medibles, con plazos de tiempo objetivos. Usualmente las cosas que deberías medir en un negocio nuevo no son las métricas obvias que aprendes en la escuela o que coinciden con la sabiduría que recibiste. Concentrarte en las métricas financieras de tu declaración de ingresos, por ejemplo, tiene relativamente poco valor. Son mucho más importantes los costos de adquisición de clientes, la tasa de adopción, el volumen de negocios de los clientes, y el costo de producir un bien o servicio (el costo de tu producto actual más todos los costos extras generales y de mercadeo que también cuestan dinero. Ignorar esto te puede conducir a una situación en la cual haces dinero con tu producto pero pierdes dinero en tu negocio).

Asegúrate de identificar las mediciones más importantes para tu negocio y captúralas. También asegúrate que puedes dar un paso atrás y validar que esas son las cosas más importantes en las que tienes que enfocarte. Te puedes sorprender de que cosas obvias se te pasen. Por ejemplo, en los primeros días de producción del chip de memoria DRAM, Samsung se enfocó en medir lo que ellos creían era la métrica clave: la esperanza de vida del dispositivo. Este indicador era una medida de calidad, o la cantidad funcional de memoria que podía ser expulsada de una costosa oblea de silicio y Samsung invirtió literalmente millones de dólares para exprimir una décima parte del porcentaje de mejora. Sin embargo, a causa de su obsesiva concentración en esta medición, estaba olvidando la importancia de otro indicador: la utilización del equipo. Fábricas de semiconductores típicos costaban alrededor de 2 mil millones de dólares en aquel tiempo, y mientras Samsung tenía sus líneas de producción detenidas para mejorar rendimientos en un .01%, sus activos fijos de 2 mil millones de dólares estaban parados sin hacer nada. Cuando un equipo de académicos y consultores de Berkeley le hicieron notar esto a Samsung, de repente se les prendió el foco—ya que simplemente con cambiar su enfoque a la utilización del equipo, Samsung podía obtener 10%, 20%, 30%, o incluso un mayor valor de sus fábricas. El equipo de Samsung cambió lo que ellos medían, y esto no sólo los hizo más rentables, sino que cuando los precios de las memorias DRAM cayeron y la industria experimentó una reestructuración, Samsung era tan eficiente en costos que se reposicionó como uno de los manufacturero dominantes de la industria.

ESCALANDO ACTIVIDADES GRUPALES

Hemos enfatizado que a medida que escales tu negocio, lo que has hecho en el pasado no te hará necesariamente exitoso en el futuro. Esto aplica igualmente a tu mercado, proceso, y actividades grupales. Conforme creces, tienes que cambiar. Pero ¿cómo hace el equipo para cambiar y escalar? Hay cinco actividades claves que pueden ayudar a tu equipo y a tu organización a escalar que son en las que nos hemos enfocado en esta discusión: crear cultura, manejar la comunicación, incrementar la responsabilidad, tomar en cuenta a extraños, y transformar talentos.

CREANDO CULTURA

La mayoría de la gente piensa en la cultura del lugar donde trabajan como un hecho, si es que lo reconoce en absoluto. La cultura es el acuerdo subyacente sobre lo que es importante en tu negocio y las reglas de cómo hacerlo. Cuando una nueva empresa se compone de tres emprendedores en un garaje, la cultura es igual de real, pero no es tan importante porque cada uno puede ver lo que los otros están haciendo y por tanto los cambios son fáciles de hacer. Conforme tu negocio escala, se va haciendo más difícil la comunicación con los miembros de tu equipo. Nuevas contrataciones serán necesarias y será imposible el comunicar adecuadamente a todos lo que tu negocio hace, cuáles son tus prioridades, y cómo esperas lograr tus objetivos. Entra a la cultura. En la ausencia de tu ayuda, tus empleados nuevos y existentes seguirán el ejemplo de la cultura de tu negocio. La cultura puede enviar mensajes como "Nosotros sólo respondemos a simulacros de incendio," o "Haz lo que diga el jefe," o "Experimenta ampliamente," o cualquier otra combinación.

El error que muchos emprendedores cometen es que ellos no se dan cuenta que si escogen conscientemente definir y comunicar la cultura o no, la cultura existirá. Si los emprendedores están muy ocupados dando forma a la cultura, emergerá por si sola y probablemente no será tan efectiva como pudiera ser. La oportunidad para ti como fundador es formar conscientemente la cultura de manera que sea una herramienta efectiva para escalar. Dar forma a la cultura significa efectivamente dos cosas. Primero, define conscientemente y después comunica lo que es la cultura de la empresa. Cuando definas la cultura es importante mantener en mente la mayoría de las actividades importantes para el éxito de tu negocio, y concéntrate en esos temas. Segundo, da forma a tus recompensas, comunicación, y otras actividades que refuercen y no contradigan la cultura.

Mari Baker, una de las primeras empleadas de Intuit y vicepresidente senior de la compañía, argumentó que una de las cosas más importantes que Intuit hizo cuando empezó a crecer fue detenerse y definir la cultura. De hecho, Intuit literalmente se detuvo para hacerlo—Scott Cook sacó al equipo completo del sitio para tener una discusión sobre lo que Intuit era y lo que ellos necesitaban hacer para alcanzar sus metas. Uno de los mensajes más importantes que emergieron de esta reunión fue la importancia de satisfacer al cliente y continuar innovando. El salir unos días de la empresa no fue suficiente. Intuit tuvo que reforzar la cultura que ellos definieron con sus sistemas de comunicación y recompensas. Uno de las vías que Intuit uso para impulsar la experimentación fue dar un premio a alguien que hubiera experimentado de forma admirable, que aprendió de la experiencia, pero que al final fracasó. El premio reconoció que el fracaso es parte de la experimentación, y que siempre y cuando aprendas de tus fallas habrá valido la pena.

GESTIONANDO LA COMUNICACIÓN

En la medida que el negocio crece, la comunicación efectiva se convierte en un reto importante. Sin embargo, una clave para el proceso NISI es comunicar las necesidades de los clientes a través de la organización. Para alcanzar tus objetivos necesitarás comunicarlos a tu equipo y después asignar responsabilidades a cada uno de ellos. La comunicación es sumamente importante para ayudarte a ti y a tu equipo a entender lo que está pasando y jalarlos en la misma dirección.

De igual forma, la comunicación efectiva requerirá un mayor esfuerzo, pero hemos observado varias tácticas que negocios exitosos han usado para escalar. La primera táctica es la que discutimos previamente en términos de plasmar tu estrategia, objetivos, y tácticas en la pared para que todos las vean. Segundo, negocios exitosos que hemos estudiado usan uno o más tipos de reuniones: reuniones diarias sincronizadas, reuniones para todos, reuniones de equipo, reuniones de uno a uno, y reuniones para saltar de nivel.

Reuniones Diarias Sincronizadas: Una reunión sincronizada es una herramienta que compañías exitosas con culturas de aprendizaje usan para checar su pulso y rápidamente adaptarse a cualquier cambio en su medio ambiente mientras ellos están escalando. Las reuniones diarias se realizan dos veces al día: empezando con una reunión matutina de 15 minutos con los principales ejecutivos para hablar sobre las tareas del día, y después una reunión corta al final del día para reportar los resultados del día. Promovida por Vern Harnish, en su libro *Hábitos Rockefeller,* estas reuniones diarias son usadas por muchas organizaciones de alto crecimiento para incrementar la calidad y la velocidad de ejecución.

Reuniones para Todos: Sorpresivamente, casi todos los negocios exitosos que hemos observado desde Facebook o Google hasta negocios que se encuentran a la mitad del proceso de escalar, como Xfire, Knowlix, y Fluidigm, organizan reuniones para todos. A pesar de que estas empresas están en pleno proceso de expansión y a que trabajan contra el reloj, ellos conscientemente se toman el tiempo (usualmente la tarde de un viernes) para traer a cada empleado a una reunión y hablar. Esta reunión usualmente tiene varias partes claves. Primero, el equipo de gerencia habla sobre los objetivos claves que describimos previamente, enfatizándolos y discutiendo donde se encuentra la compañía respecto a esos objetivos. Segundo, equipos individuales se toman el tiempo de compartir lo que ellos están haciendo. Esto puede incluir a ingeniería, mercadeo, soporte, o cualquier otra área relevante. El propósito de estos avances es permitir que todos conozcan lo que lo otros están haciendo e identificar áreas de oportunidad, sinergias, o conocimientos que se pueden aprovechar más tarde. Tercero, las reuniones pueden ser un lugar para lidiar con nuevos retos o preguntas. El tono de esta reunión debe ser evitar la competencia o las culpas y permitir que todos entiendan a donde se dirigen y cómo trabajar juntos para lograr el objetivo.

Reuniones en Equipo/Reuniones Uno a Uno: También se recomienda compartir con tus subalternos al menos una vez por semana, o quizás dos veces por semana una reunión con un equipo pequeño. En estas juntas insiste en escuchar algunos detalles respecto a lo que están trabajando tus subalternos, que tan bien lo están haciendo en otras áreas del negocio, su conocimiento de las necesidades del cliente, y la contabilidad de su progreso en los objetivos claves de la compañía.

Reuniones para Saltar de Nivel: Te hemos contado la historia de porque Polaroid fracasó (porque ellos cerraron su mercado de cámaras digitales y enfocaron sus esfuerzos en las películas para fotografía), pero el cómo paso esto también es importante. Una de las razones por las que el equipo de gerencia no pudiera justificar el cambio de giro fue porque en la parte alta de la organización ellos se aislaron de su ambiente y no pudieron ver los cambios que se venían. Este es un problema muy común en grandes compañías—la gente a cargo son los que se encuentran más alejados de los clientes y tienen la peor información sobre las necesidades de los clientes. Usualmente es la cultura de la compañía la que aísla a los altos ejecutivos de la retroalimentación. Una forma de luchar contra este problema es con una reunión para saltar de nivel: cada mes, reúnete con gente de tu compañía que está en cualquier parte en un nivel debajo de ti en el negocio. Dedica el tiempo a entender cuáles son sus necesidades, y tendrás una mejor imagen de cómo operar. El gurú del servicio al cliente y autor Gary Heil es famoso por decir, "La línea frontal nunca miente."[87] Al mantenerte en contacto con tu equipo y clientes, podrás evitar decisiones estúpidas que impactarán negativamente a aquellos individuos que interactúan más con tu cliente.

En resumen, el propósito de estas reuniones no es crear encuentros mortales. Negocios lentos fracasan, pero también los negocios que se comunican pobremente. Todas las reuniones deben enfocarse en algún nivel en los objetivos que estableciste previamente y en cómo alcanzarlos con tus clientes. Por último, asegúrate de considerar los beneficios de una comunicación abierta y honesta. Si brindas a los miembros de tu equipo confianza, compartes con ellos tu dirección, les preguntas sobre sus ideas y confías en ellos, por lo que recompensarán tu confianza con dedicación y trabajo duro. La transparencia es vital para crear organizaciones altamente confiables y efectivas. Si tratas a tus empleados como adultos les permitirás ser más eficientes y construirás una cultura de lealtad mientras escalas tu negocio. Con frecuencia, los "grandes secretos" rápidamente encuentran su camino y se convierten en rumores, y los empleados no sienten ninguna obligación de mantenerlo en secreto si ellos los escuchan en la calle. Al mismo tiempo, puedes establecer la expectativa de que el intercambio de información confidencial que fue confiada directamente a ellos puede ser causa de despido.

INCREMENTANDO LA RESPONSABILIDAD

Hemos hablado sobre la importancia de ser responsables. Tus objetivos necesitan ser medibles y sensibles al tiempo. Necesitas comunicarle a tu equipo los objetivos para hacerlos responsables. Pero como fundador y director general también necesitas ser responsable. Una de las mejores formas para hacer esto es organizar una junta de directores confiables, o al menos a una junta de consejeros, a la que tengas que rendirle cuentas. Cuando Knowlix comenzó a escalar, con la ayuda de nuestro vicepresidente, construimos una junta de clase mundial conformada por Gary Heil, y Patrick Bultema. Nosotros hemos usado nuestra junta estratégicamente para promover la compañía. Yo fuí apadrinado en las operaciones por Carm Santoro y en discursos por Gary Heil y también me apoyó en gran medida un colaborador y miembro de la junta Patrick Bultema, el presidente y fundador del Instituto Help Desk, para orientar a la empresa a medida que se desarrollara (la relación con Bultema también generó credibilidad entre sus clientes). Pero nuestra junta hizo más que agregar valor al ofrecer consejos: ellos también nos mantuvieron responsables. Para lograr esto, nos pidieron hacer tres promesas cardinales—los tres objetivos en los que yo como fundador me enfocaría cada día para asegurar el éxito del negocio. Cada vez que la junta se reunía, ellos nos preguntaban esas promesas para ayudarnos a mantenernos en el camino. En tu negocio desarrolla una junta que te ayude a mantenerte responsable y enfocado. Serás tentado por muchas oportunidades, pero al menos de que un cambio real sea necesario, mantente enfocado.

Tomando en Cuenta a Extraños

A medida que tu negocio crezca, no tengas miedo de pedir la opinión de extraños o de personas ajenas a tu empresa. Algunos de los descubrimientos más exitosos han sido alcanzados al agregar una nueva perspectiva. Cuando Einstein trabajó como examinador de patentes, sus conversaciones con un compañero de trabajo, Michele Besso cambiaron dramáticamente su primera teoría, por la cual él se volvió famoso: la teoría especial de la relatividad.[88] Desde los directores generales de las 50 compañías de Fortune, a los fundadores de nuevos negocios han utilizado esta herramienta para encontrar su camino, ya que les permite ver lo que ellos podrían estar obviando y que personas externas lo pueden identificar pues tienen una visión diferente del mundo—incluso Tiger Woods tiene un entrenador de golf[89]. Cuando Knowlix estaba desarrollando su proceso de ventas el consejo nos impulsó a traer un experto para ayudar al equipo a entender mejor los sistemas, herramientas, y factores desencadenantes que movían las ventas. Ellos trajeron a Jack Carroll como un experto en ventas quien ayudó a nuestro equipo a descubrir las herramientas claves y los factores que aceleraban prospectos de ventas a través de un método—el paso de clientes "Sospechosos" (lista de los clientes potenciales) a "Prospectos" (clientes potenciales que han hecho algún tipo de contacto con la compañía), a "Compradores" (clientes potenciales que encajan con el perfil de compra de Knowlix), a "Compradores Calificados" (que son los que tienen un presupuesto y expresan un interés en la compra), y finalmente a clientes y clientes frecuentes. Una parte crucial de ser un emprendedor y escalar una compañía es reconocer cuando no tienes las habilidades necesarias y necesitas encontrar gente que pueda cubrir esas lagunas por ti.

Transformación de Talento

Cuando tú escalas, algunas veces la gente también tiene que cambiar. Algunas personas disfrutan más la primera etapa que las etapas posteriores y dejan la compañía porque se aburren. Esto está bien; es una cuestión de preferencia más que algo que está equivocado. Otra gente batallará en ajustarse a las diferencias entre cómo opera un negocio nuevo y el cómo opera una compañía que está en pleno crecimiento. En estos casos, tendrás que tomar la difícil decisión de reemplazar a esta gente. En una entrevista, el fundador nos dijo que él había tenido que reemplazar algunas posiciones en el equipo de gerencia porque los individuos se resistían a cambiar cómo operaban y por tanto no podían escalar con la empresa.

Como resultado de escalar puedes enfrentar una de las transiciones más duras para cualquier fundador—el talento puede no escalar contigo. A menudo, los fundadores son más capaces y felices en las etapas formativas de una compañía pero batallan cuando ésta comienza a escalar. Por ejemplo, Craigslist, fundada por Craig Newmark, hizo todo bien, aplicó los principios del NISI cuando construyó la compañía. "La mayor parte de lo que hicimos se basó en lo que la gente de la comunidad nos sugirió...la gente nos sugirió cosas, hicimos lo que parecía tener sentido, y entonces pedimos más retroalimentación," de acuerdo a Newmark.[90] Así fue como llegó una gran decisión sobre cómo hacer dinero, él consultó con sus clientes, quienes le sugirieron que cobrarán a la gente que saturaban el servicio con anuncios menos efectivos, tales como empleadores e intermediarios. Pero cuando la compañía escaló, Newmark comenzó a luchar con la tarea de gestión de una compañía grande. Afortunadamente, tuvo la visión de reconocer que no podría manejar una gran organización: "Jim [Buckmaster] es mucho mejor director general, y mis habilidades no son de administración. Sin embargo, soy un muy buen representante de servicio al cliente."[90] La transición a un director general que tenía la experiencia de manejar a una gran organización fue mejor para Craigslist y para Newmark. No obstante, pocos fundadores son capaces de reconocer lo que Newmark hizo: el negocio podría necesitar cambiarte para tener éxito. La razón es que cuando una compañía escala la naturaleza de las actividades administrativas cambia desde una exploración creativa a una ejecución fría. Éstas son habilidades remarcablemente diferentes, y puede ser difícil para los emprendedores la transición de una a otra. La clave está en reconocer que no debe haber vergüenza en ser bueno para crear algo y pasarle las riendas a alguien más que es bueno en manejarlo. Si es tiempo de hacer la transición, encuentra un rol en la compañía que encaje mejor con tus habilidades o toma tu éxito y empieza algo más.

En la medida en que escales tu empresa, atravesarás transiciones fundamentales que necesitan ser manejadas. Lo que hiciste en el pasado no necesariamente te garantiza el éxito en el futuro. Tu mercado, procesos, y equipo necesitan pasar por esa transición. Todo el tema de la ampliación es material para otro libro, pero puedes mantener estos principios en mente, y una vez que algo funciona, escálalo hasta que se rompa.

Capítulo 9: ¡El Contexto Importa!

Si bien los carros eléctricos parecen ser una buena idea y eventualmente podrían desplazar a los vehículos tradicionales, nosotros no tenemos idea de cuánto tiempo tomará antes de que alcancen a la mayoría de usuarios. Como un ejemplo de cuanto le toma a las buenas ideas llegar a los clientes, da un vistazo a la historia de la bombilla eléctrica. El foco fue una idea revolucionaria, pero aún después de que la primera bombilla se había creado, tomó cerca de 70 años para que Alva Edison desarrollara un foco que fuera comercialmente exitoso. Interesantemente, para hacer la bombilla exitosa el inventor primero tuvo que ponerla en un formato que la gente estuviera dispuesta a adoptar, disminuyendo el nivel de gas existente y diseñando un sistema de distribución de gas. La lección que hay que aprender es que aun cuando nuevos negocios, como la Compañía Edison o cualquiera de las muchas empresas de autos eléctricos, presentan soluciones revolucionarias a necesidades del mercado, la adopción de la innovación todavía depende en gran parte del contexto. Por ejemplo, hubo muchos sitios en internet para compartir videos y herramientas antes y después de Youtube, pero el momento de Youtube para atacar el nuevo mercado fue una parte importante de su éxito. Youtube entró al mercado cuando los costos de almacenamiento de tecnología estaban cayendo dramáticamente lo que le permitió alojar videos permanentemente. La combinación de la carga de videos y las funciones de visualización estuvo perfectamente sincronizada con la evolución del crecimiento de la comodidad de los consumidores respecto a cargar y compartir videos a través de redes sociales. En resumen, el tiempo y el contexto fueron importantes para el éxito de Youtube.

> *Aunque el proceso NISI puede ayudarte a validar cualquier nuevo negocio, necesitas aplicar el proceso NISI dependiendo del contexto.*

Aunque el proceso NISI puede ayudarte a validar cualquier negocio nuevo, necesitas modificar el cómo aplicar el proceso dependiendo de tu contexto. En particular puedes necesitar modificar la velocidad del proceso, los tipos de clientes con los que hablas o tu estrategia para atacar el mercado y escalar el negocio. Aunque hay muchas formas para describir diferentes contextos, nosotros lo mantendremos simple y nos centraremos en la división entre mercados nuevos y establecidos. ¿Cómo saber si estás atacando un mercado nuevo o establecido? Todo depende, pero no depende realmente de tu tecnología o producto. Mucha gente, cuando está tratando de decidir si están enfrentando un mercado nuevo o establecido, se concentran en la tecnología o en el producto en sí mismo. Pero lo que determina el tipo de mercado que enfrentas es cómo aplicas la tecnología o la solución. Cualquier solución única puede ser aplicada tanto en mercados nuevos como establecidos. Por ejemplo, el proyecto HP Kittyhawk desarrollado en un disco duro de 1.3 pulgadas que estuvo dos generaciones adelante de sus competidores. En ese tiempo, los gerentes del proyecto estaban tratando de decidir en dónde se podía aplicar la tecnología. Podía ser usada en mercados de dispositivos móviles emergentes (mercados nuevos) o en el mercado de video juegos (mercado establecido). Desafortunadamente, como el equipo no reconoció la diferencia entre los tipos de mercados y cómo ajustarse a ellos al final tropezó, arrastrando con ellos a la división completa de discos duros.

CONTEXTO DEL NUEVO MERCADO

La tecnología de punta ayuda a la creación de nuevos mercados, lo cual sirve a los nuevos clientes para detectar una oportunidad que fue previamente inadvertida o insuficiente. Los nuevos mercados son excitantes para los emprendedores quienes con entusiasmo interpretan la falta de competencia como una oportunidad que espera ser capturada. Si bien es verdad que los nuevos mercados pueden ser muy prometedores, también pueden ser peligrosos. Por ejemplo, en su libro *Segundo Rápido*, Costas Markides y Paul Geroski de la Escuela de Negocios de Londres argumentan que la mayoría de los nuevos mercados son ganados por los que se incorporan al último porque aprenden de los errores de aquellos que ingresan primero. De forma similar, aunque Clayton Christensen es mejor conocido por identificar los peligros que plantean las innovaciones de punta a las empresas establecidas, Christensen dedicó tiempo a la discusión de retos que las nuevas empresas enfrentan al traer innovaciones a los nuevos mercados. Aunque los riesgos son altos, las recompensas son altas. Si estás atacando un mercado nuevo, podrías tomar en cuenta algunas consideraciones especiales mientras adaptas el proceso NISI a tu industria específica.

Moverse Deliberadamente mientras te Mueves Rápido

Los nuevos mercados son peligrosos para los nuevos negocios porque estás explorando territorio desconocido, definiendo una nueva categoría, educando a los consumidores, y tratando de cambiar comportamientos. Todas estas actividades consumen tiempo, son costosas y riesgosas. En primer lugar, contrario a la lógica de las estrategias de "crecer rápido" de la época del Puntocom, en los nuevos mercados necesitarás mantener tus recursos alineados con el paso y etapa del mercado para evitar gastar todos tus recursos antes de que tu mercado tome forma. Considera la paciencia de Pierre Omidyar cuando fundó eBay la cual abrió un nuevo territorio a la idea de subastas en línea. Tomó varios años para que el concepto de eBay se consolidara ya que los usuarios lentamente adoptaron el nuevo sitio de internet. Fue sólo después de que el tráfico del sitio se volvió tan voluminoso que el proveedor de servicios de internet de Omidyar comenzó hacer cargos a cuenta del negocio que consideró debía cobrarse por el servicio ofrecido. Hasta entonces, cuando empezaron a llegar tantos cheques que tuvo que contratar a alguien para abrirlos, fue cuando él se dio cuenta que tenía un negocio real y renunció a su trabajo para enfocarse en eBay. Obviamente, muchos emprendedores quieren moverse más rápido que Omidyar, pero el punto es que si tratas de moverte muy rápido, el nuevo mercado podría no cumplir con tus expectativas y correrás antes de que tome forma. Capturar nuevos mercados toma tiempo, paciencia, y recursos porque los consumidores tienen que ser educados sobre el nuevo mercado.

Definir Conscientemente el Mercado

Otra actividad importante que muchos emprendedores pasan por alto en los nuevos mercados es el proceso para definir la nueva categoría y el mercado. En un nuevo mercado, la mayoría del tiempo los clientes pueden sentirse incómodos con lo que el negocio representa—pues ellos no ven donde encajas. Y el problema para ti como emprendedor es que la gente tiende a ignorar o a rechazar cosas que no "encajan". Por ejemplo, en un estudio, los investigadores observaron la aparición de cooperativas financieras en Singapur durante los años 20's. Ellos observaron que esas nuevas "cooperativas" fracasaron porque la gente encontraba difícil entender lo que eran y como encajaban—ya que no parecían legitimas. Después, cuando los grandes bancos comerciales incursionaron en el ramo y ofrecieron cooperativas similares, fueron adoptadas, pero sólo porque varios bancos hicieron lo mismo (lo cual agregó legitimidad a la nueva categoría de mercado) y porque los grandes bancos ya eran vistos como legítimos lo que dio a los consumidores suficiente confianza para entrar al nuevo mercado.[91]

Como emprendedor con un nuevo producto en un mercado existente o cuando se está creando un nuevo mercado, tu reto es definir nuevas categorías y encontrar una forma de hacerlas ver legítimas para que la mayoría de los clientes tengan la confianza de adoptar tu producto. ¿Cómo definir las categorías y hacerlas legitimas? En lo referente al posicionamiento del mercado, los emprendedores hacen tres cosas: definir, reclamar, y legitimizar las categorías de nuevos mercados. En resumen, los emprendedores exitosos primero definen el mercado en el que están operando. La definición del mercado debe comenzar con enfocar el problema, no la solución. Como empresario puedes ganar tracción enfocándote en el lenguaje del problema y después sutilmente definiendo la solución alrededor de ti. Por ejemplo, Knowklix ingresó a la Industria de Tecnología de la Información con el pleno reconocimiento de una necesidad clave: el conocimiento sobre cómo resolver problemas de TI estaba mal administrado. Nosotros dedicamos nuestro tiempo hablando sobre este problema central y entonces nos definimos como si estuviéramos en la subcategoría de "administración del conocimiento" dándole una nueva etiqueta y entonces posicionar a Knowlix como el líder en ese sector. Para definir un espacio hay que buscar una necesidad, hay que discutirla en su propio lenguaje y después hay que definir la solución y las etiquetas que se usarán para resolver el problema de tu empresa.

Para legitimizar tu oferta, hay muchas herramientas que puedes usar para legitimizar una categoría. Esto podría incluir usar analogías con otros mercados establecidos que hacen que la nueva categoría parezca legítima. Por ejemplo, Rhomobile se describe como el *Rubí on Rails* (un software líder existente) de las aplicaciones móviles. Esta analogía le ayudó a que sus clientes entendieran donde "encajaba" el negocio e hizo que la compañía diera el siguiente paso o evolucionara. Similarmente, la etiqueta Web 2.0, definida como un nuevo espacio exclusivo para negocios en línea que los separaba de sus competidores, el uso de esta analogía ayudó a la gente no sólo a entender donde encajaba la compañía, sino que las empresas del Web 2.0 eran la siguiente generación de internet. Alternativamente, los emprendedores con frecuencia se asocian con otros que les transfieren legitimidad a sus negocios. En Knowlix nosotros persuadimos a Patrick Bultema, el ex presidente del Instituto Help Desk, a unirse a nuestra junta directiva, lo cual incrementó nuestra legitimidad. La formación de alianzas con socios corporativos o el tomar dinero de inversionistas altamente prestigiosos puede transmitir legitimidad a un negocio. Por ejemplo, Dominic Orr, fundador de la empresa pública Aruba Networks, argumenta que uno de los propósitos del capital de riesgo es dar legitimidad a una nueva empresa.[47] Por último, los emprendedores cuentan y difunden historias sobre sus compañías y la industria lo que incrementa su legitimidad.[84] Cuando Knowlix sacó anuncios a toda página con perfiles que mostraban como los negocios de sus clientes habían sido transformados al usar el software de Knowlix, estaba contando historias que legitimizaron nuestro negocio. De forma similar, cuando O'Reilly y MediaLive organizaron la primera conferencia de Web 2.0, la simple existencia de una conferencia no sólo dio veracidad a la etiqueta sino que fue un vehículo para contar la historia sobre la nueva categoría.

FORMACIÓN DEL MERCADO

Además de definir el mercado, los emprendedores exitosos también forman proactivamente los límites de los nuevos mercados. Estas estrategias incluyen a los competidores, la conexión de socios distantes, y el control del mercado. En principio, los negocios exitosos forman el mercado cooperando con competidores potenciales para eliminar la amenaza que ellos representan. En una investigación reciente hecha por Filipe Santos (Escuela de Negocios INSEAD) y Kathleen Eisenhardt (Universidad de Stanford), observaron que una empresa en la intersección emergente entre redes y telecomunicaciones estaba preocupada de que competidores de cualquier mercado pudiera entrar y atacar el núcleo central del negocio. Así que la compañía buscó afianzar sociedades equitativas con sus competidores potenciales en ambos mercados, usando dos tácticas. Primero, los emprendedores convencieron a sus competidores potenciales que una asociación les permitiría enfocarse en su negocio principal pero mantendrían su participación en el mercado emergente en caso de que éste se convirtiera en una fuente valiosa de crecimiento. Segundo, los emprendedores se posicionaron como un anti-líder, o el enemigo, del mercado gigante al que todos los competidores querían vencer. El resultado fue que los cinco competidores potenciales a los que se aproximaron invirtieron dinero en una sociedad de capital equitativa.[84]

Además, algunos emprendedores dan forma al mercado tratando de servir como punto de conexión para los socios. Así, por ejemplo, mientras la industria de teléfonos móviles está bastante bien establecida hoy en día, en los inicios de la industria inalámbrica estaban en un difícil predicamento. Por un lado, las compañías de telefonía móvil, tales como AT&T o Verizon, eran gigantes con muy poco interés en hablar con los nuevos negocios. Por si fuera poco, los productores de teléfonos móviles también eran mega firmas, como Motorola o Nokia, que estaban igualmente desinteresadas en compañías recientes. Para producir efectivamente juegos para móviles, los negocios necesitaban la cooperación tanto de los productores como de las compañías de telefonía móvil. Una de las estrategias que los negocios nuevos emplearon para formar su industria fue posicionarse como intermediario en el proceso. Un negocio se aproximaba a AT&T y le comentaba que estaba en pláticas con Nokia para lanzar un nuevo juego para móviles y que estaba en la búsqueda de una empresa de telefonía para asociarse. De forma instantánea, AT&T ponía atención. Después el mismo negocio se aproximaba a Nokia para decirle que estaban en pláticas con AT&T para lanzar un nuevo videojuego, y que ellos estaban buscando al productor correcto para asociarse. Otra vez, Nokia ponía atención. En la superficie esto puede parecer engañoso; sin embargo, el negocio realmente estaba hablando con ambas compañías al mismo tiempo. Al moverse en paralelo en vez de primero asegurar una sociedad y después una segunda asociación, el negocio fue capaz de moverse rápida y efectivamente cerrando un mejor trato[92]. Esta misma estrategia puede ser aplicada en otros contextos en los cuales los emprendedores forman el mercado al posicionarse como el intermediario para la generación de un acuerdo.

Tercero, los emprendedores tratan de controlar su mercado, ya sea englobando cuotas de mercado, bloqueando a competidores o eliminando modelos de negocio que representen una amenaza para ellos. Una vez que el negocio es lo suficientemente grande puede adquirir a competidores pequeños para incrementar su participación de mercado y eliminar el surgimiento de competidores más fuertes, o puede tratar de bloquear la entrada de nuevas empresas. Una compañía en los mercados virtuales adquiere a un rival pequeño pero no insignificante simplemente porque no quiere que otro negocio adquiera al rival y lo use como un trampolín para su empresa. Algunos emprendedores buscarán obtener la legislación, formarán grupos industriales, controlarán la propiedad intelectual clave, o definirán los estándares de la industria para bloquear la entrada de los competidores. Finalmente, los emprendedores eliminarán modelos de negocios que los amenacen. Puedes observar este patrón en la industria VOIP, donde la mayoría de los jugadores en este espacio viven en base a un negocio de ingresos recurrentes, mientras que competidores como Ooma y Magic Jack venden soluciones que son de tarifas planas. Una estrategia particular podría ser adquirir a estos competidores en un esfuerzo para eliminar o controlar su modelo de negocios.

CUIDADO CON EL ECOSISTEMA: TODAVÍA IMPORTAN LOS SUSTITUTOS Y COMPLEMENTOS

Por último, cuando entres a un nuevo mercado, cuida el ecosistema. Al entrar a lo que parece ser un nuevo mercado la mayoría de los emprendedores no se dan cuenta que tienen que lidiar con sustitutos y complementos. Pero ambos pueden ser muy importantes para el éxito de un nuevo negocio. Los sustitutos son alternativas a tu producto y en los nuevos mercados éstos representan la vieja forma de hacer las cosas. Los complementos son todas las piezas del rompecabezas que necesitan venir juntas para que tu producto funcione. Ambos pueden crear barreras y cambiar los costos que limitan la adopción de productos en nuevos mercados.

Sustitutos: Cambiando Costos y Escondiendo Incentivos

Para la mayoría de los nuevos mercados, los sustitutos, o la vieja forma de hacer las cosas, representa la amenaza más peligrosa. A pesar del hecho de que podrías haber inventado algo que es de un orden de magnitud mejor o más barato, muchas veces hay intereses de por medio y hábitos en la forma antigua de hacer las cosas que pueden ser difíciles de romper. Uno de los ejemplos mejor conocidos de viejos hábitos es el teclado tradicional que se usa hoy en día, conocido como el teclado "Qwerty". Este teclado fue diseñado para mantener las claves de las máquinas de escribir, pero no representa el diseño óptimo para incrementar la velocidad al escribir. Sin embargo, intentar cambiar el teclado ahora sería casi imposible, dados los costos de cambio para los clientes. Además, un teclado Qwerty representa una necesidad que casi nadie percibe. Así que ten cuidado al evaluar los costos en que incurrirían tus clientes al cambiar el producto.

En estrecha relación con estos costos de cambio se encuentran los incentivos ocultos de la estructura de mercado existente y de los tomadores de decisiones. Usualmente, la gente o estructuras de los mercados sustitutos tienen incentivos que pueden obstaculizar el crecimiento de un nuevo mercado. Clayton Christensen cuenta la historia de un innovador que desarrolló la película de radiología de alta resolución que era dramáticamente más barata que las soluciones existentes. La película era tan clara y mucho más barata que en más de una forma eliminó parte del trabajo de los radiólogos, quienes recibían grandes salarios por interpretar los resultados de películas borrosas. Aunque el emprendedor asumió que él podía crear un nuevo mercado en radiología que sería adoptado con gran entusiasmo por la industria médica, descubrió que los radiólogos se resistían a adoptar la nueva tecnología, quizás en parte porque eliminaba parcialmente sus trabajos. De forma similar, nosotros trabajamos con un negocio que entregaba soluciones para entrevistas a distancia para los departamentos de recursos humanos en grandes corporaciones. Este negocio permitió contratar a profesionales que fueron entrevistados a distancia por video de forma rápida y económica. Cuando el negocio comenzó a crecer, sus desarrolladores descubrieron que para muchos de sus clientes se volvió muy incomoda la adopción o el uso de su producto. ¿Porqué? Porque el producto era tan efectivo ahorrando tiempo y costos que eliminó trabajos en los departamentos de Recursos Humanos, así que los clientes decidieron que preferían mantener sus trabajos que adoptar la nueva tecnología.

Complementos: Desarrollo no Sincronizado y la Captación de valor

Para la mayoría de los nuevos mercados, los complementos pueden también ser un obstáculo en el desarrollo de mercados. Los complementos son los componentes relacionados que componen una solución integral del producto. El ejemplo clásico de complementos en economía son los hot dogs y los bollos o la mantequilla de maní y la jalea. En una comparación simple y en un nivel abstracto, en muchos nuevos mercados los complementos son componentes importantes de cualquier estrategia de negocio exitosa. Los retos claves cuando se trata de mercados afectados por complementos son el tiempo y la captación de valor. En términos de tiempo, el reto fundamental en un mercado nuevo es asegurar que los complementos relacionados estén listos para ir al mercado al mismo tiempo que tú lo estás. Si el tiempo se termina, o no se sincroniza, tu producto puede estar listo, pero debido a que las tecnologías complementarias no lo están, el mercado nunca se materializa.[93] Por ejemplo, el proyecto piloto de HP que mencionamos antes desarrolló un disco duro revolucionario de 1.3" para el mercado PDAs (primeras computadoras de mano) pero aunque el equipo de HP desarrolló el disco duro a tiempo, muchos de los otros componentes, tales como el software de escritura, fueron deplorablemente inadecuados y como resultado el nuevo mercado nunca se materializó. Un nuevo mercado requiere de mucha observación, ya que es muy difícil contemplar a todos los complementos, tecnologías relacionadas, y estructura de mercado y decidir si estarán listas al mismo tiempo que tú. Si no, considera las alternativas. En el caso del disco duro de HP, Nintendo había tocado a su puerta para desarrollar una versión barata del nuevo disco. Aunque era un mercado establecido, todos los componentes de Nintendo estaban en su lugar y listos para ir a un mercado en el que podría HP pudo haber tenido éxito.[94]

Además del tiempo, también pon atención al valor que existe entre los complementos. Aunque muchos componentes constituyen la tecnología del producto, no todos capturan la misma cantidad de valor. Por ejemplo, aunque los microprocesadores y los discos duros van dentro de una laptop, Intel hace mucho más dinero que los productores de discos duros o que aun los fabricantes de las computadoras. La razón por la que Intel captura un mayor valor está relacionada al carácter estratégico, competitivo y estructural de su industria. Cuando entras en cualquier industria, ya sea nueva o vieja, es siempre útil examinar donde se hace el dinero y por quién (nosotros recomendamos el artículo "El Origen de las Utilidades" de Orit Gadiesh y James Gilbert).

Mercados Establecidos

En contraste con los nuevos mercados, los mercados establecidos donde los productos ya existen y donde intentas competir ofreciendo un producto que sirve a un nicho dentro del mercado existente o que es un complemento a un producto que ya existe. Se ha escrito sobre competencia en mercados existentes, así que no dedicaremos mucho tiempo revisando estos principios. En lugar de eso destacaremos sólo algunos puntos clave.

La Velocidad Importa en Todos los Mercados, Pero Especialmente en los Mercados Establecidos

En todos los mercados, la velocidad es importante. En un mercado nuevo necesitas ser más rápido que tus competidores pero no demasiado rápido, o excederás al mercado. Por el contrario, en un mercado establecido, la velocidad es una de tus principales ventajas competitivas. Los mercados establecidos son con frecuencia habitados por grandes compañías con muchos recursos, marcas reconocidas, canales de distribución, y muchas otras ventajas. Sin embargo, dos cosas que las grandes compañías raramente tienen son la innovación y la velocidad. En las palabras de Dominic Orr, fundador de Aruba Networks, "He lanzado varios negocios, así que si me preguntas cuál es la fórmula del éxito de una empresa pequeña que compite contra una compañía grande, te diré que se centra en un factor: este es la rapidez. La velocidad de ejecución, y la velocidad de innovación."[47]

En los nuevos mercados hay que proceder con paciencia porque toma tiempo definir al mercado y educarlo, en cambio, en los mercados establecidos, los clientes ya han sido educados. En tu caso, al ser un negocio nuevo, tus clientes reconocerán de forma más rápida lo "que" eres así como la forma en que hay que usar tu solución para resolver la necesidad. Como resultado, puedes moverte mucho más rápido porque no necesitarás tomarte mucho tiempo para educar y legitimizar el mercado—porque ya existe. Necesitas moverte rápidamente; de otra forma tus competidores, grandes o pequeños, podrían reconocer la oportunidad y vencerte. Esto no significa que debas ignorar el proceso NISI. Si te tomas el tiempo para aplicar el proceso y si realmente validas tu solución, tu estrategia para salir al mercado, y el modelo de negocio con tus clientes, te ahorrarás tiempo y vencerás a tu competencia. El punto es que debes moverte más rápido en los mercados establecidos que en los mercados nuevos.

ATACA EL FLANCO, NO DIRECTO EN LA CABEZA
Una de las características interesantes de los mercados establecidos es que con el tiempo tienden a consolidarse. Conforme el mercado madura, las necesidades de los clientes son mejor atendidas, y como resultado, los jugadores del mercado lentamente se consolidan, y eventualmente las grandes firmas llegan a dominar el mercado. Estas grandes empresas hacen un excelente trabajo al ofrecer una solución eficiente a un gran volumen de clientes, la cual es manufacturada a escala, y es entregada con el mínimo de errores posibles. Pero por la misma naturaleza del proceso de consolidación las grandes empresas tienden a moverse hacia el centro del mercado, y por tanto las orillas siempre permanecen marginadas. Desde las bebidas no alcohólicas hasta las redes sociales, grandes jugadores dominantes como Coke o Facebook emergen, pero la periferia del mercado está abierta para que entren nuevos competidores, como Red Bull o Chess.com. Este proceso de consolidación presenta oportunidades significativas para los emprendedores que atienden las necesidades de los clientes que se ubican en las orillas del mercado, un área que es conocida como el *nicho del*

mercado. La belleza de atacar un mercado establecido con una estrategia de nicho es que debido a la forma en que las grandes empresas están estructuradas no tienen la velocidad o la habilidad para servir a un nicho tan bien como un emprendedor. Por ejemplo, aerolíneas como Southwest Airlines en U.S., Ryan Air en Europe, y Kiwi Airlines en Nueva Zelanda han consolidado negocios muy rentables atacando nichos de bajos costos que las grandes aerolíneas no han sido capaces de atender (y las grandes aerolíneas han fallado cada vez que lo han intentado). Por el contrario, si tratas de atacar a un jugador establecido en la cabeza, digamos, por ejemplo, un Microsoft, Intel, Intuit o Google, serás aplastado, simplemente porque el gran jugador defenderá su territorio con gran vigor y tus oportunidades de éxito serán muy bajas.

MUÉVETE DE LA GAMA BAJA A LA ALTA

Una forma alternativa para atacar a un mercado establecido con grandes jugadores es dirigirte primero a la parte baja del mercado y moverte paulatinamente hacia la parte alta. La razón es que los clientes que se encuentran en lo alto no están dispuestos a arriesgar sus negocios con alguien que no cuente con suficiente experiencia, sin importar que tan innovadora sea tu idea. Por el contrario, los clientes que están peleando con grandes jugadores en una industria están constantemente buscando una orilla para entrar y están más dispuestos a trabajar con un negocio nuevo que les pueda dar esa ventaja. Con el tiempo, conforme el producto mejora, el mismo negocio empieza a acumular recursos y se gana la confianza de la industria al presentar una solución robusta, por lo que puede moverse gradualmente hacia la parte alta del mercado. Así que por ejemplo, un negocio que está desarrollando un software de inversión para bancos tiene una estrategia para venderlo primero a los jugadores del nivel 1, tales como Goldman Sachs y Citigroup, con la creencia de que después de cerrar el trato con ellos tendrá la suficiente credibilidad para fácilmente vender el software a los jugadores del nivel 2 y 3 desafortunadamente los jugadores del nivel 1 no estaban interesados en trabajar con un negocio inexperimentado. Frustrado y confundido, el negocio trató de enfocarse a los jugadores del nivel 3 y exitosamente cerró varios tratos con clientes. De ahí en adelante, conforme desarrolló más experiencia, refinó su producto y fue más conocido en la industria, fue capaz de moverse a los jugadores del nivel 2 y eventualmente a los del nivel 1. Esta es una idea básica en todos los niveles de las industrias, para muchos negocios nuevos tiene sentido moverse de abajo hacia arriba y no viceversa. Por supuesto, hay siempre excepciones a las regla, y si puedes comenzar en la parte alta, tendrás claras ventajas.

SE UN JUGADOR DE ECOSISTEMA

Una estrategia alternativa para atacar un nicho es apuntando al núcleo del mercado pero con una solución que sea simbiótica para el líder del mercado. Complementos como el sistema operativo del Windows de Microsoft o las aplicaciones para el iPhone son ejemplos de estrategias de ecosistemas. En vez de atacar a grandes firmas desarrolla una solución que funcione y que amplíe el valor de mercado de la empresa. La ventaja de este enfoque es que en un mercado establecido puedes aprovechar el mercado de empresas más grandes y éstas no te atacarán. De hecho, las grandes empresas te brindarán asistencia si lo requieres. La clave para ejecutar exitosamente esta estrategia en un mercado existente es crear una solución con la que coexista y que incremente el valor de las soluciones ofrecidas por los gorilas de 800 libras que ya dominan el mercado.

NO MEZCLES TU LÓGICA COMPETITIVA: BAJOS COSTOS VERSUS DIFERENCIACIÓN

Cuando los emprendedores atacan a un mercado establecido, algunas veces tratan de hacer todas las cosas para toda la gente, pero esto puede guiarlos al fracaso. Hemos discutido la importancia de centrarse en un mercado núcleo, pero también es importante enfocarse en la estrategia. De forma simple, hay dos estrategias básicas: bajos costos y diferenciación. Las estrategias de bajos costos contemplan la entrega de productos al menor costo posible mientras que las estrategias de diferenciación buscan ofrecer soluciones que los distingan por el valor agregado que incluyen. Wal-Mart claramente sigue una estrategia de bajos costos, mientras que Nordstrom sigue una estrategia de diferenciación que busca dar un excelente servicio al cliente. El error que muchos negocios cometen es tratar de hacer ambas cosas al mismo tiempo, porque las estrategias son como el agua y el aceite—no se mezclan bien. Si Nordstrom tratara de ofrecer los precios de Wal-Mart, saldría rápidamente del mercado, porque los altos costos del servicio al cliente (representantes de ventas con comisión, políticas de rendimiento y tiendas atractivas) destruirán su margen de beneficio. Sin embargo, lo mismo aplica para Wal-Mart. A pesar de las muchas capacidades de Wal-Mart si tratará de ofrecer el nivel de servicio de Nordstrom, los altos costos dejarían a Wal-Mart expuesta a ataques de sus competidores. Para muchos emprendedores, este consejo es difícil de poner en práctica—ya que es muy tentar tratar de hacer todas las cosas. Fallar en establecer una lógica competitiva (bajos costos o diferenciación) puede destruir tu propuesta de valor.

APRENDE A CAMBIAR EN CUALQUIER MERCADO

Para ser un emprendedor exitoso, tienes que aprender a cambiar y a ajustarte. Puedes necesitar adaptar ligeramente el proceso NISI, dependiendo del mercado que estés tratando de ganar. Y ciertamente necesitarás aprender a ajustar tu hipótesis sobre la necesidad del cliente y la solución. Conforme avances necesitarás cambiar otras cosas que no habías previsto. Al principio del libro destacamos algunos de los mitos que envuelven al espíritu empresarial, los cuales incluyen las características que hacen a un emprendedor exitoso. Uno de esos mitos es que los emprendedores determinados persisten sin importar lo que alguien les diga. Si bien es verdad que necesitan trabajar duro, la realidad es que la persistencia es malinterpretada con frecuencia. La mayoría de los emprendedores exitosos son rápidos para cambiar y adaptarse, dependiendo de lo que ellos descubren.

Nuestra investigación sobre el cambio revela que muchos negocios nuevos tienen que hacer cambios dramáticos en casi todos los aspectos de su modelo de negocio. Pero, ¿porqué hay algunos negocios dispuestos a cambiar y otros no? La razón

La flexibilidad cognitiva es la habilidad de reconocer información nueva y entonces cambiar la forma en que ves el mundo. Puede ayudarte el ser más ágil y vencer a tus competidores que están atascados en la forma Antigua de hacer negocios.

tiene que ver con la forma en que los emprendedores visualizan el mundo, o lo que nosotros llamamos *flexibilidad cognitiva* que es la habilidad de reconocer información nueva para después cambiar la forma de ver el mundo. Puede ayudarte el ser más ágil y vencer a tus competidores que están atascados en la antigua forma de hacer negocios. Muchas cosas pueden incrementar tu flexibilidad cognitiva, como el experimentar diferentes cosas (ya sea en las industrias, organizaciones o culturas en las cuales trabajas), escuchar a los extraños, enmarcar al mundo como una oportunidad, dibujar múltiples analogías, y así sucesivamente. La idea central es ser flexible en la forma en que ves el mundo y en estar preparado para el cambio. Como emprendedor enfrentarás muchas sorpresas, y ¡ser mentalmente flexible será la clave para que te adaptes exitosamente!

Capítulo 10: Crisis y Enfoque

¿Recuerdas la historia de cómo Intuit casi fracasó al pasar por alto sus supuestos sobre la estrategia para salir al mercado? El resultado fue una crisis que debió haber matado a la compañía pero que en vez de eso la salvó. Cuando el dinero se acaba algunas cosas cruciales suceden. Primero, Intuit redujo radicalmente su tasa de combustión (la cantidad de dinero que gastaba cada mes), cuando Cook anunció que no podían pagar salarios, cerca de la mitad de los empleados renunciaron. Sorpresivamente, cuatro empleados se quedaron—los dos fundadores, Virginia Boyd y Susan Schlangen, quienes creyeron en Quicken. El equipo tomó otras medidas radicales: regresaron todos los muebles rentados y usaron como escritorios cajas vacías de Quicken. Como papel reciclaron la papelería que deshechó el banco donde la novia de Proulx había trabajado antes de ser adquirido por Wells Fargo. Además, el equipo rediseñó el empaque de Quicken para eliminar cajas e insertar el disco en el manual de instrucciones—esto redujo los costos de bienes vendidos en 50%—y cuando el rentero comenzó a rondar por ahí, preguntándose si Intuit podía realmente pagar una renta, Boyd simplemente le dijo que ellos estaban redecorando y que estaban es espera de los nuevos muebles. A medida que los gastos se presentaban, la cuenta bancaria bajó a niveles de 52 dólares.

Como resultado directo de la crisis, varias cosas importantes sucedieron. La baja tasa de combustión significó tiempo extra para ellos. Esto les permitió tener el tiempo y el enfoque en la versión de Quicken para Apple (que ya habían lanzado). El tiempo extra también les sirvió para descubrir que aunque ellos habían utilizado el proceso correcto, habían utilizado el canal de ventas equivocado. Inicialmente, Cook había creído que podían incluir una versión de Quicken para PC en las tiendas minoristas de software. Pero cuando Cook visitó personalmente las tiendas, descubrió que las tiendas de software no querían introducir a Quicken a menos que los clientes lo pidieran, y sin un presupuesto para una gran campaña de mercadeo, Intuit no podía hacer que los clientes conocieran el producto. Como siguiente paso Cook utilizó la libertad de prensa y habló con analistas de la industria y con otros conocedores del tema. Aunque esto generó algo de atención, no fue lo suficiente para despegar. La desesperación de Cook y su equipo crecía cada vez más hasta que decidieron que quizás los bancos podrían vender el software a sus clientes, como parte de una solución bancaria. Gracias a una relación personal, Cook fue capaz de hacer una venta a Wells Fargo y eventualmente una más al Banco de Hawaii. Pero después de cerrar los contratos, las ventas del software bajaron, y ningún otro banco firmó para vender Quicken.

En ese punto, si Intuit hubiera mantenido una alta tasa de combustión, hubiera quebrado. Sin embargo, el equipo se mantuvo a flote el tiempo suficiente para terminar la versión de Quicken para Apple. Aunque ninguna esperaba mucho de la nueva versión, sorpresivamente, las ventas comenzaron a repuntar. Lo que es más, de repente varios medios de comunicación empezaron a hablar sobre la versión de Apple, y Intuit comenzó a vender cada vez más copias directamente a los clientes. Entonces Intuit descubrió la falla crítica en el modelo de ventas. En aquel tiempo, las PC's eran generalmente usadas por negocios, y los medios de comunicación que cubrían productos relacionados con computadoras se enfocaron en las aplicaciones empresariales. Por el contrario, las computadoras de Apple eran usadas en los hogares, y los medios de comunicación que cubrían los productos relacionados con Apple buscaban cosas que los usuarios podrían querer, como software de finanzas personales.

Al final, la crisis de Intuit forzó a hacer cambios que le dieron al equipo el enfoque y el tiempo necesarios para descubrir el modelo correcto de ventas para Quicken. De haber obtenido Intuit recursos de un inversionista, podrían haber gastado varios millones de dólares en publicidad para la versión de PC's y esto habría llevado a la compañía a la bancarrota, sólo para

> *El enfoque es la clave para aplicar exitosamente el proceso NISI y tener éxito como emprendedor.*

descubrir la misma lección. La crisis le enseñó a Cook y a su equipo otras lecciones importantes. Al aprender a cortar las esquinas que no habían visto antes—como el empaquetamiento del producto—fueron más rentables para el final del año. Aún más importante, la experiencia de Cook al tocar el pavimento, tratando de vender a tiendas minoristas y a bancos renuentes le enseñó una lección importante: que no podía contratar suficientes representantes de ventas para hacer el producto exitoso. En vez de eso, Cook tendría que transformar a sus clientes en representantes de ventas. Meses después de que Intuit reviviera, Mari Baker, quien eventualmente se convirtió en vicepresidente de Intuit, le preguntó a Cook cómo era posible que la compañía alcanzara el éxito con tan sólo tres representantes de ventas. Cook respondió, "Nosotros tenemos a un millón de personas vendiendo porque nuestra meta es hacer que esos clientes entusiasmados salgan y les cuenten a sus amigos."[95] La estrategia probó ser tan exitosa como lo fue la de bajos costos. Al final, Intuit venció a todos sus competidores—42 en total.

Ese es el valor de una buena crisis—ya que obliga a la compañía a concentrarse. El enfoque es la clave para aplicar exitosamente el proceso NISI y tener éxito como emprendedor. Y en última instancia, muchos inversionistas y emprendedores admitirán que hasta las compañías más exitosas enfrentan por lo menos una crisis antes de tener éxito. Aún las compañías que aparentan que han tenido un ascenso ininterrumpido hacia el éxito han tenido crisis que las han hecho exitosas. Toma el ejemplo de las computadoras Dell. Michael Dell describe como a un año de haberse hecho pública la empresa, casi fracasan porque se perdieron en la transición tecnológica de la industria. Como resultado, el sistema se vino abajo, y Dell tuvo que replantearse el cómo hacían negocios. Sin embargo, Dell considera que debido a la crisis "se convirtieron indiscutiblemente en el mejor administrador de inventarios en el mundo y destacados operadores en transiciones tecnológicas después de una experiencia cercana a la muerte."[95] Por último, una buena crisis puede remodelar tus puntos de vista, tu negocio, y tu éxito. ¿Pero una crisis es realmente necesaria para el éxito? Cuando se trata del proceso NISI, ¡la respuesta es sí! O más acertadamente, la crisis te forzará a hacer lo necesario para tener éxito pues te dará la concentración que necesitas.

Un Granero con Motores: Porqué una Crisis Puede Ayudarte a Aplicar el Proceso NISI

Cuando se trata de negocios nuevos, la gente quiere invertir en compañías, unirse a compañías, y comprar productos de compañías que están tomando impulso como un cohete. La velocidad y el ímpetu de una gran idea que toma forma atraen naturalmente dinero, empleados, ventas, y conduce a todos a un largo viaje. Sin embargo, el proceso de arranque puede ser muy difícil. Aun cuando los emprendedores arrancan una compañía de forma correcta, con una idea simple, fuerte y enfocada, sus sistemas de orientación pueden ser corrompidos si el equipo se distrae con el éxito. Las compañías pierden con frecuencia su objetivo y pasan de ser empresas dirigida por el mercado a ser dirigida por las ventas, la ingeniería u otros factores. Al perder la conexión con el mercado, el emprendedor hace cambios que agregan una fricción significativa al negocio. Eventualmente la idea se convierte en una amalgama de ideas; y conforme las características y los mercados se expanden, la compañía deja de ser un cohete brillante capaz de atravesar la órbita sino que más bien se asemeja a un granero con motores—quemando combustible, pero incapaz de alcanzar una órbita sostenible. En este estado, al emprendedor le toma hasta la última onza de energía y sudor para que pueda hacer levitar el granero unos cuantos pies en el aire. Y sin importar que tan determinado esté el emprendedor, el granero nunca se librará de la gravedad y alcanzará la órbita. No, a menos que se transforme de nuevo en un cohete espacial. El valor de una crisis es que te obliga a concentrarte, y renueva tu compromiso de darte el tiempo para realmente dominar el producto o servicio que ofreces y remodelar la compañía. Es la crisis lo que da a los emprendedores la resolución que se requiere para transformar su granero levitante en un cohete espacial. Es eso, o la empresa fracasa. ¿Pero por qué es necesaria una crisis en primer lugar? ¿No pueden los empresarios, a través de la fuerza de voluntad, hacer lo mismo? Sí, pero esto requiere un enfoque implacable.

Toma el ejemplo de MyFamily.com (hoy conocido como Ancestry.com), una de las compañías en las que me tocó observar su crisis en asiento de primera fila, mientras ésta atravesaba su crisis. MyFamily.com fue fundada como Ancestry.com a mediados de los años

90's para llevar registros de búsquedas de historias familiares en línea. Para el nicho de genealogistas devotos e interesados en las historias familiares, Ancestry.com fue una gran innovación, ya que ofrecía ahorros de tiempo de hasta 100 veces en el laborioso proceso de excavar en los registros en papel o en microfilms.

Gracias a su concentración y a su proposición de valor, los fundadores rápidamente hicieron que la compañía fuera rentable, alcanzando ventas cercanas al millón de dólares mensuales. A medida que Ancestry.com continuó creciendo, el mercado del Puntocom estaba en su apogeo, y la pequeña empresa ya no estaba satisfecha con su pequeño nicho de negocios. El equipo decidió perseguir una idea "más grande", la cual consistía en usar el internet para conectar a los miembros de una familia y fueran capaces de compartir historias, fotos e información—esencialmente se trataba de una red social para familias. La empresa cambió su nombre de Ancestry.com a MyFamily.com, y recaudó 75 millones de dólares de inversionistas para comenzar a construir un sitio de redes sociales para familias. Inicialmente, la ejecución de la idea sonaba bien, pero conforme la burbuja del Puntocom empezó a repuntar, MyFamily.com tenía mucho efectivo y poca disciplina. Al igual que con muchas empresas de internet comenzaron a perder de vista su objetivo y fueron en busca de más "ojos" para impulsar el crecimiento, adquiriendo otras compañías a su portafolio, siendo algunas de ellas completamente opuestas a su giro de negocios. Para aprovechar el financiamiento obtenido construyeron una sede en el norte de California para complementar sus oficinas en Nueva York y Utah. En su mejor momento, los rumores de que la compañía multimillonaria saldría a la Bolsa, impulsados por Mary Meeker y otras "luminarias" de Wall Street, llevaron a la empresa a elevar su tasa de combustión al igual que al estallido de la burbuja del Puntocom.

El distraído consejo y el equipo gerencial no pudo ver que su cohete espacial se había perdido en la continua adición de características, clientes, y otras compañías. Se había convertido en un granero con motores, pues ya no era capaz de alcanzar la órbita o de sostener su impulso. La proposición de valor aún estaba ahí, pero estaba escondida y estaba siendo sofocada bajo muchas otras características e infraestructura que habían sido agregadas. No fue una sorpresa cuando la compañía se empezó a tambalear. MyFamily.com estaba gastando millones al mes, los ingresos no aumentaban y el mercado e inversionistas comenzaron a presionar al equipo. A medida que la compañía se fue quedando sin efectivo, ellos recaudaron 15 millones de dólares con acciones serie E de la firma de capital de riesgo codirigida por Dave Moon (Esnet Capital) y (vSpring Capital), esta vez a una valoración menor al 15% de su máximo. Después de invertir el primer tramo de los 10 millones de dólares, algo curioso sucedió. ¡Nada! Aunque la gerencia trato de ajustarse los cinturones un poco, el negocio continuo como de costumbre. La verdadera crisis se había evitado. Esto, hasta 45 días después cuando el director general, Greg Ballard, llamó a los inversionistas para hacerles saber que la compañía se había quedado sin dinero otra vez. A través de una combinación de mala suerte, compromisos anteriores, y una mala gestión, de alguna forma MyFamily.com había gastado los 10 millones de dólares obtenidos del financiamiento de las acciones Serie E en sólo 45 días. Durante una junta de emergencia con la junta del consejo, los accionistas tuvieron que tomar decisiones difíciles. En la llamada de emergencia que me hizo la junta directiva, accedí a invertir 5 millones de dólares adicionales si cambios inmediatos eran adoptados. Algunos de esos cambios incluían el cambiar inmediatamente al director general por uno interino, enfocar la compañía al negocio central de la genealogía, reducir el personal, cerrar las oficinas de Nueva York y de California, y consolidar la sede de la compañía en una sola locación. Aunque fue increíblemente difícil de hacer, el valor de la crisis fue que MyFamily.com fue capaz de hacer cambios que la ayudaron a redescubrir su proposición de valor y salvar la compañía. Cuando las cosas se salieron de control, la empresa hizo algunos cambios.

Sólo la crisis dio al equipo la resolución necesaria para alinear a la compañía y al consejo con sus principales clientes, así como para abandonar los negocios no esenciales, recortar personal, cambiar la forma de ver el mundo. Y funcionó. En las palabras de Mike Wolfgramm, CTO de Ancestry.com,

La transformación en Ancestry.com comenzó después de un encuentro con Paul Ahlstrom poco después de la inversión de

la Serie E. Paul se sentó con el vicepresidente de Producto, Gary Gibb, Steve, el vicepresidente de Mercadeo, y conmigo para ayudarnos a entender una porción de los conceptos del modelo descritos en este libro. Eso fue el catalizador detrás del cambio de Ancestry.com que se convirtió en una de las más grandes experiencias para Gary Gibb, Steve, y de mi mismo."

Después de la inversión de las Series E, Dave Moon llegó como director general interino y nosotros redujimos la organización al conjunto mínimo de gente clave, "ENFOQUE" fue el tema central de la organización. Pasamos de un enfoque de aumento en el número de páginas visitadas a un enfoque de incremento de ingresos. Fuimos de un enfoque que incluía a MyFamily.com y a otros numerosos productos y negocios a enfocarnos exclusivamente en Ancestry.com. Entramos a una fase donde no sólo teníamos que enfocarnos en las necesidades primordiales de los clientes sino en aquellas necesidades que dieran a la compañía un mayor rendimiento sobre la inversión (ROI). Comenzamos a cambiar la forma en que pensábamos sobre el desarrollo del producto. Decidimos reunirnos una vez por semana para que el gerente de producto, mercadeo y desarrollo revisaran el nuevo producto y las iniciativas de mercadeo en conjunto con la infraestructura. Comenzamos a crear un ambiente dentro de la organización enfocado principalmente las necesidades de los clientes que nos dieran un mayor ROI. También nos volvimos muy buenos en decir "no" a iniciativas que no tuvieran sustancia. Nuestra meta era asegurar que cada minuto que un recurso estuviera trabajando se estuviera trabajando en algo que iba a incrementar la línea de fondo. Cada semana el dueño de la iniciativa presentaría su caso justificando el por qué era importante para el cliente y sobre todo el cómo iba a hacerles ganar dinero. Una vez que la iniciativa era aprobada y entregada en el mercado, nos reuniríamos frecuentemente para revisar resultados, aprendizajes claves, corregir el curso e iterar rápidamente basados en la retroalimentación del cliente o para terminar la iniciativa cuando era obvio. Conforme el tiempo pasó nuestros equipos de producto y mercadeo se hicieron muy buenos en comprender la manera en la que las necesidades de los clientes darían a la compañía un rendimiento positivo. Algo sorprendente sucedió, al paso de los meses y años: nos encontramos duplicando los ingresos cada año. La cultura de la compañía había cambiado de una mentalidad de "darse un nivel de vida a lo grande" a una mentalidad donde el enfoque y la eficiencia eran supremas. El equipo logró sintonizarse con las necesidades de los clientes, lo cual se trasladó a un mayor flujo de efectivo.

En la medida que la compañía se enfocó y redescubrió su mercado, no sólo se volvió rentable sino que bajo el liderazgo de su nuevo director general Thomas Stockham, comenzó a crecer. En los siguientes 18 meses, la empresa mostró un crecimiento significativo mes tras mes. Eventualmente la compañía cambió su nombre nuevamente a Ancestry.com y de la mano de un nuevo director general se hizo pública. Hoy Ancestry.com tiene una capitalización de mercado cercana a los 2 mil millones de dólares (NASDAQ: ACOM) pero fácilmente pudo haber sido otro fracaso si no hubieran aprendido a enfocarse. En resumen, la crisis ayudó a Ancestry.com a aprender a enfocarse con el objetivo de descubrir la necesidad monetizable del cliente dentro de su negocio principal.

MODELOS, RATONES CHAMBEADORES Y ADICTOS

Estos ejemplos destacan el valor de una buena crisis para transformar tu negocio. Pero no te equivoques. El valor inherente no está en la crisis sino en el proceso al que es forzado el equipo para hacer los cambios necesarios—para aplicar el proceso NISI y enfocarse en el entendimiento y satisfacción de la Necesidad Monetizable del Cliente. Puede ser sorpresivamente difícil para los emprendedores desarrollar la voluntad, el enfoque, y la unidad para llevar a cabo el proceso NISI. Los directores generales y empresarios asienten al escuchar los pasos que describimos en el proceso, sin embargo, la mayoría carece de la voluntad para realmente seguir al pie de la letra el proceso. Pero la crisis no les da otra opción. Los emprendedores que no tienen la voluntad para llevar a cabo el proceso apropiadamente usualmente caen dentro de tres categorías—modelos, ratones chambeadores, y adictos.

Modelos. Los modelos, como su nombre lo dice, son emprendedores modelo o directores generales que son bien hablados, inteligentes, e individuos exitosos que aplican el proceso de dientes para afuera pero que bajo la superficie creen que ya tienen la respuesta. Usualmente ellos tienen experiencia con compañías de grandes marcas como IBM, Google, McKinsey o Microsoft, y por eso creen que entienden cómo ser un gran gerente de producto o el cómo se construye una compañía. Estos tipos de emprendedores no tienen la voluntad de aplicar el proceso NISI porque en sus cabezas, ellos ya conocen la respuesta. Nosotros encontramos que ya sea que nunca empiezan el proceso o que lo aplican a la mitad. Los directores modelo pueden enviar a un equipo a investigar por unas cuantas semanas, pero no hacen el esfuerzo de hacerlo por ellos mismos. Si el director modelo no se compromete en el proceso, él o ella por lo general lo cortan y por tanto fallan al hacer las preguntas realmente importantes—las preguntas trascendentes—que determinan si su compañía será un éxito o un fracaso. En otras ocasiones, el director modelo sustituye sus propias ideas preconcebidas por el descubrimiento de nuevos conocimientos que el proceso NISI generaría si se le diera el tiempo necesario.

No sólo es normal sino admirable para un emprendedor o director general no tener todas las respuestas. Un director general o emprendedor más iluminado no pretende ser el héroe pero reconoce que no hay tal cosa como un modelo empresarial que conozca todas las respuestas. Estamos de acuerdo con Michael Goguen, un socio de la firma de capital de riesgo Sequoia, cuando dice que los grandes emprendedores son:

- Muy fuertes, luchadores, frugales
- Impulsados por la curiosidad, inquisitivos, nunca satisfechos
- Obsesionados con clientes intrigantes
- No se distraen por el ego ni por la envidia
- Enfocados y constantemente iteran y mejoran
- No necesariamente experimentados

Los grandes emprendedores comienzan buscando, en vez de conociendo, la respuesta. Como emprendedor Mike Cassidy argumentó, que lo que lo hizo exitoso fue precisamente el hecho de que sabía que no sabía todo.

Ratones chambeadores. También están a la altura de su nombre—ellos no pueden abandonar a un cliente. De manera incansable persiguen todas las oportunidades y a todos los clientes, esperando que, jugando con las probabilidades, ganen el oro. Cuando los ratones chambeadores manejan una compañía, terminan construyendo un granero con motores en vez de una nave espacial que dé cabida a las necesidades de todos sus clientes. Estos emprendedores están dispuestos a comprometerse en el proceso NISI, pero conforme avanzan en él, ven cada declaración hecha por cada cliente como una necesidad que necesitan satisfacer. Ellos caen dentro de la trampa descrita por Mari Baker—ellos escuchan a todos y al hacer esto no satisfacen a nadie.[95] A menudo, la decisión más difícil es la de disminuir el número de clientes para enfocarse en la verdadera proposición de valor.

Jeff Miller, ex presidente ejecutivo de Documentum, una empresa de gestión de documentos que eventualmente fue adquirida por EMC en 1.7 mil millones de dólares, describió como encaró este reto en los primeros días de Documentum. Después de tomar las riendas, Miller encontró que la compañía había desperdiciado mucho tiempo y dinero cazando clientes sin éxito en varias industrias. Miller llegó a creer que para que Documentum tuviera éxito, la compañía tenía que enfocarse en proveer valor a un cliente vertical en vez de a muchos. En otras palabras, Documentum debía construir una nave espacial que traspasará la órbita. Pero Miller enfrentó su cuota de presiones. Él había prometido a sus inversionistas que triplicaría sus ingresos y que alcanzaría una meta de ventas de 2 millones de dólares el próximo trimestre. A medida que la investigación se vertió y el equipo debatió, fue claro para Miller que la compañía debía enfocarse en compañías farmacéuticas, un área donde Documentum podía aportar un valor claro a los clientes. Al usar Documentum, las grandes empresas farmacéuticas podrían ahorrarse casi un millón de dólares diarios durante el proceso de patentes. Pero entonces el mejor vendedor por teléfono llegó con una gran victoria: él había cerrado un contrato por casi un millón de dólares con la gran compañía de seguros Marsh & McLennan. La mayoría del equipo quería tomar el contrato y Miller también—la tubería de ventas de Miller estaba casi vacía, y este contrato le permitiría acercarse a su meta de ganancias trimestrales.

Mirando hacia atrás, Miller describió su decisión como la diferencia entre una difícil decisión (una donde no sabes que hacer) y una decisión dolorosa (donde sabes que hacer pero es dolorosa). Miller tomó la decisión dolorosa y rechazó el contrato de Marsh & McLennan para enfocarse en las firmas farmacéuticas. En ese momento, Miller solía decir en broma, "Nosotros podemos no estar en lo correcto, pero tampoco estamos confundidos."[97] Y al final él estuvo en lo correcto—al enfocarse en el segmento de clientes donde la investigación de Documentum indicó que proporcionaría el mayor valor. Documentum fue capaz de cerrar venta tras venta, y al final ellos llegaron a dominar su nicho de mercado y tuvieron una salida(venta de la empresa) exitosa. Además, Miller logró lo que pocos emprendedores lograron sin una crisis: la habilidad de descubrir donde era creado el mayor valor y la de enfocarse para ignorar a todos los otros clientes que podían distraerse. La mayoría de los emprendedores que hemos conocido no pueden dejar ir a los clientes porque los necesitan para mantener a la compañía en flote. La decisión en este caso es usualmente una decisión dolorosa: recortar gastos y enfocarse. El ejemplo de Documentum demuestra que un granero puede convertirse en una nave espacial, y que la recompensa por alcanzar la órbita puede ser grande.

Adictos. Por último, los adictos a la empresa son el tercer tipo de emprendedores que renuncian al proceso NISI hasta que una crisis los obliga a hacer cambios drásticos y no les deja otra opción. Tales emprendedores son usualmente entusiastas y controlados, pero enfocan toda su energía en satisfacer a inversionistas potenciales, a banqueros de inversión, o a analistas, diciéndoles lo que quieren escuchar en vez de centrarse en los clientes y construir un valor real. Como los adictos, ellos gastan toda su energía en la búsqueda de la siguiente dosis, la cual en este caso es el dinero de los inversionistas. Aunque los adictos a la empresa casi siempre pretenden escuchar y estar abiertos a la retroalimentación, el dinero los hace enfocarse internamente y por alguna razón esto les impide verdaderamente escuchar a los clientes o recibir retroalimentación de alguien excepto de inversionistas. Es como si tuvieran tapones de algodón en sus oídos que sólo sacan cuando los inversionistas, analistas, o banqueros entran en la habitación. Cuando los inversionistas se acercan, ellos tejen una gran historia, dejando caer palabras como "India," "China," y "redes sociales" que hacen que se emocionen los inversionistas. Y una vez que se quitan el algodón de los oídos, ellos escucharán y harán cualquier cosa que los inversionistas sugieran. Pero una vez que se escribe el cheque, se vuelven a poner el algodón en los oídos y los emprendedores se encarreran a buscar la siguiente inversión. En muchas formas, parte de lo que metió a MyFamily.com en problemas fue la distracción creada por los millones de dólares de capital de riesgo que recibieron. Por un tiempo, el equipo de gestión escuchó casi exclusivamente las voces contradictorias de analistas de la industria, banqueros de inversión, miembros de la junta, e inversionistas, ignorando completamente a los clientes reales. Cuando se trata de aplicar el proceso NISI en un negocio nuevo, si los inversionistas piden que se lleve a cabo el proceso, los adictos asentirán y pretenderán correrlo, pero en realidad ellos están muy ocupados buscando el camino que de menos resistencia para hacer más dinero.

Cómo evitar convertirte en un modelo, ratón chambeador, o adicto? Puedes desarrollar la honestidad intelectual requerida para aplicar el proceso que hemos descrito previamente. También, podrías necesitar de una buena crisis—una que te obligue a ti y a tu compañía a alinearse con la creación del mayor valor para el cliente más valioso. Este proceso te obligará a transformar tu granero en una nave espacial. Alternativamente, puedes ser capaz de escoger, aun usando el proceso NISI para hacerlo, en vez de que te obliguen a hacerlo.

EL VALOR DE UNA BUENA CRISIS

Inicialmente, Aeroprise había sido fundada para movilizar software corporativo y, como buenos emprendedores, ellos se dieron cuenta que necesitaban concentrarse para ser exitosos. Así que los fundadores decidieron enfocarse en el nicho de servicios de gestión de

TI. Este nicho parecía ser el mercado correcto debido al problema existente de tirar de la camisa.

El problema de tirar de la camisa ocurre cuando una persona de servicios de TI sale a resolver un problema, pero luego es inundado con múltiples problemas. Aunque el técnico, al cual lo llamaremos Tim, podría haber sido llamado para arreglar una computadora en el departamento de contabilidad, inevitablemente mientras Tim está arreglando la computadora, alguien más le jalará la camisa y le preguntará sobre la impresora que no está imprimiendo a color. Entonces, mientras Tim arregla la impresora, alguien más le pregunta sobre por qué Outlook sigue fallando, y así sucesivamente. Para el final del día, Tim está haciendo malabares con una docena de peticiones que sobrepasan su típica carga de trabajo, no puede recordar lo que ya terminó y lo que no, y ciertamente no tiene tiempo de entregar boletos de turnos para que continúen los jalones de camisa. Los otros clientes de Tim sufren (los que aún esperan por su ayuda), el negocio sufre, y al final del trimestre, cuando se arman los reportes de productividad, pareciera que ni el sector TI, ni Tim fueron muy productivos. El sistema reporta sólo una fracción del trabajo que Tim completó y la gerencia no tiene idea de cuántos o qué tipos de problemas fueron solucionados.

La forma de gestionar las incidencias y resolverlas en la marcha representaba para Aeroprise un punto clave en el que podía trabajar. Para resolver el problema, Aeroprise construyó relaciones con cada una de las principales empresas de gestión de servicios de TI como IBM, HP, FrontRange y BMC Software—las firmas que proporcionan el software que utilizan los profesionales. El objetivo de Aeroprise era trabajar como socio de estas empresas para movilizar sus principales aplicaciones informáticas. Debido a que los representantes de ventas de HP o IBM o BMC podían ir con clientes potenciales y vender no sólo su propio software sino movilizar una versión de ese mismo software, Aeroprise esperaba que los socios se entusiasmaran y ayudaran a vender su producto. Pero no funcionó de esa forma. A pesar de haber construido relaciones con varios de los principales proveedores de software y distribuidores de redes inalámbricas, Aeroprise estaba haciendo todo el trabajo y además pagaba una fuerte cuota de sus ingresos a sus socios.

Aunque la gente de ventas de Aeroprise estaba consiguiendo clientes potenciales, le estaban dando seguimiento a las ventas, y estaban entregando el producto, parecería que a los socios no les importara o no vieran ningún valor en la oferta de Aeroprise. A medida que el dinero se fue acabando y el mercado de las empresas móviles se fue reduciendo, la crisis empezó a acechar. Aeroprise ya había recibido financiamiento de inversionistas pero al no tener un producto sólido era casi imposible recaudar más dinero. Como una alternativa, la compañía consideró el juego del Ave María, recaudar más dinero y encontrar un mercado diferente.

Conforme la presión aumentó, la crisis comenzó a transformar a Aeroprise. Primero, el equipo de gestión se unificó en la necesidad de encontrar la respuesta y salvar su compañía. Con el enfoque, compromiso, y tiempo dedicado, el equipo de Aeroprise aplicó el proceso NISI. Como el equipo siguió los pasos del proceso y habló con los miembros del ecosistema—clientes, socios y otros accionistas, una sorprendente noticia emergió. La respuesta no fue ampliarse y encontrar otro mercado. ¡La respuesta fue hacerse más estrechos! Especialmente, Aeroprise descubrió que aunque en la superficie sus socios estaban cooperando, la verdad es que a ellos les preocupaba que si trabajaban con Aeroprise muy de cerca, o trataban de vender sus productos, Aeroprise pudiera interferir con sus propios tratos o, peor, introducir clientes a competidores que también se habían asociado con ella.

Con el enfoque y la unidad creada por la crisis, el equipo de Aeroprise se comprometió con la respuesta contraria a la lógica generada por el proceso NISI: este mercado estrecho, hay que estrecharlo aún más. Para esto Aeroprise terminó todas sus asociaciones excepto aquellas que realmente importaban: el líder de mercado, BMC Software, propietario del Gestor de Servicios de TI Remedy. Además, tomaron la valiente decisión de enfocarse primero en la plataforma de móviles que a sus clientes les interesaba más: BlackBerry. Lo que resultó fue increíble.

Reconociendo que Aeroprise era un socio serio y confiable, BMC hizo un compromiso similar con Aeroprise dando a su equipo de ventas la posibilidad de vender Aeroprise como uno de sus propios productos—incluyendo la comisión completa y la cuota de crédito. Ese bono fue sólo el principio. RIM, el fabricante de los BlackBerry, al ver el impulso de Aeroprise, también incrementó su nivel de compromiso y le dio un acceso especial a programas de mercadeo y financiamiento que no estaban disponibles para otras compañías.

RIM quería acceso exclusivo a los clientes de BMC, y Aeroprise—tan cerca de convertirse en algo irrelevante antes del NISI— era ahora una piedra angular. BMC, al ver que RIM estaba poniendo más dinero en Aeroprise también incrementó su presupuesto y esfuerzo para impulsar la aplicación. A medida que RIM se entusiasmó más, comprometieron más dinero al mercado de software de Aeroprise, regalando teléfonos a los clientes de la empresa, de manera que atrajeron clientes potenciales y recursos que Aeroprise nunca hubiera recibido de otra forma.

A medida que el ciclo positivo continuó, los ingresos de BMC detectaron al mercado móvil como uno de sus principales fuentes de crecimiento. Mejor aún, para el final del primer trimestre del 2009, cuando la peor recesión desde la depresión estaba en pleno apogeo, Aeroprise no sólo alcanzó su meta trimestral de ventas para BMC, ¡sino que cumplió con su meta anual! Al final Aeroprise había tomado un barco que se hundía y le dio la vuelta: habían tomado varios miles de representantes de ventas de sus socios, cientos de miles de dólares en mercadeo, y crearon un pronóstico de ventas en expansión. Todo esto condujo a los fundadores a vender la compañía a BMC. El cambio de Aeroprise fue exitoso precisamente porque la crisis les dio el enfoque, compromiso, y el tiempo para llevar a cabo el proceso NISI, el cual les dio la idea contraria a su lógica de estrechar mercados. La mayoría de las veces los emprendedores se ven tentados a cambiar de mercados porque no pueden localizar clientes, pero la verdad es que no tienen la disciplina para aplicar el proceso y entender a sus clientes. Una vez que ellos corren el proceso, pueden responder la pregunta: ¿debemos reducir o cambiar mercados? En cualquier situación los ingredientes principales son el entendimiento del cliente y la concentración—el tipo de enfoque creado por la crisis. Andy Grove, el CEO de Intel, dijo:

Una cuestión que surge con frecuencia al momento de la estrategia de transformación es, ¿debes adoptar un enfoque muy centrado, apostando todo a un objetivo estratégico, o debes diversificar?... Mark Twain acertó en su comentario cuando dijo, "Pon todos tus huevos en una canasta y CUIDA ESA CANASTA."[98]

Las historias de cambio de Intuit, Aeroprise, y Ancestry.com proporcionan una idea bastante acertada del valor de una buena crisis: cuando se maneja apropiadamente, la crisis crea el enfoque, unidad, y creatividad para encontrar una salida exitosa. Una crisis alinea a los ejecutivos de la compañía y a los miembros del equipo con los principios y procesos requeridos para salvar la compañía. Como el liderazgo reconoce la necesidad de rescatar la compañía, algunos cambios muy visibles suceden: se recorta personal y la empresa se reduce a una fracción de su tamaño original, los gastos se bajan al mínimo, y la tasa de combustión cae. Pero es debajo de la superficie donde la transformación verdadera toma lugar. Es el enfoque sobre el negocio, el compromiso renovado y el tiempo adicional que la crisis ofrece lo que tiene el mayor impacto. Hemos discutido estas cualidades esenciales brevemente durante la discusión de cada caso de estudio, pero aquí va otra explicación de cómo esas cosas salvan a cada compañía de la ruina.

Primero, cuando pega una crisis, el equipo se concentra a lo máximo, esperando salvar a la empresa a través del entendimiento de la necesidad real del cliente. En el pasado, un emprendedor se enfocaba en su propia agenda o peor, el equipo se enfocaba en satisfacer a cada cliente, y como las características se agregaban para cumplir este objetivo, la compañía comenzaba a parecerse a un granero con motores. En una crisis real, la dirección de la compañía usualmente se enfoca en encontrar al verdadero cliente y en entender lo que el cliente realmente quiere. Este tipo de enfoque es crítico para el proceso NISI en dos formas. Una, mientras se corre el proceso, el equipo necesita concentrarse en el proceso y encontrar una respuesta. Dos, después de que el equipo aplica el proceso, la compañía debe enfocarse en ejecutar lo que descubre—para resolver el problema de un grupo único de clientes y así construir una nave espacial que traspase la órbita.

Segundo, cuando una crisis pega, el equipo tiene el compromiso y la urgencia. La falla inminente de la compañía opaca las medias verdades, creencias, sesgos, y políticas que paralizan a todas las organizaciones. De repente todos se dan cuenta que nada más importa, excepto salvar la compañía; y para salvar la compañía, la verdad debe ser conocida. La urgencia y el compromiso de la crisis son cruciales para el proceso NISI en varias formas. Por un lado, la humildad creada por el casi fracaso permite a la gente dejar su orgullo, opiniones, y juegos en la puerta y centrarse en la verdad intelectualmente honesta. Igual de importante, una crisis crea el compromiso de reunir el tiempo y la energía requerida para el proceso NISI. Sin el compromiso, el fundador o director general asignará la responsabilidad de seguir de cerca el proceso a otra persona, quien lo seguirá por unas cuantas semanas, y entonces, cuando el proceso parezca lento y menos importante, comparado con otras necesidades reales del negocio, lo desconectará y será declarado un fracaso. Otra vez, a menos que el emprendedor, director, equipo, e inversionistas tengan el compromiso y la urgencia, y participen, el proceso será detenido y los resultados serán decepcionantes.

Tercero, irónicamente, la crisis crea tiempo. Los gastos y la tasa de combustión son reducidos a una fracción de lo que solían ser, dos meses en la pista pueden ser transformados en un año, y algo crucial sucede. De repente el equipo y el emprendedor tienen más tiempo para experimentar y encontrar el mercado correcto. Mientras que previamente, a una mayor tasa de combustión, un negocio que en principio tiene sólo una posibilidad de cambio, de la nada puede hacer dos, tres, cuatro, quizás hasta doce cambios exploratorios. Entonces cuando el equipo ha encontrado el verdadero mercado para su producto o servicio, y han validado todo, ellos pueden escalarlo y hacer un gran cambio. Debido a que el proceso NISI se basa en una experimentación de bajo costo para validar todos los hechos, el tener varios swings en el plato y tener varios strikes es parte del proceso antes de pegarle a lo grande.

En resumen, el valor de una buena crisis es que puede crear enfoque, compromiso y tiempo—los cuales son cruciales para el proceso NISI. Sin el enfoque, compromiso, y tiempo, como emprendedor o director general, no será capaz de resistir la tentación de cortar el proceso o de substituir opiniones preconcebidas por los hechos que el proceso NISI debería generar. Las políticas se pondrán en el camino. Las opiniones se pondrán en el camino. Las demandas se pondrán en el camino. Si permites que esto pase, encontrarás que el proceso produce resultados modestos y básicamente te dirá lo que ya sabes. Pero este es un error de operación, no un problema con el proceso.

HA TENIDO UNA BUENA CRISIS?

Para ser justos, tú puedes aplicar el proceso NISI sin tener que enfrentar una crisis. Las características importantes son el enfoque, compromiso y tiempo. Pero cómo sabemos si estamos listos y si tenemos dichas cualidades. Hemos desarrollado algunas preguntas para ayudarte a valorar si estás listo o si necesitas una buena crisis. Cuando respondas las preguntas, trata de dar la respuesta que primero te venga a la cabeza. Recuerda, la meta no es "pasar," es sólo obtener una mirada sincera de en dónde estás en la escala de disposición NISI.

Figura 31: NISI Examen de Auto-Conocimiento

NISI EXAMEN DE AUTO-CONOCIMIENTO Responda las preguntas en escala del 1-3 (3=de acuerdo 2=neutral 1=en desacuerdo)			
Cuando hablo con otros acerca de mi idea de negocio, la mayor parte del tiempo me la paso explicando la idea.	1 desacuerdo	En 2 Neutral	3 De acuerdo
La retroalimentacion acerca de algo que estoy haciendo deficientemente es un reto para mi aceptarla.	1 desacuerdo	En 2 Neutral	3 De acuerdo
El objetivo de la escuela era obtener un papel, no necesariamente aprender.	1 desacuerdo	En 2 Neutral	3 De acuerdo
Cuando hablo con otros acerca de la idea de negocio, la mayor parte del tiempo me la paso vendiendoles la idea y el merito de la idea.	1 desacuerdo	En 2 Neutral	3 De acuerdo
A este punto en mi vida, soy suficientemente independiente financialmente hablando.	1 desacuerdo	En 2 Neutral	3 De acuerdo
Encuentro el gusto en la retroalimentacion. Incluso se puede decir que le doy gusto a las personas.	1 desacuerdo	En 2 Neutral	3 De acuerdo
Me gusta comenzar nuevos proyectos, pero me cuesta trabajo terminarlos.	1 desacuerdo	En 2 Neutral	3 De acuerdo
Tiendo a ser testarudo y prefiero probar a los demas que estoy en lo correcto.	1 desacuerdo	En 2 Neutral	3 De acuerdo
Tengo una gran idea de negocio y estoy buscando a inversionistas por que no quiero ariesgar mi propio capital.	1 desacuerdo	En 2 Neutral	3 De acuerdo
Cuando alguien esta en desacuerdo conmigo, me gusta defender mi posicion.	1 desacuerdo	En 2 Neutral	3 De acuerdo
Las personas tienen opiniones fuertes en mi equipo y a veces se ponen muy politicos acerca de estas.	1 desacuerdo	En 2 Neutral	3 De acuerdo
Tengo actualmente muchos clientes potenciales que estoy tratando de satisfacer.	1 desacuerdo	En 2 Neutral	3 De acuerdo
Tengo un buen estimado de quien es mi cliente y debe ser lo suficiente para poder comenzar.	1 desacuerdo	En 2 Neutral	3 De acuerdo
El dinero del cliente es buen dinero. No importa de donde venga.	1 desacuerdo	En 2 Neutral	3 De acuerdo
En la casa o con los amigos, tiendo a ser el centro de atencion y guio la conversacion.	1 desacuerdo	En 2 Neutral	3 De acuerdo
Estoy tan ocupado, que no tengo tiempo libre, mucho menos varias semanas para recopilar informacion.	1 desacuerdo	En 2 Neutral	3 De acuerdo

Conforme tomes la prueba o simplemente observas las preguntas, pregúntate ¿qué tal lo voy haciendo? Estuvo tu puntuación por encima de 30? Si fue así, no te sientas mal o no te sientas ofendido. La mayoría de nosotros estamos ahí contigo—estos tipos de hábitos son creados por el simple hecho de que has sido exitoso. Sin embargo, es probable que luches con aspectos del enfoque, compromiso, o la "honestidad intelectual" que podrían atravesarse en tu camino y que te impidan obtener el máximo valor del proceso NISI. Otra vez, no te decepciones. Esto puede ser remediado, y las ideas descritas en este libro pueden ayudarte a hacerlo. El punto importante es que si alguna de estas preguntas te parecían reales, probablemente necesitas detenerte y valorar tu compromiso para acertar con tu producto o servicio de manera que puedas construir una nave espacial. Esta valoración personal es sólo un indicador duro que precede una búsqueda más profunda sobre lo que realmente quieres. Quieres saber la verdad, o sólo quieres tener razón— ¿o al menos sentir que tienes razón? Estas tan enamorado con tu propia idea, y tu sueño, pero en el fondo ¿tienes miedo que todo sea humo y espejismo? ¿Es tu motivación principal el oro que encontrarás al final del camino? Todos batallan con este tipo de cosas, pero para correr el proceso NISI necesitas realmente conocer tus motivaciones e ir al lugar en el que la crisis te dará: honestidad, concentración, y compromiso y con tiempo para experimentar. Tú puedes llegar ahí.

Como Crear Una Buena Crisis

Los emprendedores no tienen que esperar por una crisis para ser capaces de aplicar el proceso NISI. Si un emprendedor reconoce los retos que él o ella enfrentan y se compromete por completo con el proceso, él o ella pueden cosechar los beneficios. No es imposible, sólo se necesita estar consciente. Puedes ser capaz de cosechar los beneficios de tener una crisis sin realmente tener que atravesar una si creas una crisis artificial. Una forma de crear una crisis artificial es restringir la cantidad de dinero invertido en tu negocio mediante la división de la inversión inicial en pequeños tramos. Si tienes la oportunidad de tomar dinero de la inversión, puedes considerar el restringir la forma en que recibes el dinero y cómo lo usas. Usa presupuestos para simular una crisis de liquidez. Esto ayudará a tu equipo a enfocarse y les dará más tiempo. O puedes querer también establecer una fecha límite y mentalmente simular el futuro. Date dos meses antes de imaginar el fin del mundo y comprométete a "salvar" la compañia enfocándote por completo en el proceso NISI. Investigadores han demostrado que pensar en cómo ocurrirán eventos futuros realmente sienta las bases para que dichos sucesos ocurran. Pero tu pensamiento sobre el futuro tiene que ser concreto. En un estudio del efecto del pensamiento sobre el futuro, le pidieron a un grupo de estudiantes imaginar la felicidad de hacerlo bien en una prueba bajo la premisa de que este feliz desenlace motivaría a los estudiantes a estudiar. A un segundo grupo se le pidió imaginar el estudiar duro antes de una prueba pero no se les pidió pensar en cómo se sentirían. Finalmente, a un tercer grupo no se le dijo nada (el grupo de control). Después de tomar la prueba, los estudiantes que visualizaron el estudiar duro (el segundo grupo) resultaron ser el mejor grupo de todos. Los estudiantes que debían estar motivados por imaginar la dicha de hacerlo bien fueron los peores. Así que el pensamiento efectivo sobre el futuro se basa, no en imaginar una empresa exitosa, sino en pensar en los pasos concretos que tienes que dar para llegar ahí. En este caso, significa pensar en el proceso NISI con enfoque y compromiso. La buena noticia es que aun simulando una crisis, al sentar las bases de cómo superarla, y comprometiéndote a correr el proceso NISI puedes incrementar tu habilidad para completar el proceso y al mismo tiempo para hacer un gran descubrimiento.

EN RESUMEN

Para terminar la presentación del proceso NISI, queremos recordarte que los emprendedores e innovadores son genios creativos que transforman el mundo. Ellos crean valor para la sociedad y para sí mismos resolviendo problemas fundamentales de todo tipo. Sin embargo, ellos sólo crean el valor cuando se enfocan en resolver necesidades reales en formas sustentables. El proceso NISI puede ayudarte a descubrir oportunidades reales y éstas son abundantes. Thomas Alva Edison argumentó que estábamos rodeados de oportunidades: "Nosotros no sabemos ni la millonésima parte de uno por ciento sobre nada," y como resultado "hay una mejor forma de hacerlo. Encuéntrala." Una vez que estas en el camino correcto, "escálalo hasta que se rompa." Nosotros queremos escuchar sobre tus éxitos y fracasos cuando sigas el proceso NISI. Envíanos tus historias de guerra y retroalimentación a info@nailthenscale.com o visítanos en www.nailthenscale.com.

APÉNDICE: CHECKLIST DEL PROCESO NISI

Debajo encontrarás una lista detallada para los pasos descritos en el libro. Usála como recordatorio y como guia de forma apropiada.

ACIERTA CON LA NECESIDAD

Objetivos

Define claramente y entiende la necesidad del cliente.

Determina si la necesidad del cliente es una oportunidad de mercado.

Apágalo o pasa a la siguiente fase.

Pasos

Paso 1	Escribe la hipótesis de la Necesidad Monetizable.
Paso 2	Escribe la Hipótesis de la Gran Idea.
Paso 3	Realiza pruebas rápidas a la Hipótesis de la Necesidad Monetizable y a la Hipótesis de la Gran Idea.
Paso 4	Explora rápidamente la dinámica del mercado y la competencia.

ACIERTA CON LA SOLUCIÓN

La Pre-Prueba: Desarrolla el Conjunto Mínimo de Características

Objetivos

> Descubre el Conjunto Mínimo de Características que impulse las compras de los clientes.
>
> Descubre el acelerador clave de la compra del cliente.
>
> Mantén la solución en un conjunto mínimo absoluto— simplicidad extrema.

Pasos

Paso 1	Escribe la hipótesis del Conjunto Mínimo de Características.

Prueba 1: La Prueba del Prototipo Virtual

Objetivos

Elimina el sesgo personal.
Desarrolla un perfil de clientes relevantes.
Desarrolla, refina y prueba las hipótesis sobre la solución del mercado.
Esboza una solución definida por el cliente con valor agregado para todos los interesados.
Define el mejor segmento de mercado.
Decide cerrar rápidamente o pasa a la siguiente prueba.

Pasos

Paso 1	Desarrolla un perfil de cliente.
Paso 2	Escoge una tecnología de prototipo y desarrolla un prototipo virtual.
Paso 3	Realiza llamadas telefónicas y visitas para entender como la solución resuelve la necesidad.

Prueba 2: La Prueba del Prototipo

Objetivos

Elimina el sesgo personal.
Toma retroalimentación de la primera prueba y desarrolla un prototipo económico y rápido.
Enfócate en el conjunto mínimo de características.
Usa tan poco efectivo como sea posible.
Desarrolla un prototipo que dé a los clientes una idea real de cómo funciona.
Valida tu hipótesis de solución aprendiendo, no vendiendo.
Busca clientes que te ayuden a refinar las características del producto.
Mantente alerta de la posible competencia y obstáculos.
Empieza a crear una compañía con una imagen creíble.

Pasos

Paso 1	Desarrolla un prototipo económico y rápido.
Paso 2	Haz una gira con tu prototipo.
Paso 3	Refina el Conjunto Mínimo de Características.
Paso 4	Revisa las pruebas cruciales de tus hipótesis.

Prueba 3: La Prueba de la Solución

Objetivos

> Elimina el sesgo personal.
>
> Asegúrate de interpretar correctamente y de escuchar atentamente al mercado.
>
> Refina la solución para que encaje exactamente con las necesidades del cliente.
>
> Prueba el nivel de precios y las Preguntas Trascendentes.

Pasos

Paso 1   Valida la solución.

Paso 2   Si te equivocas, ajústate o sigue adelante.

ACIERTA CON LA ESTRATEGIA DE SALIR AL MERCADO

Durante la Primera Prueba (la Prueba del Prototipo Virtual): Descubre el Proceso de Compra del Cliente y el Modelo de Ventas

Objetivos

Concéntrate en el trabajo que tu cliente está tratando de hacer.
Entiende el proceso de compra del cliente desde el principio hasta el final.
Desarrolla un modelo de vantas repetible que sea administrado por tu compañía.
Explora los rangos de precioscon los clientes.

Pasos

Paso 1	Explora el proceso de compra del cliente desde el principio hasta el final.
Paso 2	Descubre un modelo de ventas repetible.

Durante la Segunda Prueba (la Prueba del Prototipo): Descubre la Infraestructura del mercado

Objetivos

Desarrolla un entendimiento robusto del ecosistema de mercado.

Marca una estrategia para influir y aprovechar el ecosistema del mercado.

Explora los rangos de precios y las preguntas relevantes con los clientes.

Nutre las primeras etapas con los clientes.

Pasos

Paso 1   Mapea y entiende el mercado—comunicación e infraestructura de distribución.

Paso 2   Define una estrategia de infraestructura de mercado para tu negocio.

Paso 3   Planta semillas para atraer tus primeros clientes y contratos potenciales.

Durante la Tercera Prueba (la Prueba de la Solución): Desarrolla un cliente piloto

Objetivos

	Valida tu solución y tu estrategia para salir al mercado con tus clientes.
	Valida tus supuestos para salir al mercado con clientes pilotos.

Pasos

Paso 1	Cierra relaciones con clientes pilotos y desarrolla referencias para futuros clientes.
Paso 2	Revisa los rangos de precios y las pruebas cruciales.

ACIERTA CON EL MODELO DE NEGOCIO

Objetivos

	Realiza un análisis financiero riguroso de la viabilidad del negocio.
	Lanza el producto y la estrategia para salir al mercado.
	Dirige las primeras etapas de crecimiento de la empresa.
	Decide rápidamente cerrar o moverte a la siguiente etapa.

Pasos

Paso 1	Aprovecha las conversaciones con clientes para predecir el modelo de negocio.
Paso 2	Valida el modelo financiero.
Paso 3	Lanza iterativamente el producto y la estrategia de mercado.
Paso 4	Desarrolla un tablero de negocios con un flujo continuo de información.

APÉNDICE: MUESTRA DE LA GUÍA DE ENTREVISTA PARA EL PROCESO NISI

Existen muchas formas para llevar a cabo una entrevista para el Proceso NISI, y cada entrevista debe adaptarse a tu propósito específico. Para tus conversaciones introductorias sobre la necesidad del cliente y el prototipo conceptual, sugerimos que te enfoques en las siguientes tres preguntas.

1. "Tienes este problema?" Describe el problema a tu cliente en palabras como "Nosotros vemos este problema. ¿Coincide con su experiencia?"
2. "Cuéntame acerca de él." Pide a tus clientes que compartan sus preocupaciones, experiencias, y sus soluciones actuales. Otra vez, enfócate en escuchar, no en vender.
3. "Algo como esto resolvería el problema?" Describe el marco o esquema de tu problema. Otra vez, no des detalles específicos pero dale a tus clientes algo a lo que puedan responder, y pídeles su retroalimentación para saber si resuelve el problema.

A medida que progreses y comiences a probar tu prototipo virtual, tú podrás probar tu propia versión de la siguiente muestra para la guía de la entrevista:

1. Incluye a las personas que estarán usando el producto. Específicamente, trata de reunir al panel de compra en la habitación.
2. Establece un escenario de "hay un momento en la vida" para la necesidad monetizable. (Deberás de haber aprendido de entrevistas anteriores sobre la necesidad y lo útil que puede ser recurrir a un caso real.) Pregunta al panel si ellos tienen esta necesidad o si ellos ven el mundo diferente. Observa la respuesta.
3. Dirige al cliente a través del prototipo virtual, paso por paso, tomando notas sobre lo que dicen (debes grabar la conversación completa para luego transcribirla).
4. Haz la pregunta de los 100 dólares. Dependiendo de la respuesta del panel, sería interesante forzar un poco la situación diciendo

que cada característica cuesta 25 dólares. Ahora, ¿cómo gastarías tu dinero?

5. De todo lo que te he mostrado, ¿qué más debería hacer?

6. ¿Cuáles son las dos (o tres) cosas principales que debo hacer bien?

7. ¿Qué características necesitarías que se agregaran para hacer la compra?

8. ¿Qué te llevaría a rechazar algo como esto? (observa el proceso interno, otros departamentos, entrenamiento, integración, etc.)

9. Comienza a explorar el proceso de compra del cliente o mercado y la infraestructura de distribución.

   a. (Conocimiento del cliente) ¿Qué esperas escuchar de este producto? ¿Qué has escuchado sobre productos como este?

   b. (Evaluación del Cliente) ¿Cómo decidirías si algo así encaja con tus necesidades? ¿Qué información necesitarías? ¿Con quién hablarías? ¿Existen revistas, blogs, conferencias o cualquier otra cosa que te ayude a evaluar algo como esto?

   c. (Compra del Cliente) ¿Qué influye en el proceso de decisión de compra de algo como esto? ¿Quién tiene que aprobar esta decisión, y en qué rango de precios? ¿Qué tanto tomaría el aprobar algo como esto? ¿Qué esperas comprar? ¿Qué más afecta tu decisión de compra?

   d. (Uso del Cliente) Una vez que lo compres, ¿Qué tipo de soporte esperarías normalmente? ¿Qué otras características necesitarías?

10. Pruebas Cruciales (Nota que las pruebas cruciales están destinadas para vender a los clientes, aunque una venta puede ser algo bueno. La prueba de preguntas cruciales están hechas para proporcionar una ventana hacia los deseos reales de los clientes y facilita la conversación para descubrirlos).

    a. ¿Qué precio esperaría pagar por algo como esto? ¿Esperaría pagar una sola vez o de forma recurrente? ¿Pensaría en otros esquemas?

    b. Dada nuestra conversación, ¿estaría dispuesto a pre ordenar hoy esto? ¿Estaría dispuesto a instalar este sistema por completo?

       i. Si la respuesta es no: ¿qué es lo que impide que haga la pre orden? ¿Qué necesitaríamos hacer para asegurar la pre orden?

Claramente, la guía de entrevista arriba mostrada representa una muestra de los tipos de preguntas que puedes hacer. Éstas podrían necesitar ser modificadas, dependiendo de tu aplicación (por ejemplo, las preguntas en esta guía se enfocan más en las compras de negocio a negocio, por lo que necesitarías cambiarlas a un enfoque de compras de negocio-cliente).

NOTAS FINALES

1. Blank, S., *Retooling Early Stage Development*, in *Entrepreneur Thought Leader Lecture Series*. 2008, Stanford University: USA. p. 56:52.
2. Busenitz, L.W. and J.B. Barney, *Differences between entrepreneurs and managers in large organizations: Biases and heuristics in*. Journal of Business Venturing, 1997. 12(1): p. 9.
3. Ross, L. and R.E. Nisbett, *The Person and the Situation*. 1991, New York: McGraw-Hill.
4. Cavarretta, F. and N. Furr, *Too Much of a Good Thing? Extreme Outcomes and the Resource Curse*. Working Paper, 2010.
5. Thompson, C., *Learn to Let Go: How Success Killed Duke Nukem*, in *Wired Magazine*. 2010.
6. Maples, M., *Angel Investing Revealed*, in *Entrepreneur Thought Leader Lecture Series*. 2010, Stanford University.
7. Kawasaki, G., *Art of the Start*, in *Entrepreneur Thought Leader Lecture Series*. 2004, Stanford University: USA.
8. Mayer, M., *Creativity Loves Constraint*, in *Business Week*. 2006.
9. Seelig, T., *What I Wish I Knew When I Was 20*. 2009, New York: HarperOne.
10. Metcalfe, B., *Invention Is a Flower, Innovation Is a Weed* in *BerliNews*. 1999.
11. Furr, N., *Cognitive Flexibility and Technology Change*. Working Paper, 2010.
12. McCullough, D., *Interview with David McCullough*, P. Ahlstrom, Editor. 2004.
13. Greenspan, A. *Structural Change in the New Economy*. in *National Governors' Association*. 2000. State College, Pennsylvania
14. Katz, G., *The Sometimes Curious Language of NPD*. PDMA Visions Magazine, 2008. March.
15. Hamel, G., *Strategy as Revolution*. Harvard Business Review, 1996. July-August.
16. Hargadon, A., *How Breakthroughs Happen: The Surprising Truth about How Companies Innovate*. 2003, Cambridge, MA: Harvard Business School Press.

17. Walton, S. and J. Huey, *Sam Walton: Made in America*. 1993, New York: Bantam.

18. Barthelemy, J., *The Experimental Roots of Revolutionary Vision*. Sloan Management Reivew, 2006. 48(1).

19. Hargadon, A. and R.I. Sutton, *Technology Brokering and Innovation in a Product Development Firm*. Administrative Science Quarterly, 1997. 42(4): p. 716-749.

20. Lemley, M.A., *Are Universities Patent Trolls?* Stanford Public Law Working Paper, 2006.

21. Leonard, D., *The Limitations of Listening*. Harvard Business Review, 2002. January.

22. Christensen, C., *Discovering What Has Already Been Discovered*. Harvard Business School Publishing, 1999.

23. Berner, R., *Why P&G's Smile Is so Bright*, in *BusinessWeek*. 2002.

24. Kirzner, I., *Competition and Entrepreneurship*. 1973, Chicago: University of Chicago Press.

25. Kirzner, I., *Entrepreneurial Discovery and the Competitive Market Process: An Austrian Approach*. Journal of Economic Literature, 1997. XXXV: p. 60-85.

26. Dweck, C., *Mindset: The New Psychology of Success*. 2006, New York: Random House.

27. Dyer, J., H. Gregersen, and C. Christensen, *The Innovator's DNA*. Harvard Business Review, 2009. December.

28. Rogers, E., *Diffusion of Innovations*. 1980, New York: Free Press.

29. Ries, E., *Evangelizing for the Lean Startup*, in *Entrepreneurial Thought Leaders Lectures Series*. 2009, Stanford University. p. 58:03.

30. Blank, S., *Four Steps to the Epiphany*. 2005, San Francisco: Cafe Press.

31. March, J. and H. Simon, *Organizations*. 1958, New York: Wiley.

32. Blank, S., *The Path of Warriors and Winners*. 2010.

33. Christensen, C., *Personal Interview*. 2005: San Jose, CA.

34. Livingston, J., *Founders at Work*. 2008, New York: Apress.

35. *World Development Report*. 1994, World Bank: New York.

36. Loftus, E.F. and J.M. Doyle, *Eyewitness Testimony - Civil and Criminal* 1992, Charlottesville, VA: The Michie Co. .

37. Tripsas, M. and G. Gavetti, *Capabilities, Cognition and Inertia: Evidence from Digital Imaging*. Strategic Management Journal, 2000.

38. Christensen, C., *The Innovator's Dilemma*. 1997, Boston: Harvard Business School Press.

39. Plous, S., *The Psychology of Judgment and Decision Making* 1993: McGraw-Hill

40. Arkes, H.R. and C. Blumer, *The Psychology of Sunk Cost.* Organizational Behavior & Human Decision Processes, 1985. 35(1): p. 124-140.

41. Staw, B.M., *Knee-deep in the Big Muddy: A study of escalating commitment to a chosen course of action.* Organizational Behavior & Human Decision Processes, 1976. 16(1): p. 27-44.

42. Goldberg, L., *The effectiveness of clinicians' judgments: The diagnosis of organic brain damage from the Bender-Gestalt test.* Journal of Consulting Psychology, 1959. 23(25-33).

43. Furr, N. and F. Cavarretta, *The Dangers of Deep Expertise: New Ventures in the U.S. Solar Industry.* Working Paper, 2011.

44. Tripsas, M., *Unravelling the Process of Creative Destruction: Complementary Assets and Incumbent Survival in the Typesetter Industry.* Strategic Management Journal, 1997. 18(Special Issue): p. 119-142.

45. Malone, M., *John Doerr's Startup Manual*, in *Fast Company*. 1997.

46. Rock, A., *Strategy versus Tactics from a Venture Capitalist.* Harvard Business Review, 1987. November.

47. Orr, D., *Startups: The Need for Speed*, in *Entrepreneurial Thought Leaders Lecture Series*. 2007, Stanford University. p. 57:57.

48. Perez, R.C., *Inside Venture Capital: Past, Present, and Future.* 1986, Westport, CT: Praeger Publishers.

49. Dane, E., *Reconsidering the Trade-off Between Expertise and Flexibility: A Cognitive Entrenchment Perspective.* Academy of Management Review, 2010. 35(4): p. 579-603.

50. Kelley, T., *Cultivating an Attitude of Wisdom* 2008, Stanford Technology Ventures Program.

51. Burgelman, R.A., *Fading Memories: A Process Theory of Strategic Business Exit in Dynamic Environments.* Administrative Science Quarterly, 1994. 39: p. 24-56.

52. Iyengar, S. and M.A. Lepper, *When Choice is Demotivating: Can One Desire Too Much of a Good Thing?* Journal of Personality and Social Psychology, 2000. 79(6): p. 995-1006.

53. Khosla, V., *Any Big Problem Is a Big Opportunity*, in *Entrepreneurial Thought Leaders Lecture Series*. 2002, Stanford University. p.:27.

54. Rip, P., *The Teqlo Adventure*. 2008.

55. DeSimone, B., *Rewarding Recyclers, and Finding Gold in the Garbage*, in *New York Times*. 2006: New York City.

56. *New Recycling Program Like Money in the Bank*, in *Nashua Telegraph*. 2008: Nashua, NH.

57. Walsh, B., *Making Recycling Really Pay*, in *Time*. 2008: New York City.

58. Siebel, T., *Emerging Opportunities in a Post IT Marketplace*, in *Entrepreneurial Thought Leader Lecture Series*. 2009, Stanford University. p. 1:00.

59. Eisenhardt, K.M. and C.B. Schoonhoven, *Organizational Growth: Linking Founding Team, Strategy, Environment, and Growth among U.S. Semiconductor Ventures*. Administrative Science Quarterly, 1990. 35(3): p. 504-529.

60. Markides, C.C. and P.A. Geroski, *Fast Second*. 2005, San Francisco: Jossey Bass.

61. March, J.G. and J.P. Olsen, *Ambiguity and Choice in Organizations*. 1976, Bergen: Universitetsforlaget.

62. Ulwick, A., *Turning Customer Input into Innovation*. Harvard Business Review, 2002. January.

63. Kirkpatrick, D., *Intuit's Innovation Intuition*, in *Fortune*. 2005: New York.

64. Goldenson, M., *Ten Lessons from a Failed Startup*, in *VentureBeat*. 2009.

65. de Saint-Exupery, A., *Wind, Sand and Stars*. 1992, Boston, MA: Houghton Mifflin Harcourt.

66. Lewis, L., *Trader Joe's Adventure: Turning a Unique Approach to Business into a Retail and Cultural Phenomenon*. 2005, Chicago, IL: Dearborn Trade.

67. McGregor, J., *Leading Listener: Trader Joe's*, in *Fast Company*. 2007.

68. Covey, S.R., *The Seven Habits of Highly Effective People*. 2004, Free Press: New York.

69. Maples, M., *Interview with Mike Maples Jr.* 2010.

70. Rayport, J., M. Iansiti, and M. Hart, *Motive Communications*. Harvard Business School Publishing, 2001.

71. Blank, S., *Victory from Adversity*, in *Steve Blank*. 2010.

72. Dewalt, K., *Customer Development with Microsoft Visio*, in *From the Start-up Trenches*. 2009.

73. Dewalt, K., *Many Wheels: A Lean Startup Case Study on Vetting Opportunities*, in *From the Start-up Trenches*. 2009.

74. McNichol, T., *A Startup's Best Friend? Failure*, in *Business 2.0*. 2007.

75. MacMillan, I. and R.G. McGrath, *Discovering New Points of Differentiation*. Harvard Business Review, 1997. July-August 1997.

76. McKenna, R., *Relationship Marketing*. 1993, New York: Basic Books.

77. Taylor, S.E., *Inside Intuit: How the Makers of Quicken Beat Microsoft and Revolutionized an Entire Industry*. 2003, Boston, MA: Harvard Business Press.

78. Griffin, A., R. Price, and B. Vojak, *How Serial Innovators Understand Customer Needs*. Working Paper, 2010.

79. Novitsky, D., *Personal Interview*. 2007: Stanford University.

80. Glasner, J., *Why Webvan Drove Off a Cliff*, in *Wired*. 2001.

81. Mullins, J.W., *The New Business Road Test*. 2004, New York: FT Press.

82. Wasserman, N., *Founder-CEO Succession and the Paradox of Entrepreneurial Success*. Organization Science, 2003. 14(2): p. 149-172.

83. Moore, G.A., *Crossing the Chasm*. 2002, New York: Harper Paperbacks.

84. Santos, F.M. and K. Eisenhardt, *Constructing Markets and Shaping Boundaries: Entrepreneurial Power and Agency in Nascent Fields*. Academy of Management Journal, 2009. 52(4): p. 643 - 671.

85. Hinds, P.J., M. Patterson, and J. Pfeffer, *Bothered by Abstraction: The Effect of Expertise on Knowledge Transfer and Subsequent Novice Performance*. Journal of Applied Psychology, 2001. 86(6): p. 1232-1243.

86. Monson, T.S., *Favorite Quotations from the Collection of Thomas S. Monson*. 1985, Salt Lake City, UT: Deseret Books.

87. Heil, G., *Personal Interview*. 2000.

88. Isaacson, W., *Einstein: His Life and Universe*. 2008, New York: Simon & Schuster.

89. Joni, S.-n., *The Third Opinion: How Successful Leaders Use Outside Insight to Create Superior Results*. 2004, New York: Portfolio Hardcover.

90. Weiss, T.R., *Craig Newmark*, in *Computer World*. 2008.

91. Dobrev, S.D., S.Z. Ozdemir, and A.C. Teo, *The Ecological Interdependence of Emergent and Established Organizational Populations: Legitimacy Transfer, Violation by Comparison, and Unstable Identities.* Organization Science, 2006b. 17(5): p. 577-597.

92. Ozcan, P. and K. Eisenhardt, *Origin of Alliance Portfolios: Entrepreneurs, Network Strategies, and Firm Performance.* Academy of Management Journal, 2009. 52(2): p. 246 - 279

93. Adner, R. and R. Kapoor, *Value creation in innovation ecosystems: how the structure of technological interdependence affects firm performance in new technology generations*, in *Strategic Management Journal*. 2010. p. 306-333.

94. Christensen, C., *Hewlett-Packard: The Flight of the Kittyhawk.* Harvard Business School Publishing, 1997.

95. Baker, M., *Building an Organization, Building a Team*, in *Entrepreneurial Thought Leader Lecture Series*. 2009, Stanford University. p. 55:52.

96. Dell, M., *Overcoming Some Early Mistakes of Dell Inc.*, in *Entrepreneur Thought Leader Lecture Series*. 2007, Stanford University.

97. Miller, J., *Personal Interview*. 2007: Stanford University.

98. Grove, A.S., *Only the Paranoid Survive*. 1996, New York, NY: Currency.

www.ingramcontent.com/pod-product-compliance
Lightning Source LLC
Chambersburg PA
CBHW070251200326
41518CB00010B/1757